中国质量协会
CHINA ASSOCIATION FOR QUALITY

满意中国

——用户视角下的质量与品牌

SATISFIED CHINA

中国质量协会　编著

2020

中国社会出版社
国家一级出版社 · 全国百佳图书出版单位

图书在版编目（CIP）数据

满意中国：用户视角下的质量与品牌. 2020 / 中国质量协会编著. —北京：中国社会出版社，2021. 7

ISBN 978-7-5087-6504-4

Ⅰ. ①满… Ⅱ. ①中… Ⅲ. ①质量管理—研究—中国
Ⅳ. ①F279. 23

中国版本图书馆 CIP 数据核字（2021）第 129992 号

书　　名：满意中国：用户视角下的质量与品牌 · 2020
MANYIZHONGGUO：YONGHU SHIJIAOXIA DE ZHILIANG YU PINPAI · 2020
编 著 者：中国质量协会

出 版 人：浦善新
终 审 人：李　浩
责任编辑：朱永玲

出版发行：中国社会出版社　**邮政编码**：100032
通联方式：北京市西城区二龙路甲 33 号
电　　话：编辑室：（010）58124829
销售部：（010）58124848
网　　址：shcbs. mca. gov. cn
经　　销：各地新华书店

中国社会出版社天猫旗舰店

印刷装订：中国电影出版社印刷厂
开　　本：185mm×260mm　1/16
印　　张：19
字　　数：331 千字
版　　次：2021 年 7 月第 1 版
印　　次：2021 年 7 月第 1 次印刷
定　　价：158. 00 元

中国社会出版社微信公众号

前　言

2020年是极为特殊、极不平凡的一年。应对错综复杂的国际形势，完成艰巨繁重的国内改革发展稳定任务，扛住新冠肺炎疫情的严重冲击，我国成为全球唯一实现经济正增长的主要经济体，经济实力、科技实力、综合国力和人民生活水平又跃上新的台阶。

2020年是中国质量协会开展满意中国系列研究的第四个年头。一直以来，中国质量协会不忘初心，持续关注、跟踪消费者对各品类产品和服务的体验及偏好，从消费者对品牌体验感知的角度观察行业发展，预判行业发展趋势，发现风险苗头，深入开展质量监测，建立了具有先行性和前瞻性的满意中国指标体系，为相关工作开展提供数据支持，为消费者判断品牌质量提供依据，为企业制定下一步发展战略提供借鉴参考。

随着时代的进步，科技的发展，消费者意识的变化，消费者对质量、品牌的认知和体验也一直在变化。2017年构建的质量消费体验指数（QCEI）和中国国家顾客满意度指数（CNCSI）两个指数，初步建立了综合评价品牌质量的体系。2018年沿用上一年指标体系，对指标的科学性作进一步验证，并在上一年基础上对调研范围进行聚焦。2019年引入消费体验理论。2020年受新冠肺炎疫情和全球政治、经济形势变化的影响，中国的市场形态和消费者心态也发生着前所未有的剧变。因此，我们在研究中引入了质量消费信任和质量消费体验模型，以进一步丰富满意中国研究体系。同时，数字经济作为经济发展新动能，在高质量发展的框架下从消费者角度评价数字经济服务质量不可或缺，所以，数字经济服务质量满意度DES-CSI的测评也纳入到2020年满意中国研究体系中。

我们希望通过系统、科学、深入的研究，助力高质量发展、产业链升级和供给侧结构性改革，通过满意中国系列研究，使质量——这一我国经济增长的新动力更为强劲。

目录 Contents

第一篇　研究篇

第一章　研究概述 / 003

一、研究背景 / 003

二、研究内容 / 005

第二章　消费质量信任研究 / 009

一、消费质量信任的定义与诠释 / 009

二、消费质量信任的价值 / 015

三、消费质量信任现状调研结果 / 018

第三章　顾客满意度和质量消费体验研究 / 028

一、2020 年 CNCSI 和 QCEI 总体调研结果 / 029

二、分领域 CNCSI、QCEI 调研结果 / 036

三、品牌榜单 / 052

第四章　质量消费体验行业特征研究 / 060

一、质量消费体验行业特征研究框架 / 060

二、质量消费体验行业特征研究 / 063

第五章　行业洞察 / 106

一、疫情下的烟火气 / 106

二、新渠道下的家电营销 / 112

三、2020 年，新冠肺炎疫情后的“双 11”还香吗 / 119

四、盲盒与潮流营销 / 125

第二篇　新经济篇——数字中国

第六章　数字经济服务质量的理论内涵研究 / 135
一、数字经济的发展及特征 / 135
二、数字经济与高质量发展、消费者满意之间的逻辑关系 / 136
三、数字经济服务中企业与消费者之间的逻辑关系 / 137
四、数字经济服务质量的理论内涵 / 140
第七章　数字经济服务质量综合评价指标体系的构建与研究调查 / 145
一、数字经济服务质量消费者满意度指标体系的分层和构建 / 145
二、数字经济服务质量企业数字化建设程度指标体系的分层和构建 / 152
三、调查对象的选择和样本抽样设计 / 155
四、信效度检验 / 162
第八章　数字经济服务质量总体指数与关键指标统计结果 / 164
一、消费者满意度总体指数与关键指标统计结果 / 164
二、企业数字化建设总体指数与关键指标统计结果 / 198
第九章　数字经济服务质量研究结论及启示 / 205
一、数字经济服务中的薄弱环节分析及研究启示 / 205
二、企业数字化建设中的薄弱环节分析及研究启示 / 208

第三篇　顾客体验最佳实践案例篇

用户深度参与的开发模式
小米科技有限责任公司 / 213
洞察用户思维：助燃京东超市频道体验提升
京东零售集团 / 220
大兴机场基于用户体验的机场 App 设计
首都机场集团公司北京大兴国际机场 / 230
宽带入户体验的测评与分析
中国电信股份有限公司武汉分公司 / 239
智慧平台情满智慧城市

青岛西海岸公用事业集团有限公司 / 244
来一场运动，只为你专属定制
舒华体育股份有限公司 / 248
家电产品全流程用户体验测评体系
海信家电集团股份有限公司 / 255
以互联网＋智慧停车技术引领静态交通市场
山西建筑工程集团有限公司　山西静态交通建设运营有限公司 / 261
以“满意、忠诚、协作、共赢”打造“四位一体”客户关系管理模式
晶科能源有限公司 / 267
基于客户价值提升的产品设计和服务体验
中钢集团邢台机械轧辊有限公司 / 273

附　录

附录一　第一篇研究篇调查执行情况 / 279
附录二　第二篇新经济篇——数字中国调查执行情况 / 284

参考文献 / 291

第一篇　研究篇

2020 年是中国质量协会开展满意中国系列研究的第四个年头，我们用体验式的研究洞察体验，以消费者的视角评价消费。

2020 年受新冠肺炎疫情和全球政治、经济形势变化的影响，中国当下的市场形态和消费者心态都发生着前所未有的剧变。复杂多变的经济环境下消费信任何去何从，对消费体验又有何影响？我们的研究应变而变，在 2020 年的研究中引入了消费质量信任及质量消费体验模型，形成消费质量信任—质量消费体验—满意度的研究闭环，倾力厘清质量消费的事前、事中和事后过程及相互之间的影响关系，进一步丰富了满意中国研究体系。

第一章　研究概述

一、研究背景

2020年，消费者在新冠肺炎疫情期间对很多以往不常在线上购买的品类养成了新的网购习惯，如食品饮料、生鲜食材、服饰、个护、日用品等。即使疫情稳定后，这些品类的线上消费仍是未来的主流趋势，消费者有些短期的改变成为长期的习惯，习惯中又有很大一部分会在未来保留下来，进而永久地影响消费形态。这让我们开始面对着一个数字化工具和创新不可或缺的新环境。

满意中国系列研究自2017年首次编制发布以来，至今已经是第四年。满意中国指标体系作为监测各行业发展质量的新指标，具有先行性和前瞻性，可为相关工作提供数据支持，为消费者判断品牌质量提供依据，为企业制定下一步发展战略提供借鉴参考。

2017年，在借鉴国内外通行方法的基础上，依托于国际通用的净推荐值（Net

图1-1　满意中国研究历程

Promoter Score, NPS），初步构建了 QCEI、CNCSI 两个指数形成满意度研究体系，用于综合评价品牌质量。主要内容是测量各行业品牌的用户体验，即消费者对品牌的全面感受和评价，包括品牌认知、品牌购买、品牌偏好、品牌推荐以及品牌与消费者之间的情感沟通等。这些维度构成了评测品牌健康度发展状况的主要指标，用于评估各品牌在市场上的综合竞争力，可以为企业提供长期的、连续的品牌数据指标，既能从横向上反映出本品牌的市场地位，又能从纵向上比较本品牌的历史数据，描绘出品牌综合竞争力发展的精确轨迹，并预测品牌发展的未来趋势。调研范围涉及食品、家用电器、消费类电子产品、家居装饰装修产品、服装服饰产品、化妆品和日用化学品、文教体育休闲用品等 200 余个子行业 6000 多个品牌。

2018 年，沿用上年指标体系，进一步验证指标的科学性，在上年基础上对调研范围进行聚焦。

2019 年，引入消费体验理论。品牌竞争时代的到来，催生了消费者对品牌体验的需求。体验就是为了满足消费者内在的体验需要而发生在消费者与企业之间的一种互动行为过程，体验营销的关键是使消费者在体验中得到满意，进而塑造企业在消费者心目中良好的品牌形象，建立品牌忠诚，构筑竞争优势。因此，2019 年对满意中国研究体系进行了完善。

由于传播环境与生活方式的改变，消费者的购买体验过程也随之变化。企业通常运用宣传、广告等各式各样的方法将他们对于品牌产品的认识传递给消费者，而消费者厌倦了这种方式。他们迫切需要亲身体验品牌产品或服务，以发现产品或服务的优势和劣势，从而确定它们能否满足自己日常生活的需求，同时，对与自己的需求相符的品牌会产生一定的品牌偏好。如何通过积极与品牌建立联系和互动交流的方式让消费者对品牌产生品牌偏好甚至是结下较深的感情是企业在品牌建设过程中需要探索的难题。只有厘清消费者品牌体验与消费者品牌偏好的关系，才能为企业进行品牌建设指明道路。因此，2020 年满意中国研究引入消费质量信任和科特勒 5A 体验模型，进一步丰富了满意中国研究体系。

可以看出，随着时代的进步、科技的发展和消费者意识的变化，影响消费者体验的主要因素也一直在变化。信任是交易双方建立长远伙伴关系的重要因素，同时信任也会显著地影响消费者购买意愿。尤其在目前数字经济发展强劲的背景下，线上购买的商品质量无法实时得到检验，信任就显得更加重要了。消费信任的建立，也就是消费决策逐步确定的过程，消费者在购买之前会基于自己的偏好、主张及收集到的信息对品牌有一个初步的感知和信任，初选一组品牌清单，然后对品牌经过了解、使用之后进行体验评估，得到满意度感知并建立心理预期，从而为下一次消费决策提供依据。

二、研究内容

（一）研究框架

本研究共包括以下4个核心模块：

- 消费质量信任研究：主要探索了消费质量信任的内涵、价值及现状分析，包括消费偏好、消费主张、质量维权、消费信息获取、信息偏好、质量信心指数等方面的内容。
- 满意度研究：对比2017—2020年连续四年CNCSI、QCEI年度变化趋势；解析4个领域不同行业、品牌的消费者满意度。
- 质量消费体验研究：对科特勒5A模型的内涵进行诠释，并列举典型的5A模型供消费者和企业参考，还对本次调研的快消、耐消、服务业、数字经济4个领域的各行业及品牌的具体表现进行剖析。
- 行业洞察：结合2020年消费热点，共选取了新冠肺炎疫情下厨电研究、新渠道下的家电营销、“双十一”消费、盲盒经济4个专题进行研究。

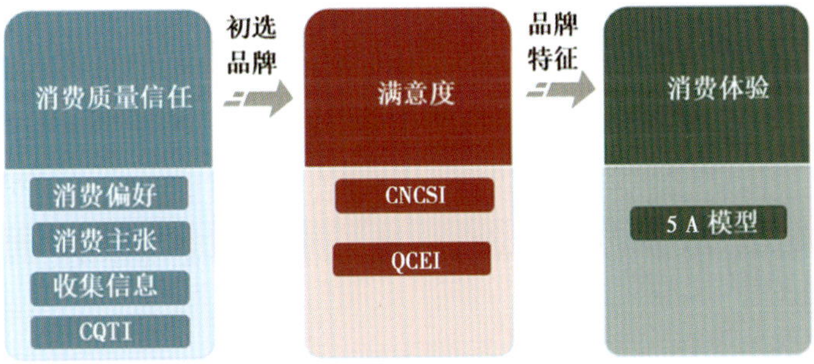

图1-2　2020年满意中国研究框架

（二）调研方式

本年度调研覆盖快消、耐消、服务业、数字经济4大领域，40个子行业，566个品牌。满意中国调查的总体是全国31个省、自治区、直辖市（港澳台除外）所有的消费者，但是要对所有的消费者开展全面调查显然不可行，故而选择抽样调查。本次调研选取概率抽样中的分层和多阶段抽样相结合的方式，每层按规模大小成比例 PPS 抽样，以保证每个样本被抽中的概率均等，这样可应用于不同省份的层级、不同消费支出层级等的研究。

在对省区市抽样过程中，遵循了代表性与可行性两大原则。考虑到消费规模能较好地体现样本代表性，同时参考相关研究，最终决定以“居民人均消费支出”作为主要判定指标。这里给出每个省份的比例和计划抽样，具体调研时根据调查的精度和费用等要求，样本量会在此基础上进行调整。具体样本分布情况详见附录一。

（三）计算口径及相关说明

通过调研消费者对质量消费信任、质量消费体验的评价以及消费满意情况，计算生成 CQTI、CNCSI、QCEI 三大指数，涵盖质量信任、用户认知、推荐、满意等多维度，力求探知消费者的消费信任程度、消费体验评价及满意情况。

其中，CQTI 的计算基于消费者对购买质量的评价、预期及行业质量水平期待计算均值占比，并选取首次调研结果为基准值，研究质量消费信任评价在年度内的变化情况。

CNCSI 的计算基于消费者总体满意度、预期满意度、理想满意度三个维度，将三者进行均值计算并换算为百分比，得出 CNCSI 计算值，反映出消费者对品牌实际感知与理想预期下的满意情况。

QCEI 的计算基于认知、渗透、满意、美誉、忠诚、推荐六大维度加权计算总体消费体验值。

（四）本报告数据说明

1. 地区定义

表 1-1　地区分布

大区	地区	大区	地区	大区	地区
华北	北京市	华东	上海市	西南	重庆市
	天津市		江苏省		四川省
	河北省		浙江省		贵州省
	山西省		安徽省		云南省
	内蒙古自治区		福建省		西藏自治区
东北	辽宁省		江西省	西北	陕西省
	吉林省		山东省		甘肃省
	黑龙江省	华南	广东省		青海省
华中	河南省		广西壮族自治区		宁夏回族自治区
	湖北省		海南省		新疆维吾尔自治区
	湖南省				

2. 城市级别定义

表 1-2　城市级别分布

等级划分	城市名称	等级划分	城市名称	等级划分	城市名称
一线城市	北京市	二线城市	无锡市	二线城市	太原市
	上海市		佛山市		徐州市
	广州市		合肥市		惠州市
	深圳市		大连市		珠海市
新一线城市	成都市		福州市		中山市
	杭州市		厦门市		台州市
	重庆市		哈尔滨市		烟台市
	武汉市		济南市		兰州市
	西安市		温州市		绍兴市
	苏州市		南宁市		海口市
	天津市		长春市		扬州市
	南京市		泉州市	三线及以下	其他城市
	长沙市		石家庄市		
	郑州市		贵阳市		
	东莞市		南昌市		
	青岛市		金华市		
	沈阳市		常州市		
	宁波市		南通市		
	昆明市		嘉兴市		

3. 年龄定义

表 1-3　年龄分布

代际	年龄	代际	年龄
00 后	18 岁以下	70 后	41—45 岁
	18—20 岁		46—50 岁
90 后	21—25 岁	60 后及以上	51—60 岁
	26—30 岁		61 岁及以上
80 后	31—35 岁		
	36—40 岁		

4. 收入定义

表 1-4 收入分布

收入水平	收入范围	收入水平	收入范围
低收入	5000 元及以下	高收入	25001—30000 元
	5001—10000 元		30001—50000 元
中收入	10001—15000 元		50001 元及以上
	15001—20000 元		
	20001—25000 元		

说明：收入水平为家庭月收入。

第二章　消费质量信任研究

一、消费质量信任的定义与诠释

（一）研究背景

党的十九大报告指出，“我国经济已由高速增长阶段转向高质量发展阶段，正处在转变发展方式、优化经济结构、转换增长动力的攻关期，建设现代化经济体系是跨越关口的迫切要求和我国发展的战略目标。必须坚持质量第一、效益优先，以供给侧结构性改革为主线，推动经济发展质量变革、效率变革、动力变革，提高全要素生产率，着力加快建设实体经济、科技创新、现代金融、人力资源协同发展的产业体系，着力构建市场机制有效、微观主体有活力、宏观调控有度的经济体制，不断增强我国经济创新力和竞争力。”

高质量的发展离不开高质量的供给，需要不断提高产品和服务的供给质量。从社会层面来看，我国拥有全球门类最齐全的产业体系和配套网络，其中 220 多种工业品产量居世界第一[①]。但许多产品仍处在价值链的中低端，部分关键技术环节仍然受制于人。要提高供给质量，更好满足日益提升、日益丰富的需求，跟上居民消费升级步伐，这需要整个社会提升质量发展水平。

从企业层面来看，质量是企业发展的战略问题，持续提升质量是企业的经营发展之道。质量的竞争关乎市场的竞争，是提高企业经济效益和发展的大事。企业要发展壮大，质量是其必备的核心竞争力。好的质量是广大消费者对企业信任的基础，是创造一流品牌的先决条件，是企业持续经营的核心要素。

如果说质量是企业发展之根本，那么信任就是企业发展之命脉。

信任不仅是一种值得深入研究的心理现象，同时也是重要的经济现象、伦理现象和社会现象。如果将质量作为信任的基础，那么信任就是对质量的心理行为的一种反馈。美国学者加巴里诺与约翰逊（Garbarino，Johnson，1999 年）认为，信任是对企业提供质量与可靠性的信心。

① 数据来源：2020 年国民经济运行情况新闻发布会。

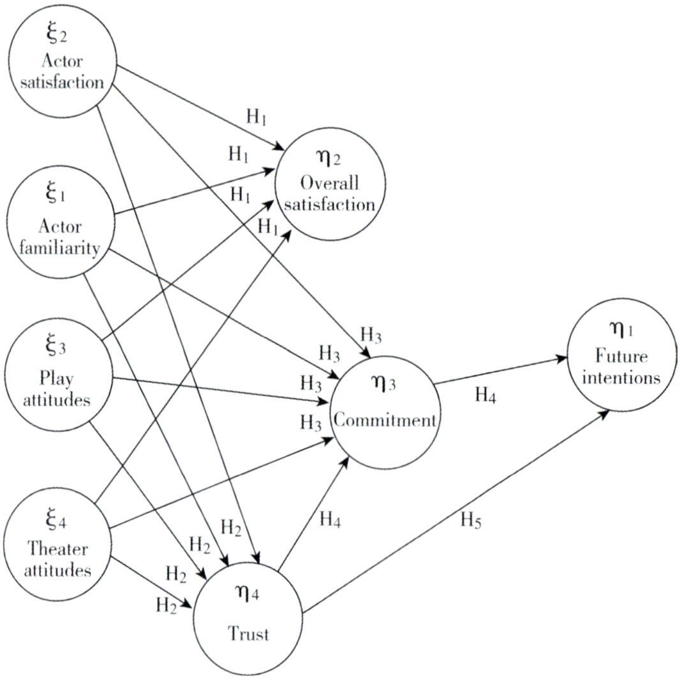

图 2-1　信任与承诺中介模型

本书首次提出质量信任的概念，以信任为切入点，从质量维度去审视信任。从整个消费过程的时间轴来看，质量信任对消费前的心理与行为具有一定预判作用，对整个消费质量体验过程将产生交互影响，是促成消费者购买决策的关键因素之一。

研究成果中我们提到，质量消费体验是从认知、渗透、满意、美誉、忠诚到推荐等一系列体验子过程所形成的闭环结构，该闭环既包括了消费者的行为，也包括了消费者的感受。实际上，在整个质量消费体验环中，质量信任作为消费者心理与行为的主观预判，对每个过程都会产生信任预期，从而影响整个体验过程，形成消费质量信任环；同时，每个体验子过程中，消费者的行为选择与主观感受对质量信任将进行一定程度的修正，最终形成消费质量信任－质量消费体验内外双循环，具体架构可参照图 2–2。

基于此，我们将消费质量信任引入质量消费体验过程中，进行探索性研究，旨在从质量信任的维度去分析质量消费体验。

当然，若要厘清质量信任的概念，首先需要明确信任的定义与属性。信任在不同领域有不同定义，社会学、心理学、经济学、营销学、管理学中都有涉及。对于质量信任来说，所在领域至关重要，这决定了质量信任的研究框架和体系构建。当然，现今随着大质量概念的不断丰富和延伸，质量也在认知升级的过程中形成自己的横跨多

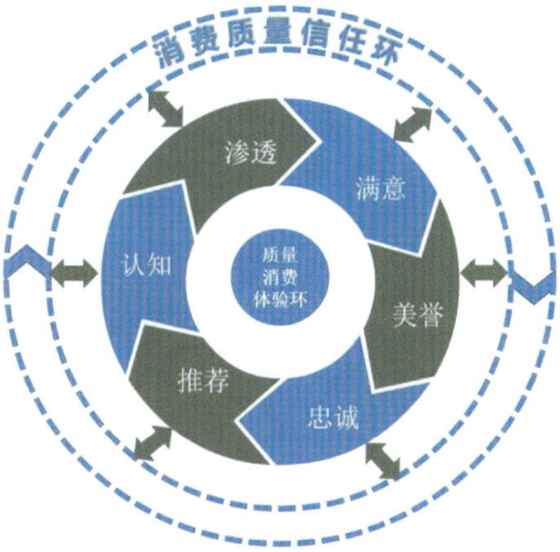

图 2-2　消费质量信任 - 质量消费体验内外双循环

个领域的理论和实践。因此，质量信任也同样属于一个跨学科和多领域的研究。

（二）　什么是信任

自齐美尔、多伊奇始，信任的研究已经发展了多年，社会学家、心理学家、经济学家、管理学家，以及政治、法律学者甚至计算机方面的学者，都围绕着“信任”这个话题进行了多维度研究，提出了很多理论，取得了众多成果。不同的学科对信任界定角度不同，表 2–1 展示了信任在不同领域的定义。

表 2–1　信任在各领域中的定义

研究领域	学者	时间	信任的定义
心理学	Rotter	1967，1971，1980	是一种稳定的信念，维系着社会共享价值和稳定，是个体对他人话语、承诺和声明可信赖的整体期望
营销学	Morgan and Hunt	1994	信任是指合作双方中，在可靠性和诚实两个方面，一方对另一方具有足够的信心
营销学	Ganesan	1994	依赖自己交易伙伴的意愿
营销学	Sirdeshmukh	2002	能力、善意和解决问题的能力
管理学	Mayer	1995	是一种积极意愿：愿意将自己的弱点在被信任一方前暴露，宁愿承受由此而产生的风险
管理学	McKnight	2002	相信并愿意依赖另一方。高水平信任有两个变量： 信任倾向：在特定场景下愿意依赖对方 信任意念：相信对方是善意的，有能力的，诚实的
社会心理学	Holmes&Rempel	1989	信任是相信他人无论是过去还是现在都关心自己的利益，满足自己的需要，建立在过去双方互动过程中的，并且随着双方关系成熟而发展。信任是对对方可靠性、承诺的信赖

从不同研究领域对信任的定义来看，可以从 3 个角度来进行诠释。

1. 信任是相信对方的能力、诚实和善良的信心。

2. 信任是根据被信任对方的倾向和行为预期，愿意将自己的弱点在被信任一方前暴露，并为此承担风险。

3. 信任是个体或群体对对方可靠性及承诺的信赖。

基于当今社会和市场发展过程中可以测量角度来看，质量信任多以社会学领域来进行窥探，而在社会科学界多以人际关系、理性选择、社会资本、制度文化等多个视角进行解读。

我们这里采用的定义是基于第 2 种诠释角度，即将信任定义为一种主观概率，从行为预测的角度来进行界定。这种概率可以用来判断他人（或集体）的行为，而且是在监视到这种行为之前，这种行为会对自身产生影响（Gambetta，1988）。具体来说，定义中有两个要点和一个必要前提。

要点一：主观判断概率。这里有两个值得关注的，首先是主观，这里强调了个人感知的重要性；其次是判断概率，如果以提升判断概率为目标，那么需要寻找有助于提升概率的来源及来源提升概率的作用原理，这将成为未来质量信任原理解释、指标确定、量化计算的基础。

要点二：行为会对自身产生影响，是一种行为预测。这里解释了需要进行主观判断的原因，同时，为了分析清楚这个原因，需要从实施行为的对象和行为的具体内容上，分别进行研究。简言之，就是要明确信任对象和信任对象的具体特征。

必要前提：在监视到这种行为之前。这里说明了信任的前置性，并指出概率的衡量内容，是主观判断和最终监视到的客观行为之间的符合程度。

综上所述，要点一，指出信任产生于主观判断概率的提升，提升的关键是来源和来源提升概率的作用原理（以下称为机制）；要点二，指出信任的目标是明确产生的信任对象，这里既包括某一对象，也包括该对象的某一特征。因此，关于信任的研究，可以从两个方面入手，信任的产生—来源和机制—提升主观概率，信任的目标—信任对象和对象特征—明确信任对象。

（三）质量信任的定义

1. 什么是质量信任

从信任的定义出发，我们过渡到质量信任的定义。

针对要点一，质量可以作为来源，并通过质量的作用原理，提升主观判断概率，也就是质量作用于信任产生；针对要点二，信任的对象是某一主体和该主体的质量行为（质量行为泛指客观质量特性以及与质量相关的价值观、社会行为、市场行为等），也就是明确质量信任的目标；针对必要前提，质量信任产生于监视到客观质量行为之前。

如此，可以给出质量信任的概念，质量信任是一种主观概率，用于判断他人（或集体）的质量行为，而且是在监视到这种质量行为之前，同时该质量行为会对自身产生影响。获得质量信任的定义之后，将根据该定义对后续的研究进行指导，同时，依据对信任的研究，我们对于质量信任的研究，同样需要考虑两个关键的要点：

- 质量信任的产生——用以提升主观判断概率的质量来源
- 质量信任的目标——信任对象主体和其质量特征

接下来，将分别用信任的既有研究逻辑来探寻质量信任的来源和目标，并试图从中发现质量信任体系架构的蛛丝马迹。

2. 质量信任的产生

根据信任的既往研究，信任的产生包括来源和机制，两者之间的相互作用，就是信任的产生；同理，质量信任的产生，也需要找到来源和机制，并解释它们之间的相互作用。

我们先看信任产生的来源，包括互动带来的熟悉、基于自身利益的计算、创造可预测性和可信任价值的载体，显然，这 3 个来源都能用于提升主观判断概率。于是，我们的任务就是，将这 3 种来源与质量相结合，进而论证得出质量信任的来源。事实上，互动带来的熟悉与感知质量和体验是类似的；基于自身利益的计算，与用户需求和风险控制相关；创造可预测性和可信任价值的载体，对于企业而言，其实就是支撑企业产品服务的核心价值观以及企业与质量相关的社会行为、市场行为等。

接下来看信任产生的机制。信任产生的作用机制包括直接的互动、通过其他信任方获取名誉、理解制度环境对他人（或组织）价值观和行为的影响和塑造，同样的，我们将这些作用机制延伸到质量上来。比如直接的互动其实就是 ISO 9000 标准中的交互（Interaction）；通过其他信任方获取名誉，这与我们熟悉的品牌口碑或者满意度评价等息息相关；制度环境对价值观和行为的影响，这与加强质量诚信体系建设，提高整个社会的契约精神，提高物质生产和交易效率，提高社会物质生产力的内在原理是强相关的。

如上所述，我们确定了质量信任产生的来源与机制。目前的研究内容为探索性研究提供了足够的定性指标参考，随着验证性分析结果的确定，将不断完善和提炼相关来源和机制。

3. 质量信任的目标

根据信任的既往研究，信任的目标包括信任对象和对象特征。信任对象，包括个体（个人）、系统（非个人层面）和集体。这三者有以下几个特点可以被质量信任运用：第一，三个主体之间是相互独立的，可以作为体系架构的基础维度；其次，个人、非个人层面、集体可以分别对应消费者、市场和社会经济环境，能够将社会关系平移到市场关系；第三，信任对象与质量相结合，拥有一定的研究空间，例如消费者在日常消费时与产品服务的双向互动、市场质量信用体系建设对品牌和市场的规范作用、社会质量诚信在价值观层面对企业、消费者的引导等。这几个特点给我们提供了分解质量信任的三大基础：个人——消费者，非个人——市场，集体——社会。

信任目标的另一个关键是对象的主体特征，在信任的既往研究中，是对象被信任后表现出的一些特征，例如一致、契约、胜任、忠诚、友好、诚实、正直、坦诚等，如此，接下来我们的任务是显而易见的，首先，质量信任分解后的三大基础——消费者、市场、社会——分别具有怎样的特征；其次，三大基础的信任产生原理。

南京大学翟学伟教授在《诚信、信任与信用：概念的澄清与历史的演进》一文中给了我们一些参考，“我们可以看到一种‘个人—关系—组织—国家’在中国是一个由小到大的扩展含义，依照这个扩展的思路，诚信、信任与信用也可与其相对应。通常情况下，诚信对应的则是道德或人格诉求，信任对应的是社会关系，信誉对应的是组织或公共关系，而信用对应的是政府与市场的作为。换句话说，诚信、信任与信用是修身、齐家、治国、平天下的具体表述，它建立在这样一种假设之上：如果每个人都遵守诚信，彼此互动起来就产生社会信任，然后整个国家的信用运行就好”。此外，我们也应该注意到，“诚信作为一种社会的道德观，是社会主义核心价值观的基础。党的十八大提出‘加强政务诚信、商务诚信、社会诚信和司法公信建设’。全面推进社会信用体系建设，是完善社会主义市场经济体制、加强和创新社会治理的重要手段，是树立国际品牌和声誉、降低对外交易成本、提升国家软实力和国际影响力的必要条件，是推动建立客观、公正、合理、平衡的国际信用评级体系，适应全球化新形势，驾驭全球化新格局的迫切要求”。

上述的观点给了我们一个共性认知，信用与政府、市场、体系、制度等息息相关，因此，质量信任与不同主体的结合会形成不同的研究领域。在质量信任的研究范畴下，三大主体中的“消费者”可以定义为“消费质量信任”，它指代的是消费者与其他消费者、产品服务、企业品牌等基于质量产生的互动关系。满意中国研究正是立足于用户视角，从消费者角度去研究质量信任，接下来，我们将以此来分解消费质量信任的系统架构，并论证其重要意义。

二、消费质量信任的价值

（一）宏观层：政策导向，畅通消费内循环

消费质量信任在宏观层的价值主要体现在促进消费潜力的进一步释放和消费环境的优化。从内部和外部环境来看，消费日益成为经济持续增长的重要引擎，我国商品和服务质量虽有所提升，但以往商品和服务质量存在的短板，还在持续影响消费者的质量信任。近年来，消费环境虽有所改善，但相关制度的不完善，抑制了消费环境的进一步优化，在一定程度上也阻碍了消费质量信任的提升。

从内部环境来看，低消费是长期以来我国经济发展的重要特征事实，发达国家的最终消费支出占 GDP 比重通常为 80% 左右，发展中国家也维持在 70% 以上①，而 2019 年我国消费对经济增长的贡献率仅为 57.8%，近 30 年的最终消费率始终在 64% 以下②，消费在国民经济中的份额较小，进而对经济的拉动作用乏力。从外部环境来看，新冠肺炎疫情肆虐、贸易保护主义、各种逆全球性现象等加剧了国外市场的不稳定性和不确定性，出口对经济的拉动作用明显疲软。在此情形下，习近平总书记多次强调，我国亟须构建以国内大循环为主体，国内国际双循环相互促进的新发展格局。畅通国内大循环的重要前提是促进国内经济大循环，而消费内循环是经济内循环的重要组成部分。鉴于此，如何提高消费者对消费对象的信任，是进一步释放消费活力的关键，也是畅通消费内循环的有效途径。

从消费环境来看，制度的完善性、监管部门的公正合法性、执行制度机构的守法性、监督制度执行情况、机构的执行力、信息公开的透明度等方面都是消费者质量信任依

① 数据来源：世界银行官方网站数据库。
② 数据来源：《中国统计年鉴》。

赖的重要方面。当前，假冒伪劣、虚假宣传、信息泄露等损害消费者权益等事件的产生在一定程度上反映了当前消费环境的漏洞。良好的质量信息公开，是提升消费环节的有效措施，只有在制度信任大背景完善的前提下，消费者才能更好地维护自身权益，才能更加敢于消费，最终促进消费内循环。

（二）中观层：企业承诺，践行市场质量信用体系

消费质量信任在中观层面的价值主要体现在市场质量信用体系的建立和完善。市场质量信用作为对某一产品、行业的积极或负面反馈，通过无数产品或行业市场的合集，形成整个市场的质量信任，代表某一国家或地区供给质量的整体水平，消费质量信任是整体市场质量信用水平的反馈，也会倒逼整体市场质量信用体系的完善。

现实中，消费者要充分识别个体企业的产品质量往往是困难的，因此购买者可能会将企业所属的“群体”的平均质量声誉作为额外的信息来源。地区和行业在现实中往往被作为划分“群体”的自然标准。当行业产品声誉影响到个体企业的消费市场时，就存在负外部性，市场自发的结果会影响到个体企业的经营状态。在有轻微破坏消费者质量信任的情形下，只会对某个经营主体产生负面影响。在对消费者质量信任破坏严重的情形下，对某个行业的影响是巨大的，甚至是毁灭性的。当某个行业出现质量信任危机时，消费者会转移消费市场，如用国外产品进行替代，或用类似产品进行替代。如从三鹿奶粉出现三聚氰胺事件以来，人们对国产奶粉的信任持续处于低谷，较多消费者通过实体店或跨境电商平台购买海外产品，同时，新生代父母追求消费便捷，对于网络和电商的熟悉度和认可度较高。消费者对海外奶粉的信任和追捧使得国内奶粉市场不断萎缩。

而当消费者对某行业质量信任较高时，会促进行业的健康可持续发展。行业质量信任水平越高，会加速淘汰质量信任较低的企业，使得那些质量可靠性较高的企业存活，进而促进行业的良性发展。如格力和海尔空调均是国际大厂，生产线采用一流技术，设计标准较高，从源头控制设计质量，二者均实现了无人工厂，自动化技术较高。同时，格力和海尔空调在售后服务方面也表现较好。在海尔和格力质量标杆的引领下，消费质量信任得到提升，使得消费者对空调行业的信任度提高。而那些在产品和售后服务方面质量表现较差的企业，如果不加速追赶，就会面临被市场淘汰的风险。这样，在市场竞争的强大驱动下，行业质量水平和消费质量信任就会不断上升，进而满足消费者对质量的需求。

从广义市场质量信用角度来看，消费质量信任和整体市场质量信用是相互依存和相互发展的。当前，市场质量信用仅是局限于某一行业的市场质量信用，我国整体的市场质量信用体系建设尚处于探索阶段，消费质量对质量信任的反馈尚不能支撑整个市场信用体系的建立。消费质量信任作为行业市场质量信任的评价基础，是整个市场质量信用的重要单位，消费质量信任在行业中取得的认可度越高，越有利于整体市场质量信用建设。反过来，整体市场质量信用体系的建立和完善，也会促使企业和行业更重视质量信用，进而形成良性循环。

（三）微观层：消费信任，助推质量消费体验

消费质量信任在微观层的价值主要体现在企业和消费者两个维度，分别代表微观供给端和消费端。消费质量信任作为一个人际互动范畴的营销学概念，体现了交易双方之间的关系。在微观供给方面，消费质量信任代表企业以往产品和服务水平的高低，是企业品牌形象的重要内容，也是一项重要的无形资产。在微观消费方面，消费质量信任是消费者质量消费体验的基础，良好的消费质量信任会提升消费者质量消费体验。

在交易双方信息不对称的情形下，消费者的质量信任度越高，往往会接受更多的商品和服务，进而企业占据更大的市场份额。随着市场竞争同质化加剧，消费者对产品质量的要求越来越高，企业只有不断提高产品的质量才能在市场上占据一席之地，进而获得更高的经济效益。当负面的消费质量信任出现在某一产品时，企业往往会通过召回相关产品来挽救消费质量信任。如宜家因部分橱柜产品存在安全隐患宣布召回，韩国三星因电池缺陷问题，召回在美国、澳大利亚等国家销售的手机，日本东芝公司先后对存在质量缺陷的笔记本、彩电、洗衣机、手机等产品进行多次全球召回等。可见，微观企业对消费质量信任的重视程度。

质量消费体验包含认知度、渗透率、满意度、美誉度、忠诚度和推荐度六大维度，质量是消费体验的基础，没有质量作为基础，消费者体验就无从谈起。消费质量信任是消费者在消费前的认知过程，通过外部信息的获得、口碑与声望、外在消费环境来判断是否给予信任。这是一个情感关联的过程，也是价值内化的过程，消费者通过对这些因素的权衡来进行消费前的认知与信任建立，进而影响其互动机制，产生购买意愿与购买行为。消费者接受了高质量的产品或服务之后会感到满足和愉悦，继而会产生向他人传递自身感受的冲动，进而提升产品或服务的忠诚度和推荐度；消费质量信

任本身就是认知度的重要内容，消费者对产品或服务的质量越了解，就会对产品或服务形成更客观的评价，形成用户质量感知，即质量信任高或低；消费质量信任会加深用户的渗透率，消费者对一产品或服务越信任，其购买的可能性就越大，消费者在购买过程中形成的满意度、认同感、归属感与忠诚度，以及通过各种途径得到的经验而形成的刻板印象都会影响其交易选择与体验。

三、消费质量信任现状调研结果

本节将通过实证研究，从消费者的视角来探测疫情背景下的消费偏好变化，分析消费者以何种消费心理、消费意识去迎接这场冲击。故在研究消费质量信任之前，我们首先需要了解消费者在新冠肺炎疫情背景下的消费偏好、质量倾向是如何变化的，同时从消费质量信任维度去捕捉消费者在质量范畴下所呈现出的信任状态，为质量消费体验提供前期的预判。

（一）消费质量信任偏好研究

1. 消费偏好：产品品质、服务、性价比消费者最为关注

消费者在选择消费时，对产品本身的品质提及率最高，其次是服务质量，表明消费者对产品和服务质量的信任是进行消费时最为看重的要素。品牌对消费者负责任的态度、相信品牌会做正确的事情、社会责任感、品牌可靠度均是消费者考虑较多的要素，企业的行为、态度和诚信历史在深层次上影响着消费者的质量信任评价。

在质量信号理论中，品牌通常被认为是一种作用显著的外部信号，消费者常常利用对产品抽象的品牌形象来推断和维系其对产品或服务质量的感性认识。品牌对消费者负责任的态度和相信品牌会做正确的事认可度越高，消费者对其品牌形象的正向联想越高，进而会对消费行为产生影响。

对于企业社会责任感，消费者对负责任的企业更易产生好感，超半数消费者在进行购买选择时会考虑品牌所传递出的态度，负责任的品牌使消费过程更为安心。在某种程度上，企业社会责任感充当了保护装置的作用，即当消费者不能确认企业所提供的产品信息时，会偏向于用企业社会责任感的相关信息来评价产品，企业的社会责任感增加了消费者的质量信任。

2. 消费主张：诚信对品牌影响较强

消费选择已不仅仅是单一的产品选择，企业也从产品的提供方拓展为一个立体的

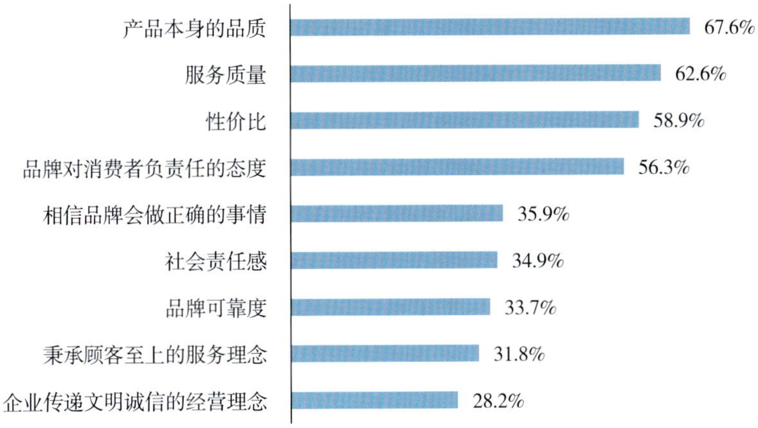

图 2-3 消费偏好因素

品牌形象，其背后的价值观、责任担当也在很大程度上影响消费者的产品选择。从消费主张来看，消费者对企业的诚信问题最为关注，大多数消费者会因为企业存在诚信问题而转换品牌。企业的社会责任感和在突发事件中的担当也成为消费者在进行品牌选择时的重要考量。如快手、抖音、西瓜视频等在新冠肺炎疫情期间，纷纷启动“助农”计划，拼购、直播等新模式持续发挥重要带货能力，获得了较高的社会评价。新冠肺炎疫情期间，多地药房以及大润发、家乐福等商超因哄抬民生商品价格被处罚，严重影响了在消费者心中的形象。

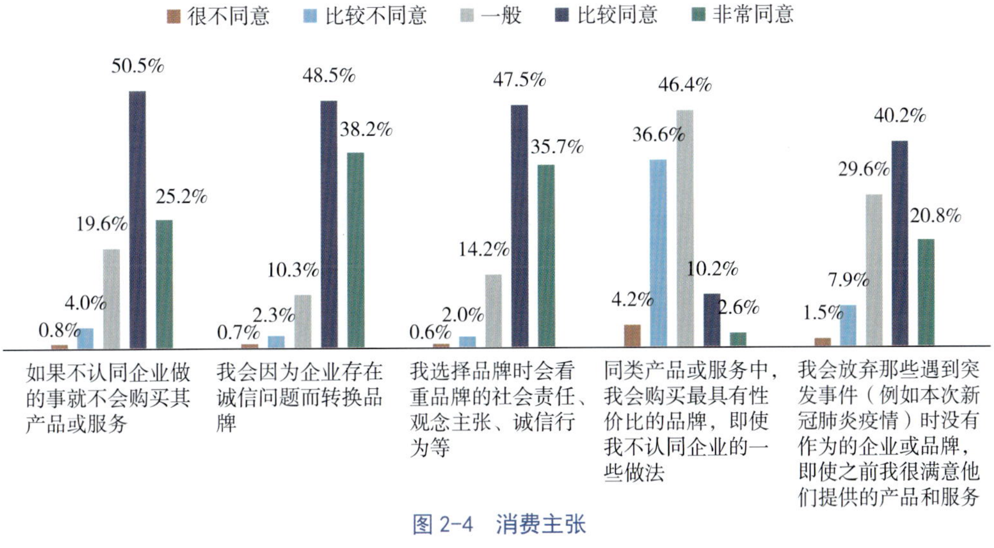

图 2-4 消费主张

3. 信息偏好：偏爱官方渠道，更为关注质量检测、达标、承诺信息

消费者在购买产品前，多数会提前了解一下产品信息，实体店和官方网站、官微

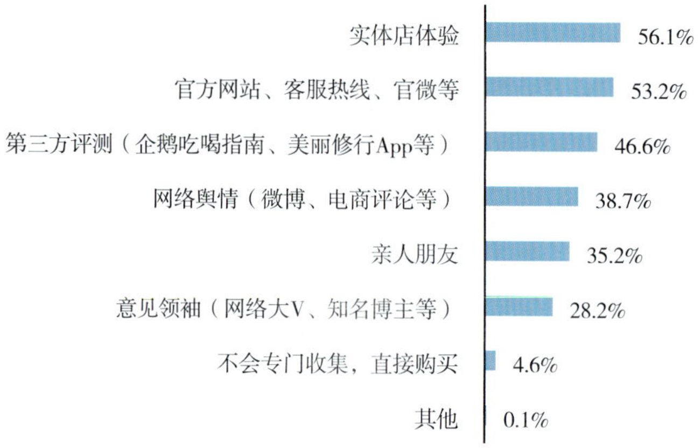

图 2-5　信息获取渠道

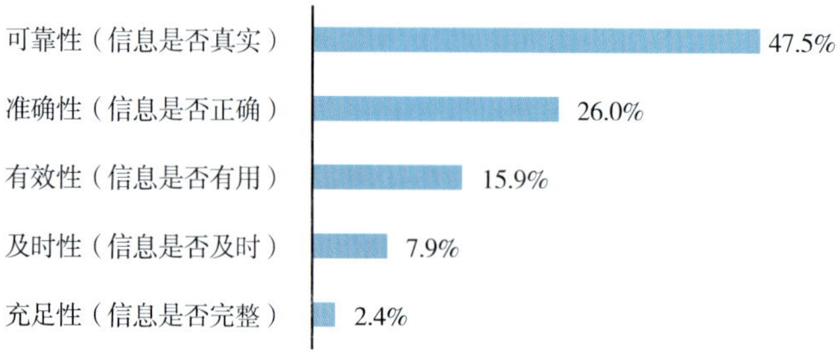

图 2-6　信息关注要素

等是其主要获取信息的渠道，均有五成以上消费者通过这些渠道获取信息，消费者在信息获取渠道上更注重权威性。同时，第三方测评在消费者购买决策中也有重要的影响。而对于信息的价值，47.5% 的消费者关注信息的可靠性，可见，对消费者来说，信息的真实性、客观性是最重要的关注点。

在购买产品时，多数消费者都希望了解产品质量相关的信息，其中质量检测、是否达到国家标准、企业的承诺，是消费者较为关注的信息，均有五成以上消费者选择；而这些信息的披露对消费者购买该企业的产品有积极的影响。但从实操层面来看，当前的质量信息公开存在不透明、学术性过强的问题，影响了消费者的信息获取与购买决策。企业在强化信息披露的同时，应注重信息传递的效果，同时第三方机构应发挥其中间者的角色作用，将企业的质量信息更通俗、更具时效地传递给消费者。

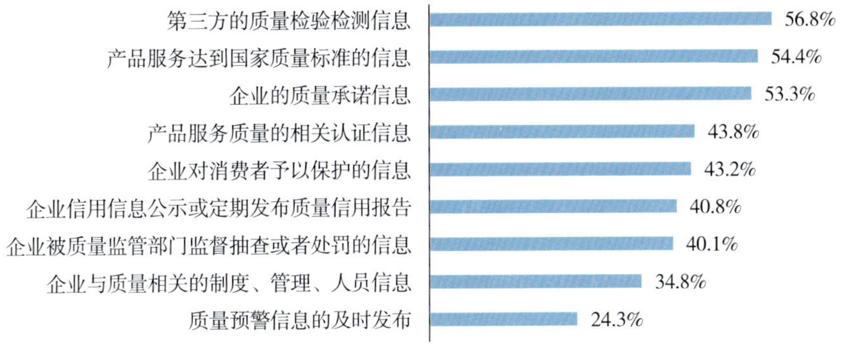

图 2-7　质量信息偏好

4. 质量维权：消费者维权意识增强，主要向提供方和消费组织投诉

根据调研数据显示，57% 的消费者会选择进行维权，超过了不维权的消费者比例。这与消费维权需求、维权方式多元化、维权渠道畅通等有一定关系。以往消费者进行维权，很难得到及时有效反馈，这在一定程度上抑制了消费者进行维权。当今，随着消费者维权意识的增强，理性维权的方式和维权沟通渠道也在透明化和公开化。许多消费者通过各种渠道进行投诉后，企业和相关执法部门及时进行了沟通反馈，使得问题得到有效解决，并将消费者投诉问题反馈给平台，形成了良性的维权互动。

当购买到有质量问题的产品时，在不进行维权的消费者中，选择向朋友倾诉占比为 29.9%、其次为上网宣泄（21.4%）和直接扔掉（20.5%），这与维权成本高、周期长、维权意识及相关知识薄弱密切相关。同时，当前社会环境中仍存在消费维权的薄弱点，个人隐私保护、赔付制度、举报奖励机制等方面不健全使得消费者放弃了维权。

根据测评数据显示，直接找生产者或销售者投诉占比为 21.3%，通过消费者组织进行维权占比为 17.7%，而这些用户会更倾向于消费者组织发起集体诉讼（60.1%）或第三方进行充分的事前检验（57.6%）。集体投诉是指 3 个工作日内有 5 人（含 5 人）以上集中反映，为生活需要所购买、使用商品或者接受服务时，其合法权益受到相同侵害的投诉。时下，只要有消费者站出来呼吁维权，容易引起有相同遭遇其他消费者的共鸣，进而受影响的人群面迅速扩大，导致群体性消费投诉的发生。但由于集体投诉对企业的影响较大，办理周期较长，或者因企业在市场环境下出现困局等而迟迟未能如期结案，损害了消费者的权益。

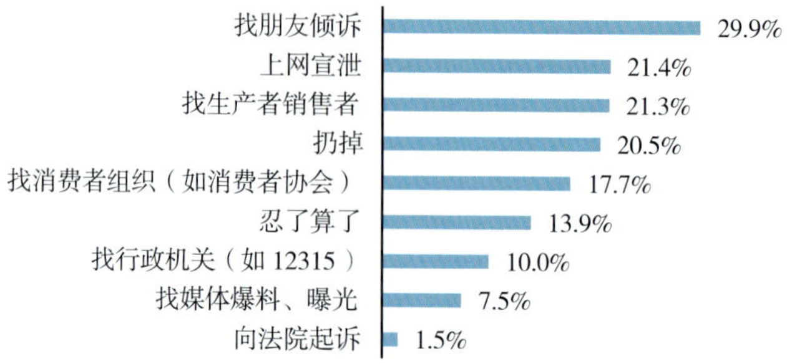

图 2-8　出现质量问题时的做法

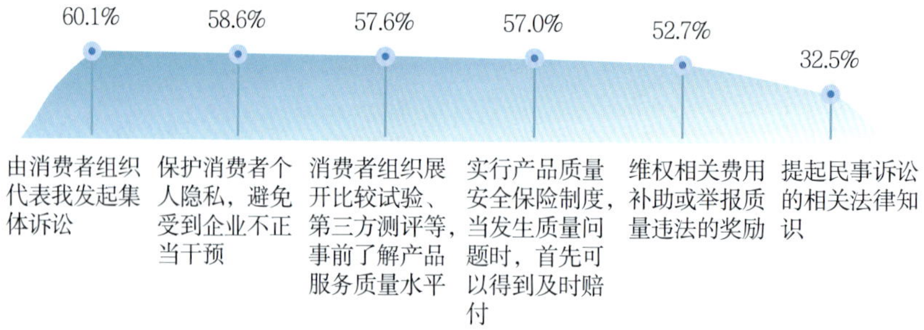

图 2-9　质量维权方式

（二）消费质量信任指数（CQTI）

在前文中我们阐述了消费质量信任在宏观、中观、微观层面所带来的重要价值，本节我们将着重从量化的角度来分析消费质量信任，即消费质量信任指数（Consumer Quality Trust Index，CQTI），该项指数的提出希望从质量的视角来探测消费者信任的强度，从而有效指导国家、社会、企业去不断推进质量信任建设，助力高质量发展。实际上，消费质量信任指数在学界还是一个较新的概念，为了使其置于一个更加广阔的研究背景中，我们将从消费者信心指数的研究视角去探讨消费者质量信任指数。

1. 国内外消费者信心指数研究

消费者信心指数是消费者对未来消费信心强弱的一种预判，是有效预测经济发展走向与未来消费倾向的先行指标。从国内外持续跟踪消费者信心指数所获取的实践经验来看，消费者信心指数与国家重要的宏观经济指标存在着密切关系，消费质量信任指数正是参考消费者信心指数的构建过程，旨在通过深入研究消费者信心指数，对我国供需市场的平衡发展起到很好的指引作用。

（1）国外消费者信心指数

密歇根消费者信心指数（Index of Consumer Sentiment，ICS）由美国密歇根大学的乔治·卡通纳（George Katona）在“二战”期间提出。为研究消费需求对经济周期的影响，他首先编制了消费者信心指数，为研究人员对消费者关于个人财务状况和国家经济状况的看法进行定期调查并进行的相应评估。

密歇根消费者信心指数由消费者满意指数和消费者预期指数构成。前者是指消费者对当前经济生活（包括财务状况和购买状况）的评价，后者是指消费者对未来经济生活（包括未来一年和五年的预期财务状况和经济状况）的预期。消费者的满意指数和预期指数分别由一些二级指标构成。在调查的过程中，研究人员将被调查人对问题的回答分别归类于“肯定”或“否定”并计数，继而用其平均数计算出消费者信心指数值。出于指数计算的需要，研究人员设定 1966 年第一季度的结果为 100。

长期以来，该数据为消费者态度变化的把握提供了一个有价值的指引，进而可以较好地预测消费行为。另外，与其他同类用途的数据相比，该数据波动性更小，表现得更为稳定。

（2）中国消费者信心指数

国家统计局从 1997 年 12 月开始研究编制我国的消费者信心指数（CCI），每季度发布一次《中国消费者信心监测报告》，目的是从一个新的角度为各级政府、工商界和国内外投资者综合判断经济运行的状态提供参照系，为各经济主体制定和采取决策提供辅助信息。经过几年的实践，消费者信心指数已经成为我国经济景气指数体系的有机组成部分，受到国内外的关注。

中国消费者信心指数由消费者满意指数和消费者预期指数加权平均取得，其中满意指数是指消费者对当前就业形势、当前家庭收入情况和购买时机的判断，预期指数是指消费者对未来 6 个月就业形势和家庭收入情况的预期。消费者信心指数、消费者满意指数和消费者预期指数的取值均在“0—200”之间。“100”为“乐观”和“悲观”的临界值。当信心指数大于 100 时，表明消费者趋于乐观，越接近 200 乐观程度越高；小于 100 时，表明消费者趋于悲观，越接近 0 悲观程度越深。

2. 消费质量信任指数的计算方式

根据质量信任的形成机制，分析并借鉴国内外信心指数编制方案，我们使用三个指标来衡量消费者质量信任指数，分别是：Q_AGO 表示的是相比于上一年，消费者对其所购买的产品或服务的感知质量近况如何；Q_EXP 表示的是消费者对未来再次消费同类产品与服务的质量预期是如何的；Q_MAR 表示消费者对我国市场整体的质量水平的感知预期是如何的。质量信任指数 CQTI 计算方式如下：

质量信任指数　$$CQTI_i = \frac{Q_{AGO_i}+Q_{EXP_i}+Q_{MAR_i}}{Sum_{baseline}}$$

其中 $Sum_{baseline} = Q_{AGO_{baseline}} + Q_{EXP_{baseline}} + Q_{MAR_{baseline}}$，$Sum_{baseline}$ 是基准值，这里选取 2020 年第一季度的调查数据为基准值，以此来衡量后面三个季度的调查结果。

同样，参照国内外消费者信心指数的计算方式，消费质量信任指数的取值范围为 0—200，100 为中性值，指数大于 100 时，表示消费者对产品质量持乐观、积极看法的占比大于持悲观、消极看法的占比，消费质量信任指数偏向乐观；指数值越高，表示消费者对质量信任越强。

3. 消费质量信任指数的调研结果

目前，全球新冠肺炎疫情依然严峻，诸多因素交织，未来走向并不确定。值得庆幸的是，我国对于新冠肺炎疫情采取了强有力的防控措施，并取得了显著的抗疫成效，为世界作出了贡献，作出了榜样。依赖于政府宏观调控和采取的积极有效措施，市场经济逐步理性回归，消费市场开始慢慢地走向平稳发展的常规状态。调研结果显示，2020 年全年质量信心指数为 132，处于较强区间，表明消费者对产品质量的信心较强。

本次调研以季度为周期，通过线上线下相结合的方式，对消费者质量信任信息进行采样，信息的收集是在疫情的不同阶段进行的，故而质量信任指数数据的变化能充分展现消费者质量信任心理的阶段差异性。

从第二至第四季度数据来看，随着疫情的常态化，消费者对产品 / 服务的质量信任指数逐步提升，其中后疫情阶段第四季度的调研中，消费质量信任指数已达到 149，表明虽然新冠肺炎疫情对消费者生活带来影响，但大多数消费者仍保持积极乐观的生活态度，对我国宏观环境、消费市场、质量保证能力有较强的信任动力。

同时，本项调研也收集到国家统计局发布的 2020 年消费者信心指数，同时以季度形式对月度数据进行汇总。数据结果表明，2020 年消费者信心指数也同样呈现季度性上升趋势，与消费质量信任指数不同的是，消费者信心指数上升幅度较为平稳，消费者满意指数与预期指数逐步提升。同时，消费质量信任指数相较 CCI 而言在质量信任维度敏感性更强。随着我国新冠肺炎疫情防控取得阶段性胜利，社会经济秩序正在逐步恢复，第三季度全面复工复产，在高质量发展理念下，消费者对质量发展释放出更加乐观、积极的态度，质量信任迅速上升，对质量消费体验起到正面预判作用。

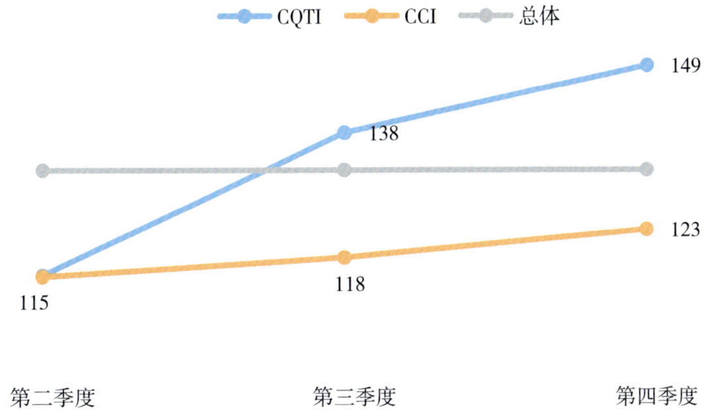

图 2-10 2020 年消费质量信任指数与消费者信心指数走势

4. 不同维度下的质量信任指数

（1）地区：东北地区消费者质量信任不足

从不同地区来看，东北、西北地区消费者质量信任相对不足，这些地区也是整体经济状况与消费市场相对落后的地区。受制于购买力、消费观念及消费市场的发达程度的限制，东北、西北消费者质量信任相对不足，对产品 / 服务革新及消费环境的感知较为迟钝，这些地区的消费往往较为保守，市场活跃度低。

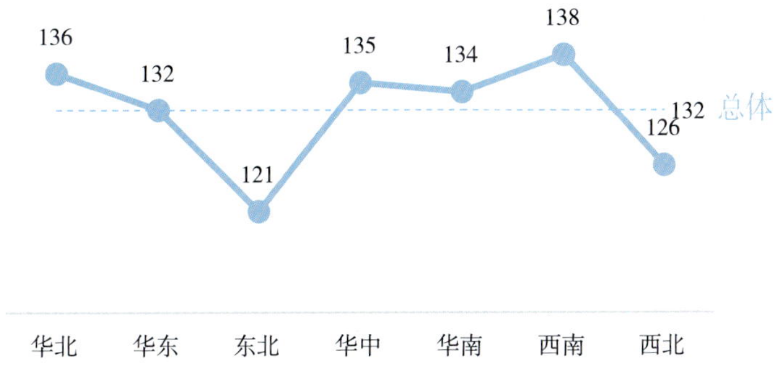

图 2-11 不同区域的消费质量信任指数

（2）城市等级：一线城市消费者质量信任表现更好

一线城市往往是新产品最先触达的地区，同时这些城市的消费者往往具有较高的消费能力与文化素养，对新鲜事物的接受能力较高，且对市场政策、消费维权等信息了解得更为充分，无论是在产品与服务的感知方面，抑或是在消费环境的感受方面，能较为敏锐地观察到市场的不断变化，整体上其消费观念更加积极，消费质量信任表现更好。

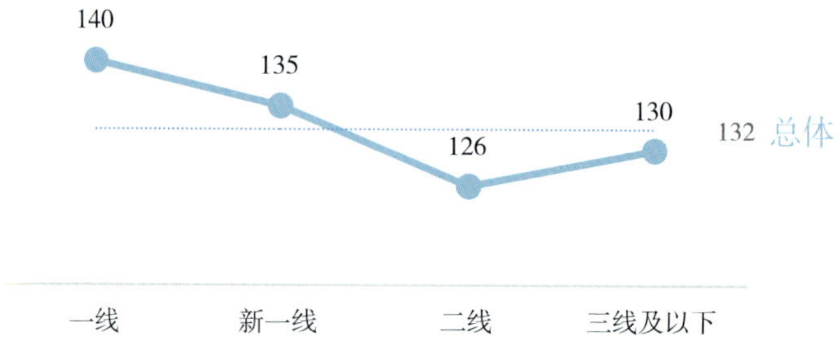

图 2-12 不同城市等级的消费质量信任指数

（3）代际：年轻群体质量消费信任较为充足

如今，80 后、90 后成为中国消费市场的主力军，本次调研结果也从代际角度进行了细分研究。研究数据显示，80 后、90 后群体消费质量信任最强，其次是 00 后。整体上来说，年轻群体的消费观念更加积极，质量信任感更加充足。80 后、90 后不仅对新鲜事物有较高的消费意愿，也具有与消费意愿相匹配的消费能力，伴随互联网的发展而成长，无论社会开放程度、经济状况或个人成长环境都较祖辈更为优渥，愿意为新鲜事物买单，对新产品的接受能力与信息获取能力都要更强，是质量信任的高感知人群，是新产品消费的高敏感人群。

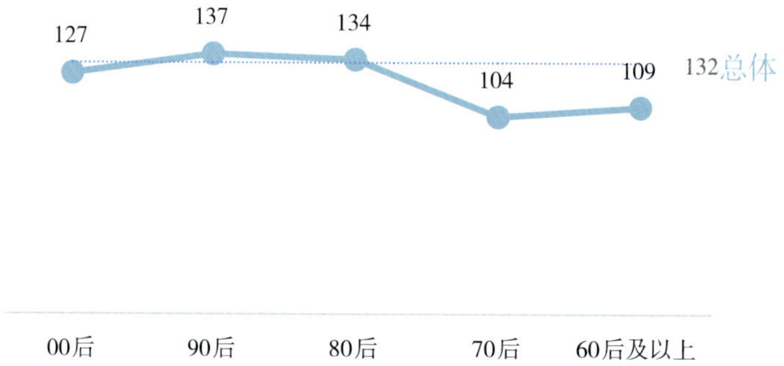

图 2-13 不同代际的消费质量信任指数

（4）收入水平：收入水平与质量消费水平呈正相关

从收入水平来看，高收入群体的消费质量信任较高，对产品 / 服务质量及市场整体水平持乐观态度，相对于中低收入群体而言，高收入群体往往是新产品、新服务的率先体验者，消费能力及消费意愿较充足，愿意进行享受型、升级型消费，对产品更新换代较为敏感，也能率先感知新产品新服务所带来的体验革新，对市场有较高的敏锐度，因而其容易对产品及消费市场持乐观态度。而低收入群体的消费选择往往较为滞后，对产品革新及政策感知不敏感，整体信心水平偏弱。

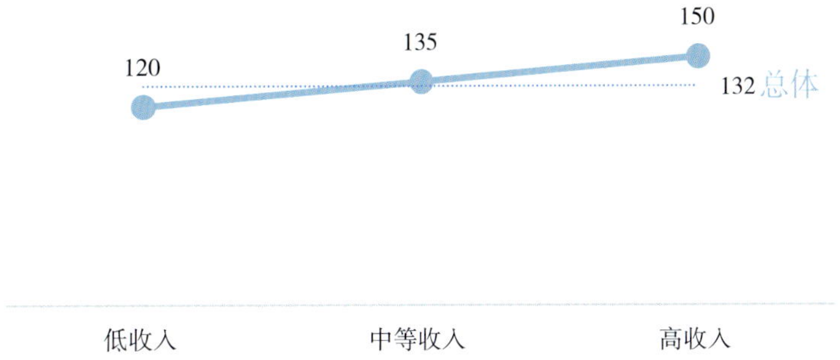

图 2-14　不同收入水平的消费质量信任指数

第三章　顾客满意度和质量消费体验研究

中国国家顾客满意度指数（CNCSI）

顾客满意（Customer Satisfaction）理论是质量管理以及整个营销学领域的经典理论，自诞生之日起便成为顾客洞察中必不可少的关键环节。以此理论衍生的顾客满意度指数、顾客满意度测量模型等，其应用已经覆盖全球各主要经济体，成为与国民经济景气和行业健康高度相关的先导指数和晴雨表。中国国家顾客满意度指数（CNCSI，China National Customer Satisfaction Index）在国内市场的实践有近 30 年历史，通过与汽车、家电、食品、服务（商业、公共、政务）等行业的深入结合，已经成为这些行业必不可少的重要经济指标。顾客满意度是质量消费体验中承上启下的关键节点，CNCSI 则是顾客满意的重要量化指标和质量的最终衡量尺度，能够体现整个社会对国家质量的满意程度，并促进国民经济从数量型增长向质量型增长转变。

质量消费体验指数（QCEI）

顾客体验（Customer Experience）正在不断扩展其内涵与外延，质量消费体验便是顾客体验与质量的一次完美结合。由认知、渗透、满意、美誉、忠诚、推荐六个重要维度构成的质量消费体验，通过链接顾客旅程中的关键节点，实现在多维空间中研究质量消费体验，从而打破传统单一维度研究模式的局限，使理论与实践能够形成有效的外部延伸。质量消费体验指数（QCEI，Quality Consumption Experience Index）评估顾客旅程中的关键节点和重要维度，利用相关算法实现顾客体验在质量领域的量化，既是顾客体验时代背景下倾听顾客心声的重要手段，也是推动功能性消费向体验式消费转变的重要动力。

一、2020 年 CNCSI 和 QCEI 总体调研结果

2020 年，面对严峻复杂的国际形势、艰巨繁重的国内改革发展稳定任务特别是新冠肺炎疫情的严重冲击，我国成为全球唯一实现经济正增长的主要经济体，我国经济实力、科技实力、综合国力和人民生活水平又跃上新的台阶。但消费受疫情影响明显，全年最终消费支出向下拉动 GDP 0.5 个百分点，一至四季度最终消费支出分别拉动 GDP 增长 -4.3、-2.3、1.4 和 2.6 个百分点。2020 年，我国 CPI 指数同比上涨 2.5%，且 CPI 增幅是近 3 年来首次超越人均国内生产总值增幅（2020 年人均国内生产总值同比增幅为 2.0%）[①]，全国居民人均消费支出同比下降 1.62 个百分点，消费者消费意愿有所下降。与此同时，中国消费者协会官方公布数据显示：2020 年全国消协组织共受理消费者投诉同比增长 19.6 个百分点，质量问题和售后服务合计同比增加 8.11 个百分点[②]。这表明虽然人民生活水平同比 2019 年在不断提高，但是相较于 CPI 上涨所引起的货币购买力的下降以及增长的质量和服务问题而言，实际消费者感知的生活质量同比有所下降，顾客满意度也有所下滑。

2020 年中国国家顾客满意度指数为 79.6，同比有所下降。其中，快消领域顾客满意度指数为 79.6，耐消领域顾客满意度指数为 81.9，服务领域顾客满意度指数为 81.5，数字经济领域顾客满意度指数为 77.7。考虑到数字作为生产要素参与分配且数字化对于生产生活的影响不断加深的情况下，2020 年满意中国将数字经济领域纳入调研范围。

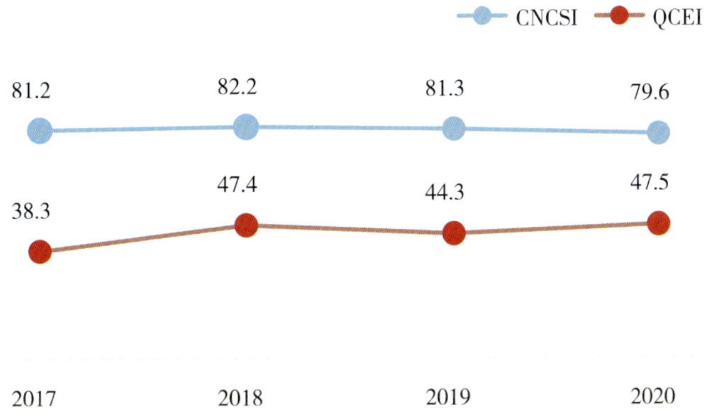

图 3-1 2017 年至 2020 年总体 CNCSI、QCEI 对比

① 数据来源：国家统计局官方公布数据。
② 数据来源：中国消费者协会官方公布数据，http：//www.cca.org.cn/tsdh/detail/29923.html.

在不包含数字经济领域的情况下，顾客满意度指数得分为 81.0，相较于 2019 年 81.3 分略有下降。数字经济领域发展时间相对较短，虽然为生产生活提供诸多便利，但是在行业发展的规范性方面相较于传统行业还需要不断完善，消费者的满意度相对较低。

2020 年质量消费体验指数为 47.5 分，同比增长 3.2 分。虽然顾客满意度同比下降，但受到新冠肺炎疫情的影响，消费者在生活方式上有极大转变，数字化与消费者日常生活联系更加紧密。随着产业数字化的不断推进以及智能化水平的不断提高，科技红利影响消费者全流程的消费体验，为消费者带来更加智能、便利、人性化的产品和服务。一方面，由于科技的不断进步、更新迭代的速度能够快速满足消费者不断变化的需求；另一方面，在新冠肺炎疫情影响下，消费者生活方式的变化加深了对消费体验的感受。因此，2020 年度质量消费体验指数同比有所增长。

2020 年国家顾客满意度、质量消费体验指数监测结果呈现出 4 个主要特点。

（一）区域总体同比下降，区域间差异逐步缩小

顾客满意度监测结果显示，2020 年我国 7 大区域中华北区域顾客满意度最高，华中地区最低。7 大区域中仅西北和东北区域同比有所增长，其余 5 大区域同比均有所下降。其中，西南地区同比降幅最大，华北、华南地区同比降幅最小。此外，区域之间的顾客满意度差距逐步缩小，2019 年区域间最大差距为 5.1 分，2020 年最大差距为 2 分。党的十九大报告提出“实施区域协调发展战略”，我国采取一系列重大的区域发展战略与政策举措，切实缩小了区域发展差距，区域发展的协调性取得成效，顾客满意度差距也显著缩小。质量消费体验方面趋势与顾客满意度基本一致，不同的是质量消费体验方面全国 7 大区域同比均有不同程度的增长，但总体间差距有所扩大。

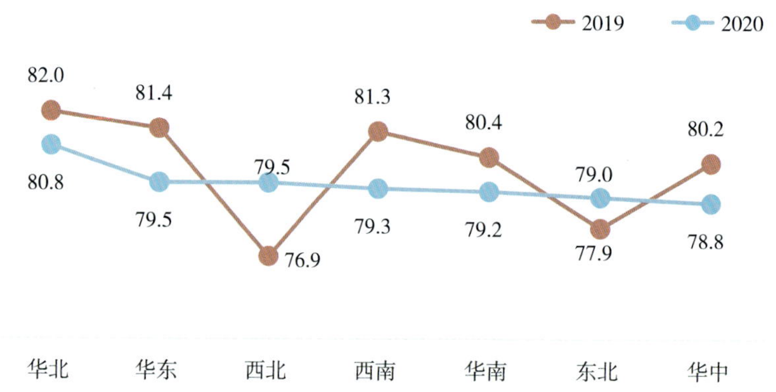

图 3-2　不同区域消费者 CNCSI

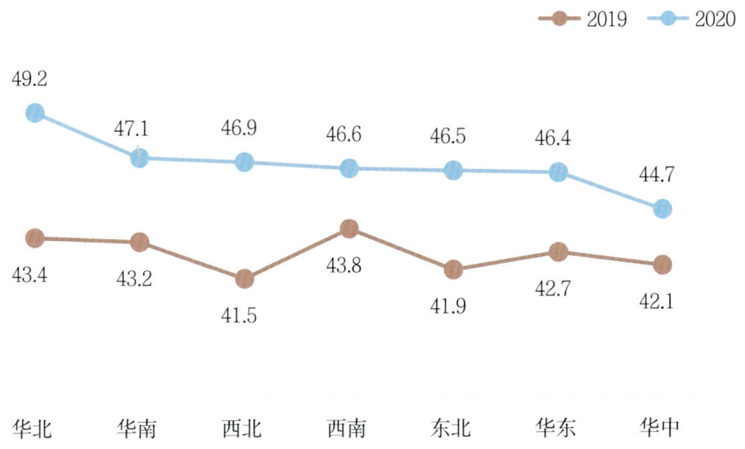

图 3-3　不同区域消费者 QCEI

（二）一线城市顾客满意度最高，降幅与城市级别呈负相关

不同城市级别方面，一线城市的顾客满意度最高，三线及以下城市顾客满意度相对较低。但城市间差异显著缩小，2019 年城市间最大差异为 4 分，2020 年城市间最大差异为 1 分。2020 年在国家系列政策的指导下，消费下乡等措施让三线及以下城市的消费者切实享受到更多的政策红利。另外，随着电商平台对下沉市场的关注度不断提高，各大企业对三线及以下城市积极布局，投入更多资源也让三线及以下城市的消费者感受到更多实惠和便利。2020 年顾客满意度监测结果显示，三线及以下城市同比有所增长，增幅为 0.5 分。质量消费体验方面与顾客满意度趋势一致，一线城市质量消费体验最高，三线及以下城市质量消费体验稍低，三线及以下城市质量消费体验同比增幅最高（8.7 分）。此外，质量信心指数也表明一线、新一线城市得分显著高于其他城市。一线、新一线城市消费者往往具有较高的消费能力与文化素养，对新鲜事物的接受能力较高，且对市场政策、消费维权等信息了解得更为充分，无论是对产品与服务的感知，还是消费环境的感受上，能较为敏锐地感觉到市场的不断变化，整体上消费质量信心表现更好，对于产品服务的满意度更高。

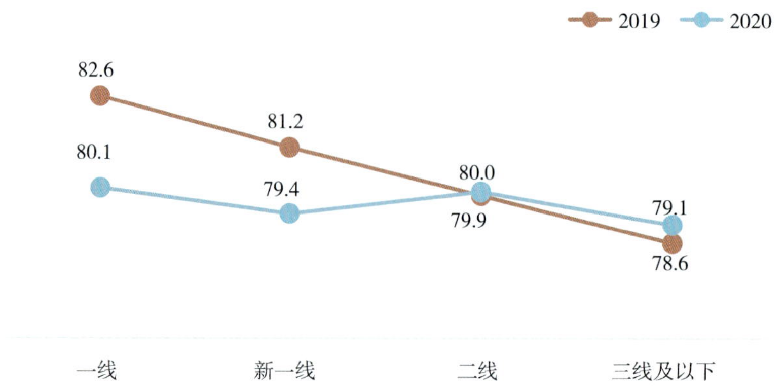

图 3-4　不同城市消费者 CNCSI

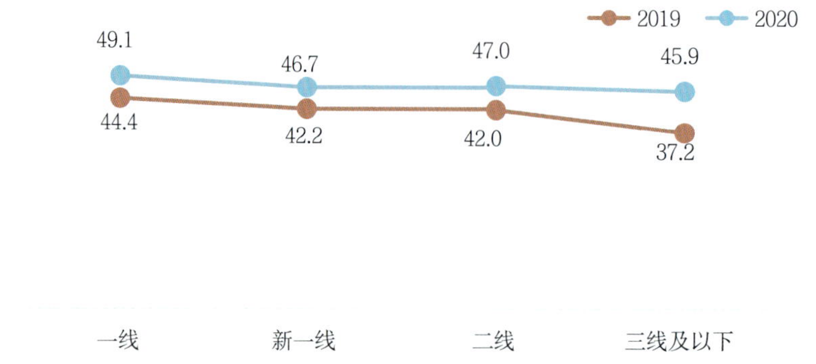

图 3-5　不同城市消费者 QCEI

（三）“中间高两头低”，80 后、90 后人群满意度高

2020 年国家顾客满意度指数监测结果显示，80 后和 90 后年龄群体满意度最高，呈现出“中间高两头低”的特点。根据国家统计局 2019 年人口变动情况抽样调查数据显示，我国人口年龄结构中，80 后和 90 后合计占比达 28.84%①，是市场主要劳动力群体，也是消费市场的主力军。消费者市场自然将该部分群体作为目标群体进行产品研发和服务定制化开发，因此在实际感知中，该部分群体的满意度和质量消费体验指数相对较高。与此同时，80 后、90 后群体质量信心指数同比于总体平均水平，其余群体均低于总体平均水平，表明 80 后、90 后群体质量信心指数与满意度高度相关。

① 数据结果来源于国家统计局《中国统计年鉴 2020》，本结果是 2019 年全国人口变动情况抽样调查样本数据，抽样比例为 0.78‰。

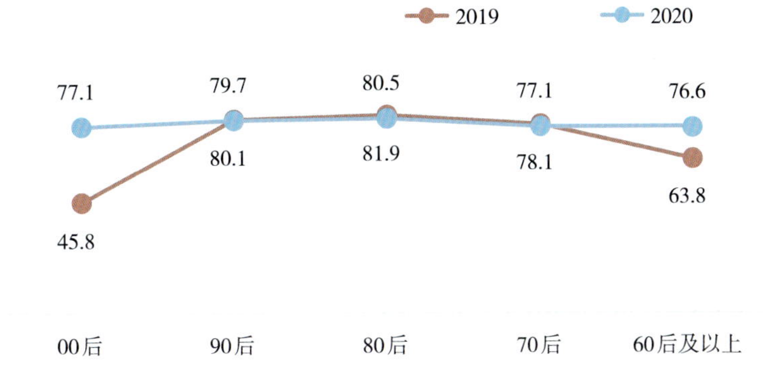

图 3-6　不同代际消费者 CNCSI

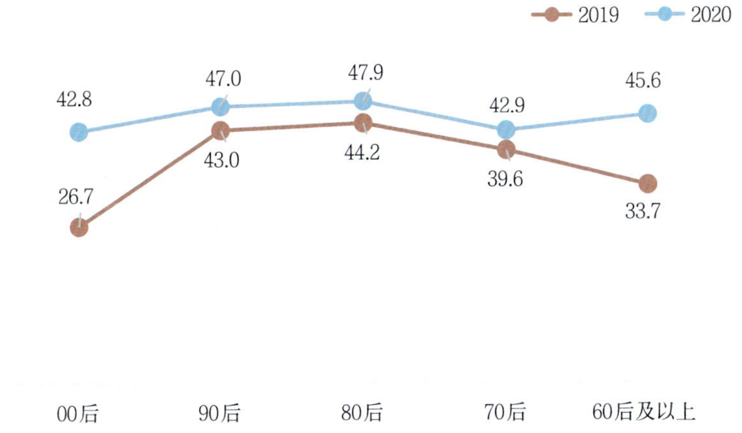

图 3-7　不同代际消费者 QCEI

（四）顾客满意度与收入呈正相关，中等收入群体同比降幅最大

2020 年国家顾客满意度指数结果显示，顾客满意度与收入呈正相关趋势，顾客满意度和质量消费体验随着收入的增长而增长。高收入群体顾客满意度和质量消费体验最高，顾客满意度同比有所增长。中等收入群体顾客满意度同比降幅明显，但质量消费体验指数同比增幅较高。中等收入群体仍处于我国收入中占比最高的群体，同时也是消费市场的主力军，作为消费升级的主要动力，也是各行业消费增长的重要来源，其需求需要重点关注。质量信心指数结果与顾客满意度、质量消费体验趋势保持一致，与收入呈正相关关系。

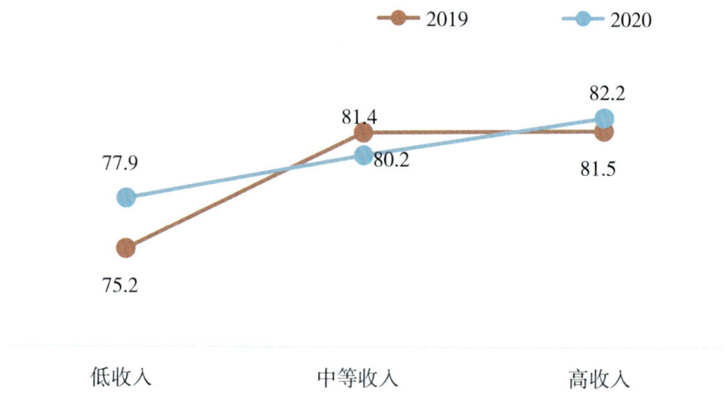

图 3-8　不同收入消费者 CNCSI

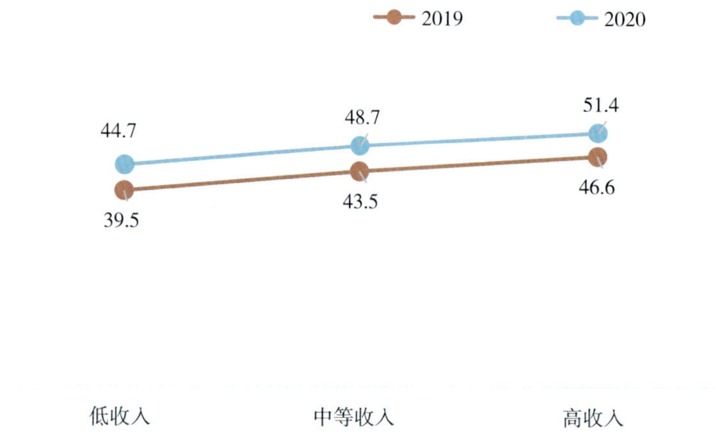

图 3-9　不同收入消费者 QCEI

2020 年国家顾客满意度指数总体同比下降，在不同行业层面呈现出差异化格局，行业间不平衡局面突出。快消、耐消两个行业在顾客满意度和质量消费体验两个方面同比均有所下降，服务行业在顾客满意度和质量消费体验两个方面同比有所上升。数字经济行业在顾客满意度层面（77.7）表现低于总体水平（79.6），但是在质量消费体验方面（50.1）领先其他行业。相较于传统行业，数字经济领域在顾客满意度方面表现相对较低，一方面是因为数字经济作为新兴领域，消费者对于数字经济带来的新的消费习惯和行为相较于传统行业还存在一定的适应期；另一方面，数字经济领域还存在隐私保护等突出问题需要进一步完善，这些都直接影响到消费者的满意程度。但是，作为以数字化为基础的数字经济领域，在科技红利的释放下显著提升了消费者全流程的消费体验，为消费者带来更为人性化和定制化的服务。而且，数字经济领域由于数字化技术更新迭代快，服务响应速度更快，都直接影响消费者的质量消费体验。数字经济相较于其他行业的突出优势，意味着其他行业亟须在数字化方面进行补课。目前，其他行业在顾客满意度方面具备一定的优势，但是在质量消费体验方面，除服务业同比有所提高，其他两个传统行业同比均下降。因此，传统行业需要进一步推动产业数字化，强化全流程消费体验，弥补体验短板。

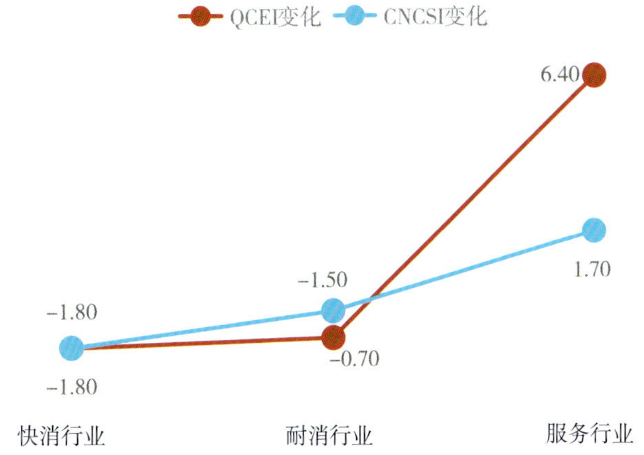

图 3-10　不同领域 CNCSI、QCEI 年度变化趋势

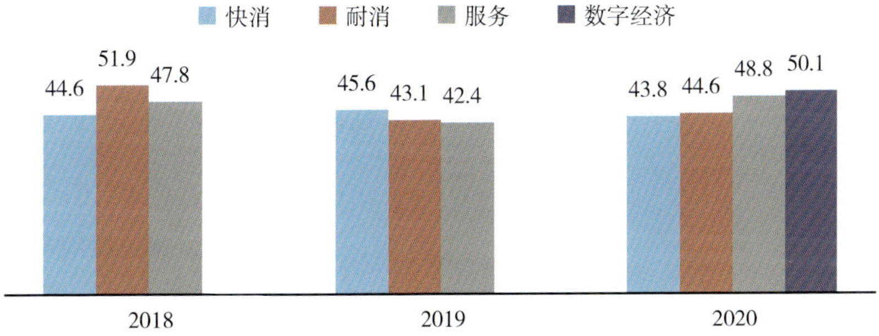

图 3-11　不同领域 CNCSI 年度变化趋势

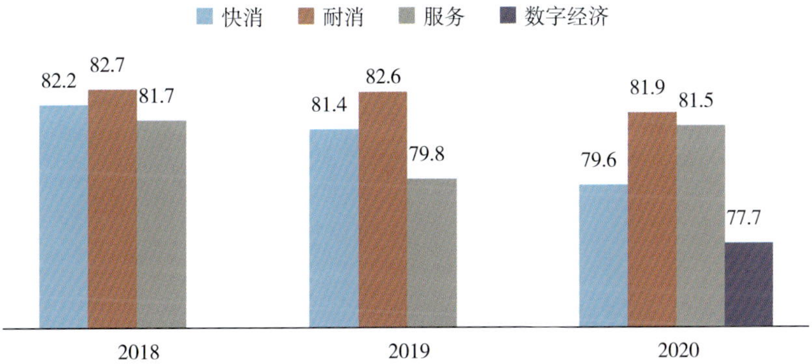

图 3-12　不同领域 QCEI 年度变化趋势

二、分领域 CNCSI、QCEI 调研结果

（一） 耐消行业

1. 家电行业整体分析：满意度及推荐意愿高，整体呈现上升趋势

耐消品中家电往往较为贵重且购买低频，是耐消行业中的主要产品，在新冠肺炎疫情的影响下，消费者在家电产品的使用频率上显著提高，聚焦家电行业更能反映消费者实际产品满意程度。因此，2020 年满意中国聚焦于耐消行业中的家电行业，主要关注消费者使用频率高的家电产品。新冠肺炎疫情影响消费者的衣食住行，同时也改变了消费者对家用电器的消费和使用习惯。消费者对品质生活和健康生活更为注重，消杀类电器、新式厨电成为消费潮流，消费者也从过去的传统家电消费向新兴品类消费、替换性消费过渡。与此同时，家电销售也从线下向线上过渡，互联网零售渠道成为越来越多消费者的选择，电商平台也利用其渠道优势和社群化营销，借助社交媒体、直播带货积极拥抱线上，借助线上线下联动的方式提升消费者的购买体验。

对比 2017 年至 2020 年家电行业 CNCSI 发现，消费者对家电行业整体上较为满意，但 2020 年满意度有所下滑。QCEI 方面，2020 年家电行业 QCEI 值为 44.6，较上年度亦有所下降，这表明消费者的需求没有被更好地满足，应引起重视。

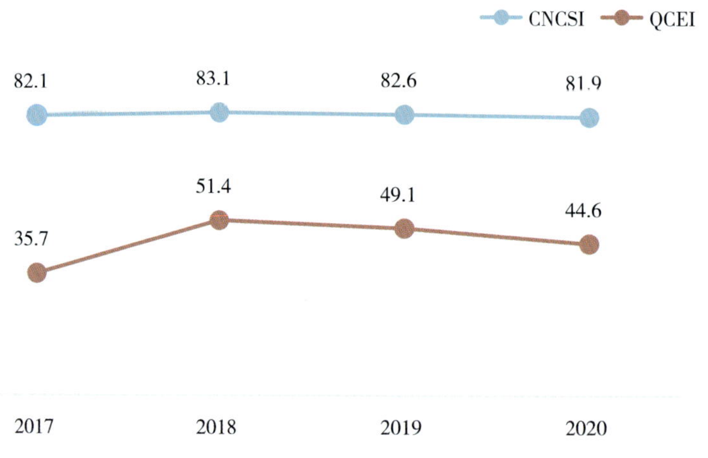

图 3-13 家电行业 2017 年至 2020 年顾客满意度

从行业来看，冰箱、电热水器、洗衣机、油烟机处于双高领域，消费者的满意度与推荐度均较高。如今，智能化家居日益兴起，可自动控温冰箱、自烘干洗衣机、吸力强劲且能提供电子菜谱油烟机、大容量速温电热水器等日益受到消费者欢迎。家电的消费已不仅仅是最基本生活需求的满足，消费者越发注重享受性服务，人性化、自动化的功能设计，创新的外观革新更能吸引消费者的眼球。

电视机、燃气热水器处于双低领域，随着年轻群体日益成为家电消费的主流，以大屏投影为代表的娱乐性家电消费被该类群体所喜爱，其市场占有率逐渐提升，冲击电视机的销售情况，年轻群体的电视机消费比重逐渐降低。相对电热水器来说，燃气热水器在使用方式、日常维护上更为烦琐，就智能化时代下成长的年青一代来说其吸引力相对不足。

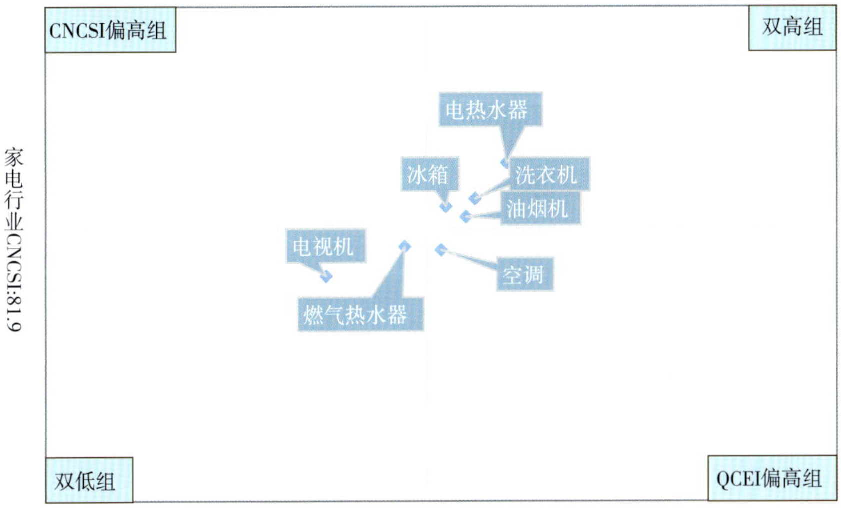

图 3-14　家电行业不同子行业 CNCSI、QCEI

2. 家电行业分维度 CNCSI、QCEI 分析

（1）区域：北方地区消费者对家电行业最为满意

从消费者所处区域来看，北方地区消费者对家电行业的满意度高于南方地区的消费者，其中华北地区最高，CNCSI、QCEI 分别为 83.8、50.0，而华中地区消费者对家电行业满意度、推荐度最低，CNCSI、QCEI 分别为 79.9、39.7。北方地区的消费者更为豪爽，购买行为往往是由结果出发，简单、直接达成购买行为。而南方地区消费者

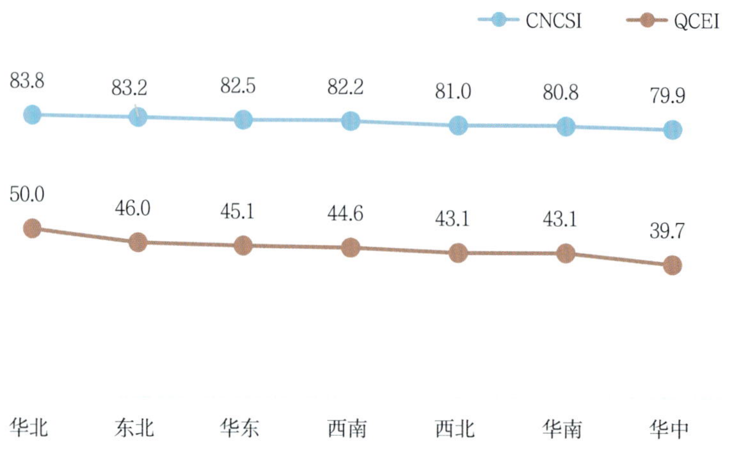

图 3-15　家电行业不同地域 CNCSI、QCEI

更加细腻，注重购买环节的服务，除了产品本身，企业的售前、售后服务也是获取顾客满意的重要关注点。

（2）城市：三线及以下城市对家电行业满意度较低

对比不同城市级别的消费者发现，城市级别高的消费者对家电行业满意度、推荐度更高，三线及以下城市消费者满意度、推荐度最低，CNCSI、QCEI 分别为 80.6、41.5。整体来看，城市等级越高，消费者的消费水平相对越高，消费观念也较为领先，更愿意为智能化的新式电器买单。同时，一线城市产品更新速度更快，新产品的拓展也往往由此向二三线及下沉市场蔓延，城市等级越高的消费者，往往越能较早地享受到产品更新带来的科技红利。

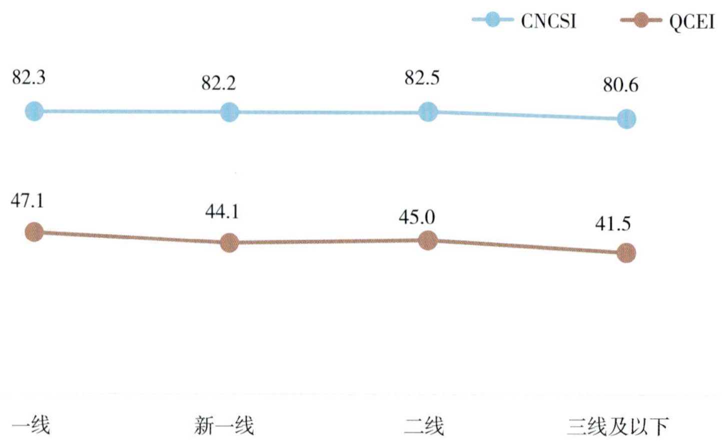

图 3-16　家电行业不同城市 CNCSI、QCEI

（3）代际：60 后及以上群体对家电满意度高

现阶段，80 后、90 后是家电的消费主力，该类人群追求时尚、品质，偏好更为便捷和智能化的产品，而如今家电行业的产品创新也基本能满足这类人群的消费需求，因此，该类人群对家电的满意度、推荐度整体较高。60 后及以上人群是中国快速崛起的见证者，在此期间家电越发普及，外观、功能都经历了一次次革新，因此，该类人群的家电满意度也较为突出。00 后多数仍处于校园时期，对家电一般仅限于日常使用，而对家电的购买、售后、更新等服务体验不深，因此，在满意度上处于较低水平。

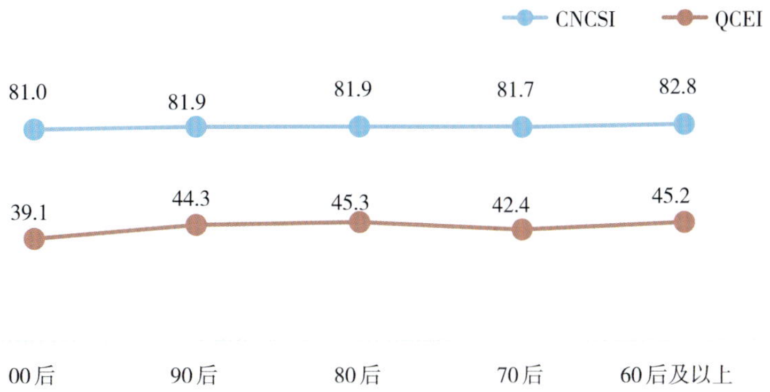

图 3-17　家电行业不同代际 CNCSI、QCEI

（4）收入：高收入消费者对家电满意度较高

从消费者收入来看，家庭收入越高的消费者对家电行业满意度及推荐度越高，该类人群 CNCSI、QCEI 值分别为 83.0、49.2，显著高于其他消费者群体。相对而言，高收入群体往往追求更高品质的消费，对生活品位有一定的追求。这不仅表现在物质消费上，也表现在生活方式上。就家电消费而言，该类人群不仅是高端电器的主要消费者，更是新兴科技感、设计感的智能化家电的主要消费者，这些高端、智能家电所带来的幸福感深刻地影响了该类群体的满意度与推荐意愿。

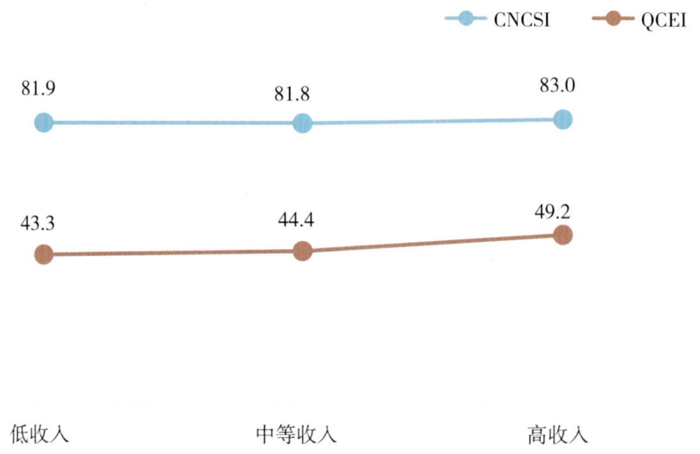

图 3-18 家电行业不同收入 CNCSI、QCEI

（二）快消行业

1. 快消行业整体满意度分析：消费者满意度一般

快消行业的发展和人们的消费有着极大的联系，它能够准确地反映出人民群众的消费水平和结构的变化情况。在新常态下，随着新零售和消费的不断升级，人们对快消品的需求在不断地增加，为了适应当前复杂的市场竞争环境，快消行业的企业需要不断地创新和改革，从而进一步提升了市场竞争力。

对比 2017—2020 年快消行业 CNCSI、QCEI 发现，整体上快消行业满意度波动较大，2020 年满意度较前两年均下降，消费者对快消行业整体满意度一般。

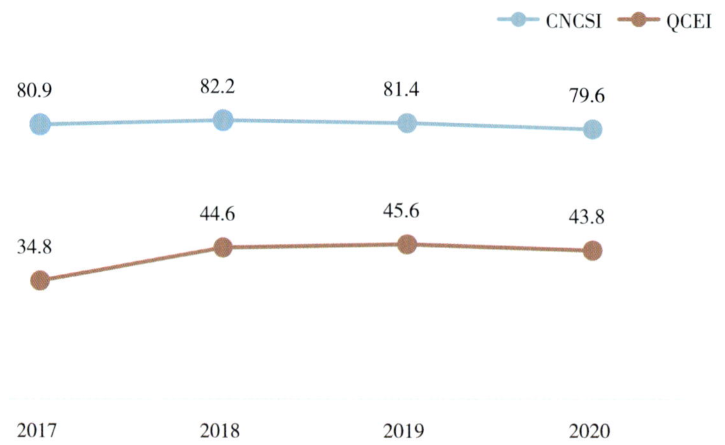

图 3-19 快消行业 2017—2020 年顾客满意度

具体到快消领域各品类，消费者对洗手液行业各品牌的使用体验较好，CNCSI 和 QCEI 均高于快消行业总体平均水平。受新冠肺炎疫情影响，洗手液需求量激增，洗手液功能由单一的洗涤型向护肤、美肤、营养、抗菌、抑菌和专用功能型方向发展，洗手液功能多样化满足不同的消费群体的不同需求。比如，泡沫洗手液是近几年发展起来的一类洗手产品，由于直接起泡，使用形式新颖，使用更加方便快捷，受到了越来越多人的喜爱。

而消费者对茶饮料、口腔护理、护肤美妆和方便食品这些日常生活消费产品的体验不佳，CNCSI 和 QCEI 均低于快消行业总体平均水平。新一代消费者的快速崛起以及收入的持续提升，使得消费者需求出现了明显的更新升级，其关注点从功能、低价等变为更丰富的性价比、更高品质、个性化、分享互动、被认同等，消费者获取的价值构成也更加细腻和多元，购买的决定要素已经从“物美价优”逐步分散到使用属性、体验满足感和多维度性价比等更多标准。以护肤美妆行业为例，护肤品行业整体已经进入二次升级创新阶段，护肤产品不再局限于能够满足消费者基本生活需求，更多的是持续改善和提升生活品质。价格便宜的产品不再是首选，技术创新和品质过硬的产品才能最终赢得消费者青睐。而在方便食品行业，在近两年“宅”经济快速发展的环境下，便利、个性化的自热方便类食品备受青睐，使其得到快速发展，但随着人们对自身健康的追求，消费者更加看重即食食品的营养特性。为了进一步满足消费者新的

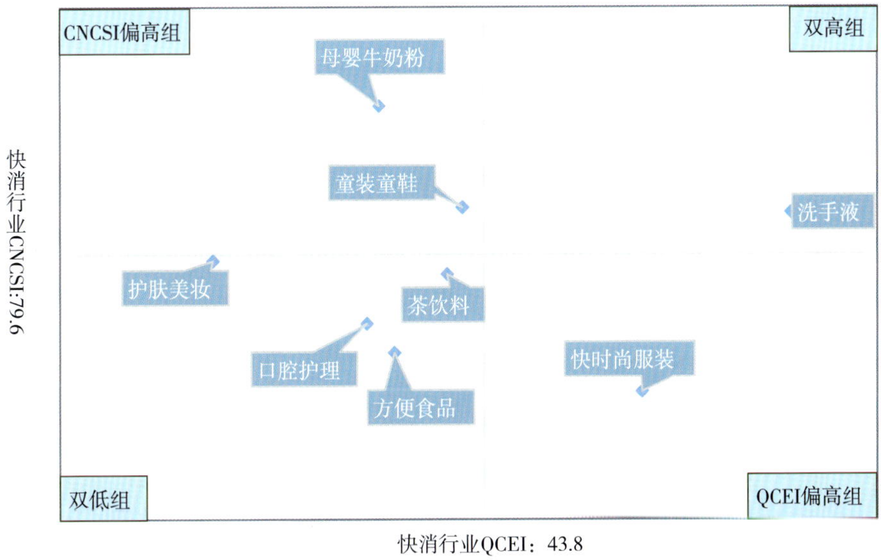

图 3-20　快消行业不同子行业 CNCSI、QCEI

需求，即食食品行业需要加大科研开发的力度，研制营养型即食方便食品。根据不同消费者对营养的需求，在即食食品中加入维生素、矿物质等提高其营养价值，研发具有低盐、低热、低糖、低脂肪、高膳食纤维等即食产品。

2. 快消行业分维度 CNCSI、QCEI 分析

（1）区域：北方地区对快消行业满意度高于其他地区

从消费者所处区域来看，中国北方消费者对快消行业的满意度高于其他区域，北方地区的 CNCSI 和 QCEI 均高于其他区域。北方人性格比较豪爽粗犷，精明细腻的南方人更注重服务细节，所以在消费体验上也会有所不同。大气豪爽的北方人，在对各产品的评价上可能也更“大方”，而南方消费者更注重细节，如果某些产品细节方面做得不到位，会影响消费者满意度。

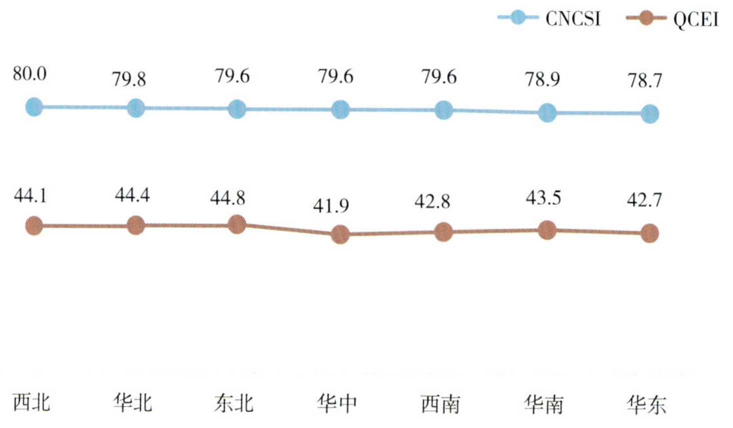

图 3-21　快消行业不同地域 CNCSI、QCEI

（2）城市：一线和新一线城市满意度较低，中低线城市成为增长引擎

数据显示，2010 年至 2018 年，三四线城市中，年可支配收入达到 14 万至 30 万元人民币的家庭年复合增长率达到 38%，高于一二线城市的 23%，这些较富裕家庭占到三四线城市人口的 34% 以上。同时，电商平台的崛起更促进了这些城市中的富裕年轻人增加消费支出，小镇青年成为重要的带动者。对比不同城市级别的消费者发现，一线和新一线这些经济发达地区对快消行业满意度处于较低水平，二线城市满意度最高。

（3）代际：80 后满意度最高，“银发消费”蕴藏无限潜力

从消费者年龄来看，代际差异明显，80 后和 70 后处于两个极端，80 后满意度最高，

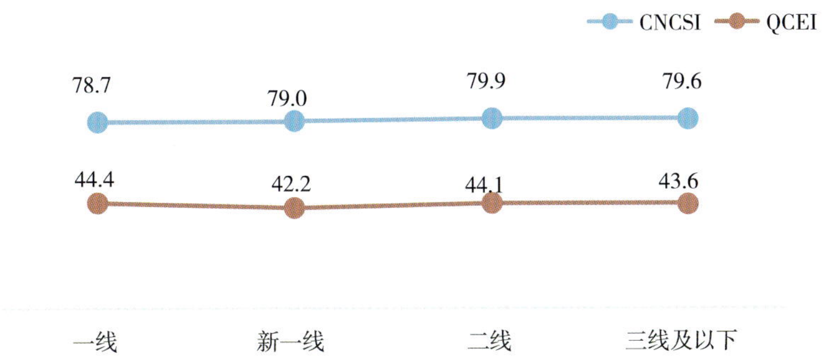

图 3-22 快消行业不同城市 CNCSI、QCEI

为 81.0，而 70 后对于快消行业的满意度仅为 75.9。值得关注的是，60 后及以上的老年人群消费体验指数 45.5，仅次于 80 后人群，消费体验较好。2020 年，我国的老年消费市场规模达到3.79万亿元，说明我国老龄产业市场潜力巨大，发展前景广阔，“银发消费”蕴藏很大潜力，有望成为经济发展的新增长点。但与此同时，老年人急需的老龄产品和服务有效供给仍显不足，供需失衡问题需重点关注。

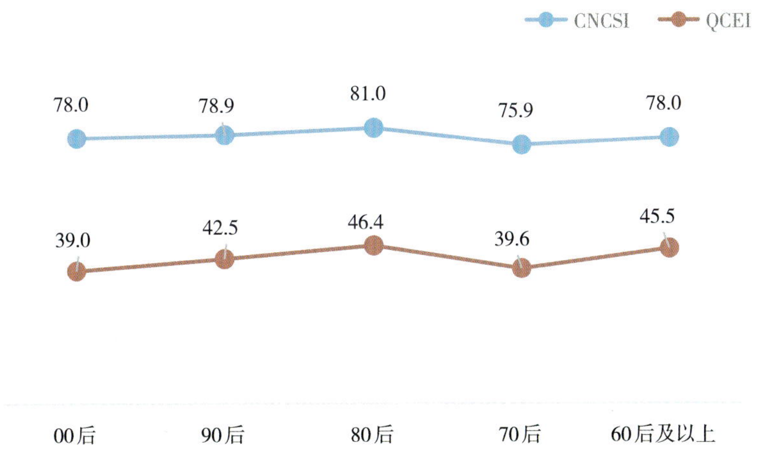

图 3-23 快消行业不同代际 CNCSI、QCEI

（4）收入：收入越高，对快消行业的满意度越高

从消费者收入来看，家庭收入越高的消费者对快消行业满意度越高，高收入群体的满意度指数为 81.1，而低收入群体满意度不足 80。

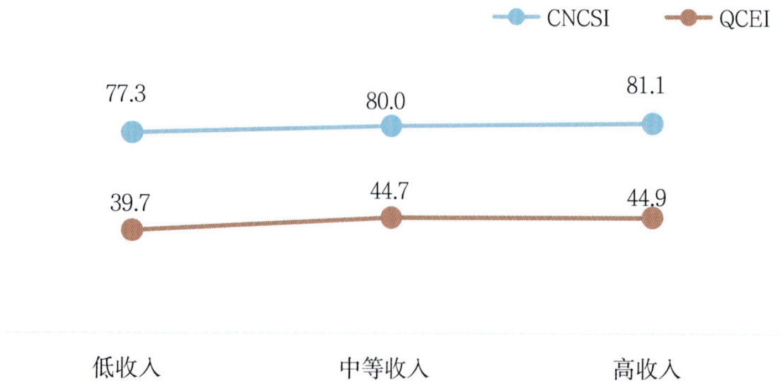

图 3-24 快消行业不同收入 CNCSI、QCEI

（三）数字经济

1. 数字经济行业整体分析：消费者满意度一般，但消费体验好

2020 年满意中国课题加入数字经济领域，结果显示数字经济领域 CNCSI 为 77.7，消费者对数字经济整体满意度较低。相较于其他行业而言，数字经济起步较晚且发展迅猛，行业尚处于粗放式快速扩张阶段，存在隐私保护、信息安全等诸多问题。随着数字经济的快速发展，制度规范落后于市场的弊端不断凸显，数字技术使实体经济深度融合，市场运行更加复杂，不正当竞争行为及网络犯罪蔓延，侵权现象层出不穷，这些都在很大程度上影响了消费者的满意度。

而作为新经济的代表，数字经济也在很大程度上变革了消费者的消费体验。数字经济与各行各业有着更为深度的结合，服务走向线上，信息传输更具效率，品牌与消费者连接更为便利，这也使得消费行为更加便捷、触手可及，因而在数字经济下，消费者的消费体验更优。本次调研结果也显示，数字经济行业消费质量体验指数为 50.1，在各行业中领先。

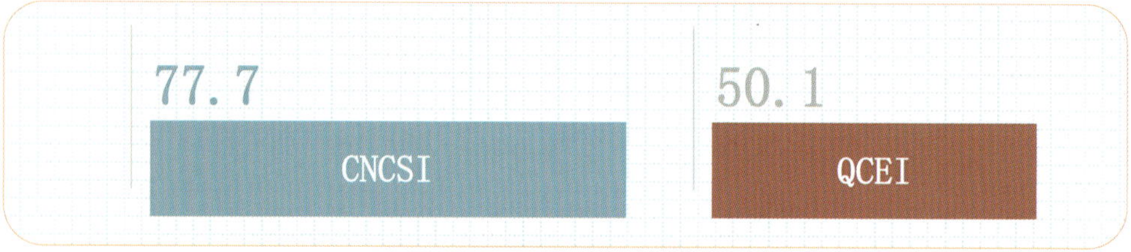

图 3-25 数字经济 CNCSI、QCEI

从不同领域来看，娱乐类平台如直播、短视频、社交媒体多处于 CNCSI 偏高但

QCEI 较低的区域，该类平台能满足用户的娱乐与放松需求，为消费者的休闲生活提供诸多消遣选择。但娱乐与社交平台隐私保护问题多发，“人肉搜索”、个人信息泄露等事件层出不穷，消费者的质量消费体验仍有待提升。

生活相关的移动支付、互联网医疗、线上办公等处于 CNCSI、QCEI 双高的区域，数字经济在很大程度上改变了居民的生活方式，移动支付使购物不受时间和空间的限制，也更方便用户对个人账户的管理；互联网医疗为医生及患者提供在线问诊的平台，使“看病难”问题得到有效缓解，偏远地区也能享受到优质的医疗服务；线上办公使“数字游民”的生活方式成为可能，提供了更多职业发展的可能。

与日常服务相关的共享单车、餐饮外卖、网络购物等处于 QCEI 高但 CNCSI 较低的区域，数字经济与衣食住行等日常生活相结合，为消费者提供了极大的使用便利，但近年来该领域竞争也日益激烈，行业内企业为扩展市场空间开展激烈的比价竞争，消费者在享受到便利的同时，也能深刻感知行业野蛮扩张所引发的一系列问题，如共享单车押金难退等问题，影响了消费者的满意度。

知识与享受型服务如在线教育、旅游平台、共享住宿和知识付费处于双低的区域。相对于其他生活服务平台而言，该类平台起步较晚且消费者多以低频次的使用与消费为主，体验不密切，尚有较大的发展空间。

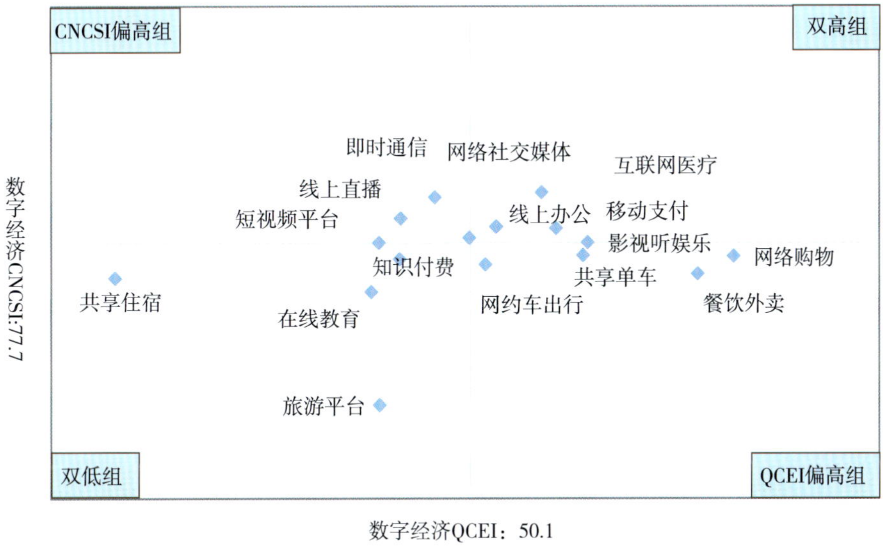

图 3-26　数字经济领域不同子行业 CNCSI、QCEI

2. 数字经济行业分维度 CNCSI、QCEI 分析

（1）区域：数字经济区域发展不平衡，华北满意度最高，东北满意度最低

从消费者所处区域来看，各区域消费者对数字经济的体验差异较大。其中，华北地区在 CNCSI 与 QCEI 上均领先，其满意度指数与质量消费体验指数分别为 78.9、52.0。东北地区整体满意度最低，CNCSI 与 QCEI 分别为 75.2、48.3。数字经济的发展与产业格局、人口构成及经济发展水平密切相关，东北地区以老工业、旧工业为主，且该区域老龄人口较多，经济发展活跃度较低，数字经济发展水平相对落后。

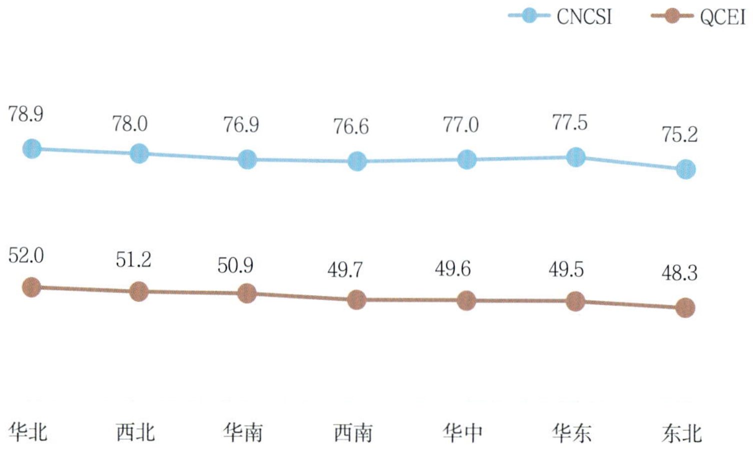

图 3-27　数字经济不同地域 CNCSI、QCEI

（2）城市：一线城市数字经济满意度最高

对比不同城市级别的消费者发现，城市级别高的消费者满意度更高，其中一线和二线城市高于其他级别城市。作为数字经济深化区，一二线城市享受到数字经济带来的便利更多，自然会对数字经济体验更加深刻。而横向来看，不同城市级别消费者数字经济满意度差距不大。如今，下沉市场日益成为数字经济的新阵地，快手、拼多多的崛起，网课的普及都证明了下沉市场巨大的发展空间与消费潜力。

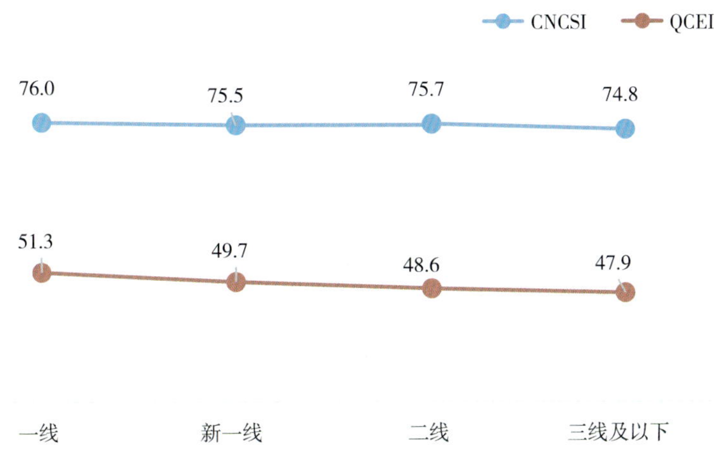

图 3-28 数字经济行业不同城市 CNCSI、QCEI

（3）代际：80 后、90 后对数字经济满意度较高

从消费者年龄来看，代际差异明显，不同代际的满意度呈现倒“U”形，80 后、90 后满意度较高，而位于两端的 60 后和 00 后满意度相对较低。80 后、90 后是伴随数字经济从无到有，从有到优的一代人，对数字经济所带来的革新更为敏锐，并且其消费能力、信息搜索能力及社会交往范围往往较为宽阔，是数字经济的主要受众。

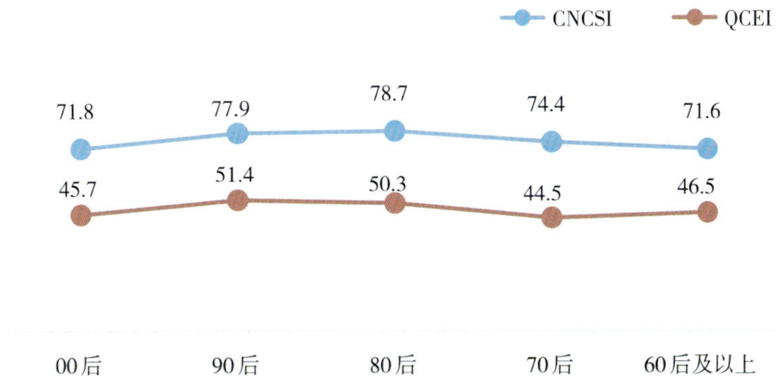

图 3-29 数字经济行业不同代际 CNCSI、QCEI

（4）收入：高收入群体数字经济满意度较高

从消费者收入来看，家庭收入越高的消费者，其满意度指数、质量消费体验指数越高，高收入群体的 CNCSI、QCEI 分别为 80.7、53.7。高收入群体往往文化水平较高，乐于尝鲜，且多数居住在一二线城市，这些也往往是数字经济率先覆盖的地区。而横

向来看，相较于其他行业而言，不同收入群体数字经济满意度差别不大，这也契合了网络普适性的特征，它易获取性、易用性高，传播门槛与使用门槛较低。

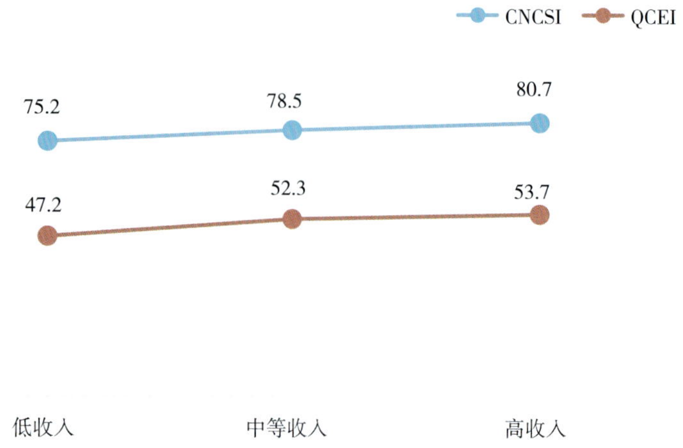

图 3-30　数字经济行业不同收入 CNCSI、QCEI

（四）服务行业

1. 服务业整体分析：2020 年服务业满意度提升明显

作为第三产业支柱，服务业在我国已经进入快速发展期，成为重要国民经济领域。过去，中国服务业高度依赖于人工，消费体验也由此千差万别。而如今，随着智能化的发展，越来越多的科技应用于这一门类，带给消费者全新的服务体验与更便利的消费途径。尤其是新冠肺炎疫情期间，由于线下经营受阻，线上成为众多生活服务商户主要的经营渠道，数字化展现出巨大的韧性。传统服务业也借助数字化得以新生，从信息触达、消费预约、查询与评价、售后联络等各层面，智能化的消费服务正带给消费者全新的体验。

对比 2017—2020 年服务业 CNCSI、QCEI 发现，整体上服务业 CNCSI、QCEI 波动明显，2020 年较 2019 年提升较多，分别达到 81.5、48.8，消费者对服务业整体较为满意。

从不同行业来看，航空服务、快递服务、银行业处于 CNCSI、QCEI 双高领域，相较于服务业其他子行业而言，该领域内品牌较为集中，市场格局基本稳定，头部企业占据行业主流。行业内服务规范化较高，航空公司、银行以更贴心、细致的服务提升消费体验，快递业不断进行物流革新，提升时效性与业务人员服务能力，为消费者提供机制化的服务。

电影院处于双低领域，在消费者满意度上还需要更多的努力和创新。电影院在国

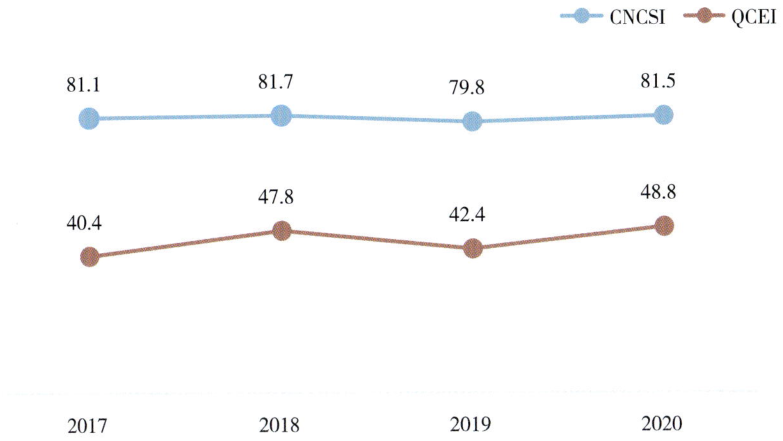

图 3-31　服务行业 2017 年至 2020 年顾客满意度

内起步相对较晚，之后经历版权竞争、品牌出清与兼并，行业仍处于发展期，在品牌打造、银幕建设以及国内版权改进等方面仍有较大的发展空间。

餐饮、连锁酒店、商超便利店的推荐度指数较低，这与行业内品牌众多，且消费者多为轻量、随手式消费行为有关。消费者推荐意愿有限，多以自发、随心式消费获取为主，与消费者间的互动较弱。而保险行业的满意度指数较低，行业目前仍处于粗放式发展阶段，代理人虚假营销、理赔困难等事件层出不穷，这些都影响了消费者的消费感受。

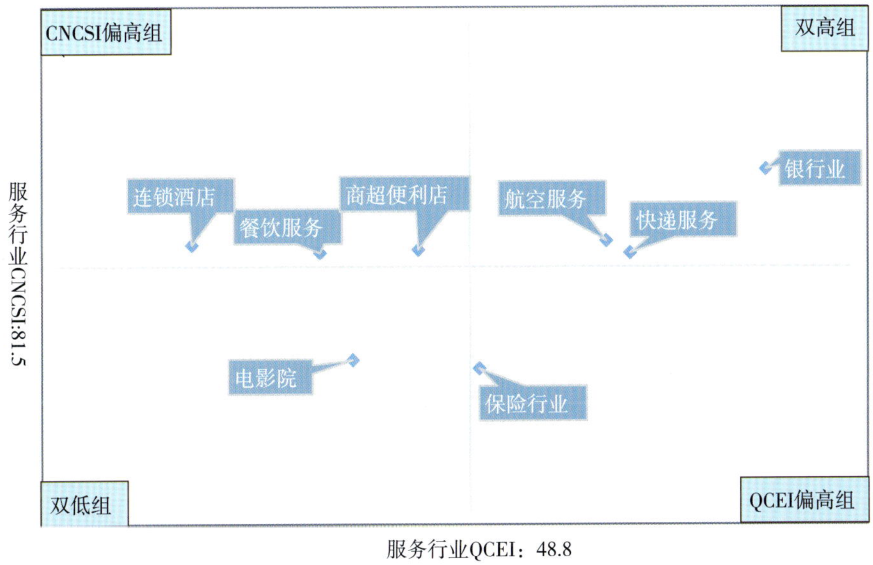

图 3-32　服务行业不同子行业 CNCSI、QCEI

2. 服务业分维度 CNCSI、QCEI 分析

（1）区域：华北和华南地区消费者对服务业满意度较高

从消费者所处区域来看，华北和华南地区消费者对服务业满意度较高，华北地区顾客满意度指数、质量消费体验指数分别为 82.5、50.9，华中地区满意度最低，顾客满意度指数、质量消费体验指数分别为 80.3、45.6。经济发达地区是中国服务业主要聚集地，以北京、上海、广州、深圳为核心的华北、华东、华南成为服务业主战场。同时，城市化与市场发育程度是服务业的主要助推器，在市场越发达的地区，服务业的发展水平往往越高。就国内而言，也呈现出沿海服务业发展水平高于内陆的地域区别，这与当地经济发展水平、城市发展阶段及对外开放水平密切相关。而具体到消费体验，除服务业发展水平差异外，也与当地消费者的消费特征与消费性格密切相关。北方地区消费者相对更为豪爽、不拘小节，南方地区消费者更为精致、细腻，对服务业要求也更高，这些都是造成各地消费体验指数差异的原因。

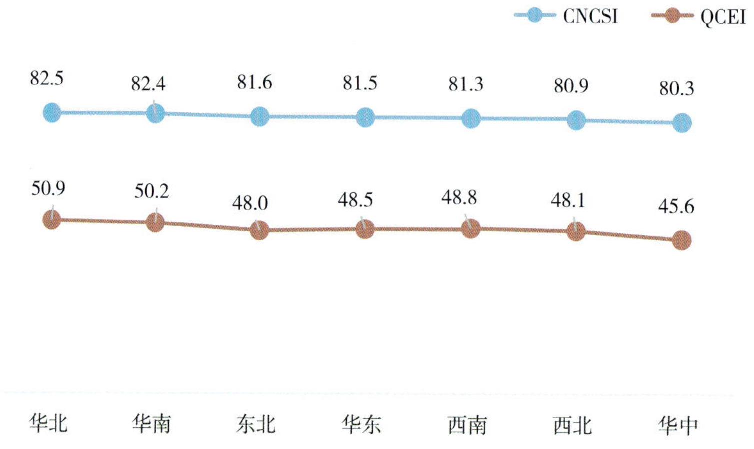

图 3-33　服务业不同地域 CNCSI、QCEI

（2）城市：一线城市满意度最高，新一线城市满意度最低

对比不同城市级别的消费者发现，一线城市对服务业满意度最高，CNCSI、QCEI 分别为 82.9、51.3。服务业的发展在国内呈现“农村包围城市”的发展历程，一线城市是服务业拓展的主战场，这里居民消费水平较高，城市风貌及文化水平有服务业生长的土壤，而便捷的交通、充足的劳动力和先进的思想与文化也使社会具有较高的包容度，这些都是服务业发展的有利条件。如今，随着城市化的推进及社会流动，服务业向各

地蔓延，在全国开花，为消费者提供了更为便捷、贴心的生活服务与消费体验。

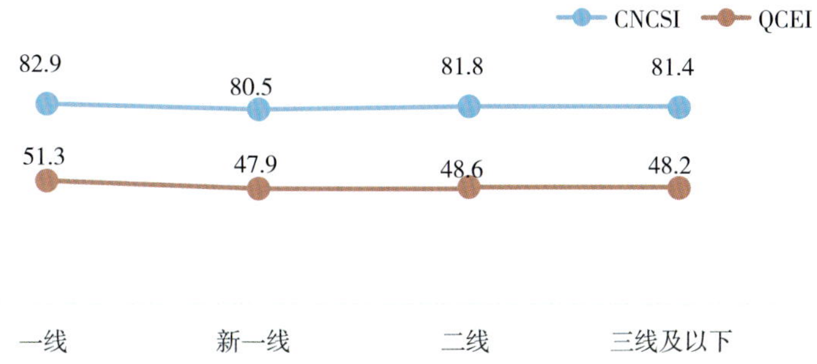

图 3-34　服务业不同城市 CNCSI、QCEI

（3）代际：越年轻的消费者对服务业的满意度越高

从消费者年龄来看，代际差异较为明显，年轻消费者满意度相对较高，其中 00 后 CNCSI 值为 82.4。但 80 后更乐于相互“安利”，质量消费体验指数为 50.4。如今，年轻群体日益成为社会消费的主要受众，服务业在营销方式与品牌打造上也更加注重年轻化，通过明星代言、联名等各种方式吸引年轻群体眼球，也获得年轻人相当多的关注与好评。

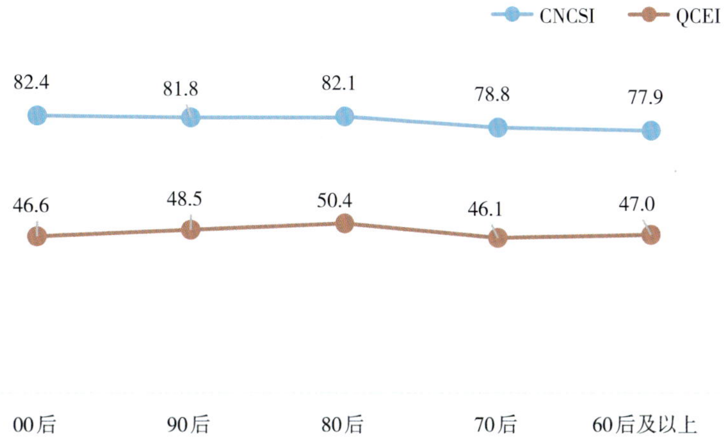

图 3-35　服务业不同代际 CNCSI、QCEI

（4）收入：高收入群体对服务业的满意度更高

从消费者收入来看，家庭收入越高的消费者满意度越高，高收入群体的满意度指数为 85.5，质量消费体验指数为 55.6，明显高于其他消费群体。马斯洛需求层次理论表明，在满足基本的生理需要、安全需要之后，人的需求会向更高级的社交需求、尊重需求与自我实现需求等转移。高收入群体对品质、精神需求等更为旺盛，也愿意为此买单，而止因如此，其更易获得优质的服务体验。

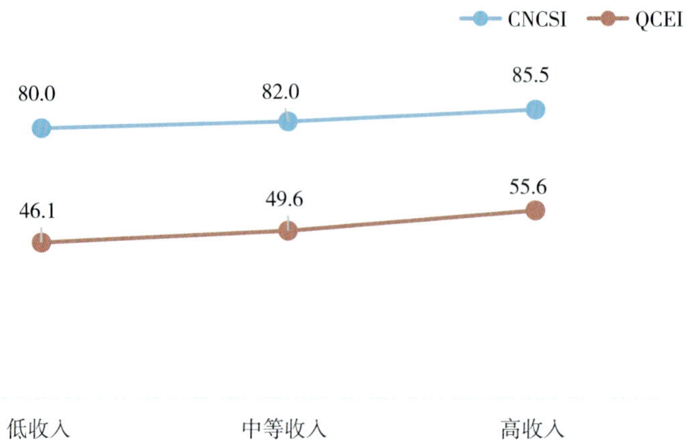

图 3-36 服务业不同收入 CNCSI、QCEI

三、品牌榜单

对本年度所有品牌的顾客满意度指数进行分级，得到 5 个级别：CNCSI-D、CNCSI-C、CNCSI-B、CNCSI-A、CNCSI-S。2020 年满意中国调研数据显示，在消费者实际感知中，超过半数的品牌处于 CNCSI-B 品牌，有四成以上的消费者感知评价的品牌属于 CNCSI-A 品牌，消费者感知评价处于满意水平，两者合计高达 96.1%。但是，处于消费者非常满意的品牌仅占到不足总体的 1%，这表明各品牌从满意到卓越还存在一定的提升空间，要进一步向“好不好”的方向转变。具体到不同领域层面，快消领域、耐消领域以及服务领域多集中在 CNCSI-B 和 CNCSI-A 水平。但是在数字经济领域中，多数品牌仍处于 CNCSI-C 和 CNCSI-B 水平，相较于传统行业仍存在提升空间。

2020 年满意中国调研所有品牌中，质量消费体验得分超过 50 分的品牌占比为 35%，即超过六成的品牌质量消费体验得分未超过中值（50）。本年度调研结果显示，质量消费体验指数中位数为 46.54，相较于 50 的中值存在 3.5 分的差距。对本年度所有品牌的质量消费体验指数进行分级，得到 5 个级别：得分高于 60 分为“QCEI-S 品牌”，得分在 50—60 分的为“QCEI-A 品牌”，以此类推。2020 年满意中国调研品牌中，近半数品牌为 QCEI-B 品牌水平，仅三成品牌为 QCEI-A 品牌水平，仅有一成的品牌属于 QCEI-S 品牌水平。不同领域间差别显著，以低于（含等于）CNCSI-B 品牌的水平占比为例：快消领域 QCEI-B 品牌以下水平累计占比高达 80.85%，耐消领域累

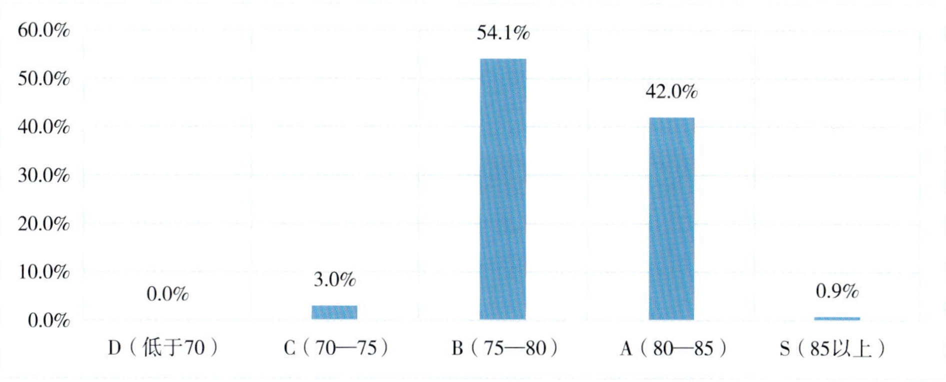

图 3-37　顾客满意度指数（CNCSI）等级分布

计占比达 79.55%，服务领域累计占比达 58.33%，数字经济领域累计占比达 52.17%。综观 4 个领域，在质量消费体验方面，与数字化结合紧密的数字经济领域表现最高，快消领域表现最差。

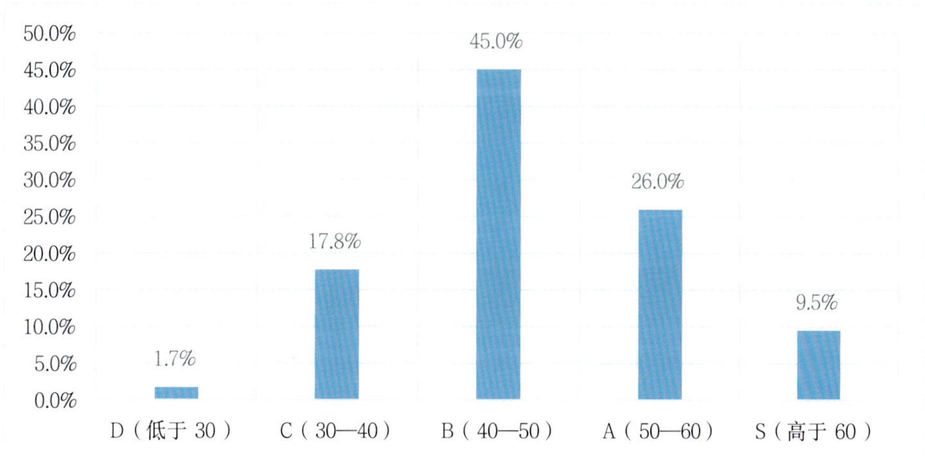

图 3-38　质量消费体验指数（QCEI）等级分布

（一）快消行业

表 3-1 快消行业 CNCSI 和 QCEI 品牌榜单

茶饮料			
品牌	CNCSI	品牌	QCEI
娃哈哈	82.4	农夫山泉	53.7
农夫山泉	81.2	康师傅	53.6
康师傅	80.3	娃哈哈	45.4
方便食品			
品牌	CNCSI	品牌	QCEI
汤达人	79.9	康师傅	54.0
康师傅	79.8	汤达人	46.2
白象	78.5	统一	45.4
护肤美妆			
品牌	CNCSI	品牌	QCEI
兰蔻	81.3	雅诗兰黛	47.0
雅诗兰黛	80.6	兰蔻	42.1
资生堂	80.3	资生堂	38.3
口腔护理			
品牌	CNCSI	品牌	QCEI
冷酸灵	79.5	黑人	45.2
云南白药	79.4	云南白药	42.6
黑人	79.4	高露洁	40.9
母婴牛奶粉			
品牌	CNCSI	品牌	QCEI
美赞臣	82.3	飞鹤	45.3
飞鹤	81.8	美赞臣	44.0
伊利	80.4	伊利	41.7
童装童鞋			
品牌	CNCSI	品牌	QCEI
安踏儿童	81.1	巴拉巴拉	47.4
好孩子	81.0	好孩子	46.4
巴拉巴拉	80.3	安踏儿童	41.7
洗手液			
品牌	CNCSI	品牌	QCEI
六神	83.3	蓝月亮	57.5
滴露	80.5	舒肤佳	54.8
舒肤佳	80.5	六神	50.1

（二）耐消行业

表 3-2　耐消行业 CNCSI 和 QCEI 品牌榜单

冰箱			
品牌	CNCSI	品牌	QCEI
西门子	83.4	海尔	56.7
海尔	82.7	美的	53.2
海信	82.0	西门子	52.7
电热水器			
品牌	CNCSI	品牌	QCEI
A.O. 史密斯	83.9	美的	57.6
海尔	83.0	海尔	51.1
美的	82.9	A.O. 史密斯	46.8
电视机			
品牌	CNCSI	品牌	QCEI
海信	82.1	索尼	45.3
长虹	81.5	海尔	44.7
海尔	81.4	海信	43.9
空调			
品牌	CNCSI	品牌	QCEI
格力	82.2	格力	62.3
海尔	81.9	美的	51.1
海信	81.7	海尔	48.6
燃气热水器			
品牌	CNCSI	品牌	QCEI
A.O. 史密斯	83.0	A.O. 史密斯	49.5
方太	82.7	海尔	49.1
华帝	82.6	美的	46.0
洗衣机			
品牌	CNCSI	品牌	QCEI
西门子	83.1	海尔	51.3
海尔	82.7	美的	48.4
美的	82.5	西门子	48.3
油烟机			
品牌	CNCSI	品牌	QCEI
方太	83.3	方太	52.4
西门子	82.8	美的	47.4
老板	82.5	老板	47.0

（三）数字经济

表 3-3　数字经济 CNCSI 和 QCEI 品牌榜单

移动支付			
品牌	CNCSI	品牌	QCEI
微信支付	79.2	微信支付	73.2
支付宝	79.0	支付宝	72.5
美团钱包	78.6	云闪付	46.3
网络社交媒体			
品牌	CNCSI	品牌	QCEI
微信	79.4	微信	74.1
知乎	78.7	QQ	53.7
小红书	78.7	知乎	49.8
线上直播			
品牌	CNCSI	品牌	QCEI
虎牙直播	78.4	抖音	62.8
快手直播	78.4	虎牙直播	51.9
抖音	78.3	快手	50.4
线上办公			
品牌	CNCSI	品牌	QCEI
腾讯文档	78.4	企业微信	57.9
腾讯会议	78.1	腾讯文档	55.6
金山文档	78.1	腾讯会议	55.3
互联网医疗			
品牌	CNCSI	品牌	QCEI
春雨医生	78.4	阿里健康	57.7
丁香医生	78.1	丁香医生	54.5
好大夫在线	78.0	平安好医生	54.5
即时通信			
品牌	CNCSI	品牌	QCEI
微信	79.1	微信	71.6
QQ	78.4	QQ	57.2
易信	77.0	易信	28.16
影视听娱乐			
品牌	CNCSI	品牌	QCEI
哔哩哔哩	78.0	哔哩哔哩	60.2
酷狗音乐	77.9	腾讯视频	54.8
QQ 音乐	77.8	QQ 音乐	54.6

续表

短视频平台			
品牌	CNCSI	品牌	QCEI
快手	77.9	抖音	68.7
西瓜视频	77.8	快手	56.7
抖音	77.8	抖音火山版	45.7
餐饮外卖			
品牌	CNCSI	品牌	QCEI
盒马鲜生	77.8	美团外卖	63.0
京东到家	77.6	饿了么	58.5
每日优鲜	77.5	京东到家	52.6
网络购物			
品牌	CNCSI	品牌	QCEI
京东商城	77.8	京东商城	65.4
苏宁易购	77.5	天猫商城	61.8
拼多多	77.5	拼多多	61.7
知识付费			
品牌	CNCSI	品牌	QCEI
喜马拉雅	77.7	喜马拉雅	59.4
腾讯课堂	77.7	知乎 live	57.1
知乎 live	77.6	腾讯课堂	53.3
网约车出行			
品牌	CNCSI	品牌	QCEI
美团打车	77.5	滴滴出行	64.6
滴滴出行	77.4	美团打车	53.5
神州专车	77.3	哈啰出行	49.4
共享单车			
品牌	CNCSI	品牌	QCEI
青桔单车	77.8	哈啰单车	59.1
美团单车	77.4	青桔单车	58.1
哈啰单车	76.9	美团单车	56.1
共享住宿			
品牌	CNCSI	品牌	QCEI
榛果民宿	77.7	途家	46.9
游天下	77.4	小猪短租	46.9
蚂蚁短租	76.9	榛果民宿	46.2

续表

在线教育			
品牌	CNCSI	品牌	QCEI
掌门一对一	77.3	猿辅导	55.2
猿辅导	77.1	学而思网校	52.3
新东方在线	76.7	作业帮	51.8
旅游平台			
品牌	CNCSI	品牌	QCEI
途牛旅游网	74.9	携程	62.6
同程旅游	74.7	同程旅游	53.6
携程	74.5	途牛旅游网	47.7

（四）服务业

表 3-4　服务业 CNCSI 和 QCEI 品牌榜单

保险行业			
品牌	CNCSI	品牌	QCEI
太平洋保险	82.3	中国人寿	58.1
中国人保	81.8	中国平安	56.0
中国平安	81.1	太平洋保险	51.8
餐饮服务			
品牌	CNCSI	品牌	QCEI
海底捞	84.8	海底捞	59.2
星巴克	83.9	肯德基	58.8
肯德基	82.9	星巴克	52.0
电影院			
品牌	CNCSI	品牌	QCEI
大地影院	81.2	万达影院	64.7
万达影院	80.7	恒大影院	46.6
保利影院	80.6	大地影院	45.5
航空服务			
品牌	CNCSI	品牌	QCEI
中国国航	85.4	中国国航	63.7
东方航空	83.6	东方航空	58.1
四川航空	81.4	南方航空	54.2
快递服务			
品牌	CNCSI	品牌	QCEI
京东物流	85.2	顺丰速运	72.2
顺丰速运	84.2	京东物流	63.0
韵达快递	82.4	韵达快递	48.4

续表

连锁酒店			
品牌	CNCSI	品牌	QCEI
喜来登	85.0	汉庭	46.0
皇冠假日	83.8	假日酒店	43.8
希尔顿	82.4	希尔顿	43.8
商超便利店			
品牌	CNCSI	品牌	QCEI
大润发	84.3	大润发	56.6
永辉超市	82.1	沃尔玛	53.3
沃尔玛	82.0	永辉超市	52.7
银行业			
品牌	CNCSI	品牌	QCEI
工商银行	84.9	建设银行	61.7
中国银行	84.0	工商银行	61.1
建设银行	83.9	中国银行	57.8

第四章　质量消费体验行业特征研究

一、质量消费体验行业特征研究框架

随着市场经济的发展，竞争进一步加剧，产品同质化现象越来越严重，企业的经营理念从产品为中心逐渐发展到以顾客为中心，顾客的地位被提高到前所未有的高度。目前社会步入“体验经济”时代，企业营销和服务从关注“顾客满意度”提升到关注“顾客体验度”。

在当今互联互通高速发展的时代，顾客的购买习惯发生着变化，顾客的体验路径也发生着转变。传统的以“顾客需求满足”为目标的管理模式已经难以适应新的挑战，亟待将管理进一步细化到“顾客触点”，抓住顾客和企业接触的宝贵瞬间，以个性化、精准化的服务，提供快捷、流畅、愉悦的顾客体验。

2020年在关注顾客满意度和质量消费体验指数结果的基础上，为了更深入地了解不同行业顾客质量消费体验的全过程，引入科特勒5A体验模型，从消费全流程触点分析不同行业消费者质量消费体验行业特征。

（一）科特勒5A模型的内涵

科特勒5A模型将顾客购买流程与感知进行拆解，从了解开始，到吸引、问询、行动，最终达成对品牌的拥护，反映了顾客消费体验的主要路径。科特勒5A模型与传统的4P、4C模型一脉相承，融入了数字经济时代顾客的体验路径，反映出社群影响力在消费中的作用，更强调顾客与品牌的连接性。

企业的口碑、过去的营销互动、他人的体验往往是顾客了解品牌的主要来源。在了解了几个品牌之后，顾客往往将信息加工成短期或长期的记忆，随后锁定几个品牌，这便是吸引的过程。而后受到好奇心驱使，顾客往往倾向于借助网络、亲友、媒体等途径获取更多品牌相关的信息，帮助其进行购买决策，这些信息也将影响其对品牌的最终选择及达成购买行为。最终顾客消费体验、品牌形象、产品质量、售后服务等综合因素影响其留存率、再购买率和最终的拥护，这就是拥护阶段。

科特勒5A模型真实反映出数字经济时代下的消费者体验进程，漏斗式的转化链条也揭示了顾客各环节转化和体验感知的关键点，是描述顾客行为、分析企业营销转化、改善顾客消费体验的有效工具。

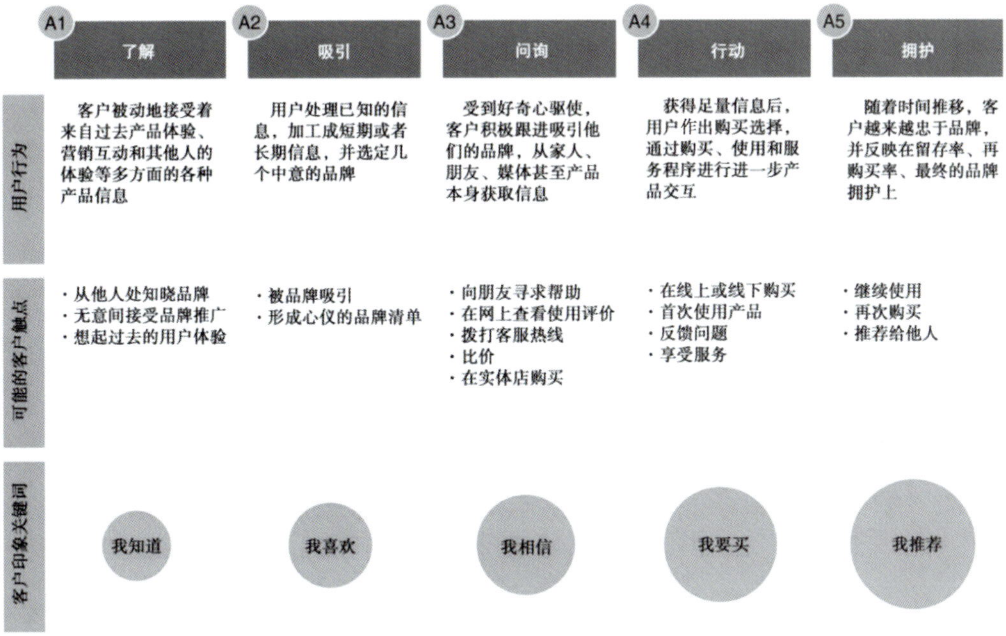

图 4-1　科特勒 5A 模型

（二）科特勒 5A 模型的类型

科特勒 5A 模型是一种漏斗式的转化，了解、吸引、问询、行动、拥护五个维度下内含四大转化率——吸引、好奇、承诺和亲和，而这些维度下的不同特征有利于我们更好地认识行业质量消费体验特征。科特勒 5A 模型主要有四种类型，分别为“门把手式”“金鱼式”“喇叭式”和“漏斗式”。

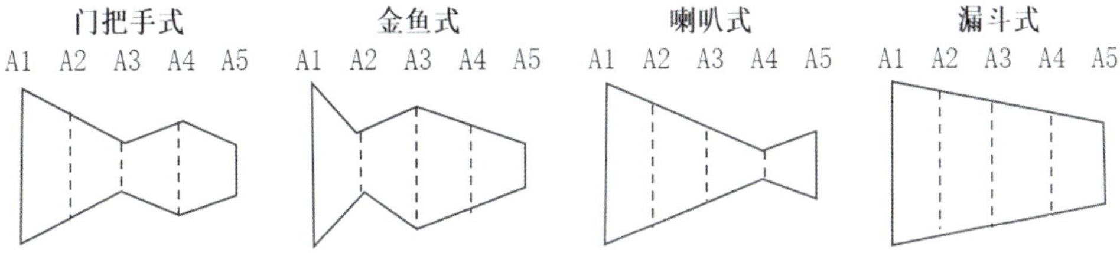

图 4-2　科特勒 5A 模型四种类型

1. 门把手式

门把手式模式下，消费者问询意愿较弱，消费转化高频。通常，此类模式下产品价格相对较低，消费者以过往的消费习惯为判断依据，消费决策迅速而直接，购买行为通常是高频率的、习惯性的。通常的门把手式产业有着大量的客户群，也有大量的竞争品牌，但消费者往往对品牌已有固定的偏好与使用习惯，品牌转移相对困难，消费者了解与推荐意愿较低，更偏向习惯性地使用。在该类行业中，降价促销将成为有力的营销武器，容易激发消费者购买尝试的意愿。

2. 金鱼式

金鱼式最独特的特点是消费者的好奇度较高（问询＞吸引），在购买金鱼式产业的商品时，消费者通常在购买前考虑多种因素。消费者经常会先问问题，从第三方获取建议，并和竞争的品牌产生很多交流，最后才决定购买，消费决策相对理性。通常，该类消费决策周期相对较长，第三方的建议及社群口碑营销将对消费者决策产生重要的影响。该类企业应当更加注重信息渠道建设及口碑的打造，为消费者提供丰富而翔实的资讯，并借助口碑打造品牌的影响力和自传播效应。

3. 喇叭式

喇叭式模式下，品牌的吸引力及拥护度往往大于购买转化，这一特征在奢侈品行业较为常见。通常，喇叭式模式下的品牌已具有较高的知名度与品牌美誉，但其高昂的价格使得品牌往往集中于小众圈子，难以在大众社会形成广泛的购买传播。购买喇叭式产品的消费者通常信任品牌的质量，因此，即使在不购买和使用的时候，他们也会推荐和拥护品牌。换句话说，拥护者的数量比实际的购买者要多（拥护＞行动）。品牌溢价及产品的稀有性吸引目标客群进行自主购买，往往该类企业并不需要花费过多心力进行营销拓展，因为这一类别的品牌通常已经有独特而强烈的质量名声。这种质量的认证通常是长期的较好口碑换来的。专而精的客群维护更有利于该类品牌营销。

4. 漏斗式

漏斗式是较为传统的品牌转化表现，该类模式下消费者的购买行为往往是有计划的、理性决策下的。消费者从了解品牌开始，一步步被吸引、深度问询，最终达成购买及对品牌的长期拥护。在这一类别中，消费者会进行科特勒 5A 模型的每一个环节，也就可能在任何一个环节退出，这时整体的消费体验也就变得十分重要了。因此，对该类品牌表现的行业来说，必须能够协调好广告（了解和吸引）、网站和客服热线（问询）、销售渠道（行动）和售后服务（拥护）等多种触点。丰富消费者在各个环节下的体验感受，有利于品牌营销转化的自主达成。

二、质量消费体验行业特征研究

综合四大行业质量消费体验表现来看，耐消品与数字经济问询率突出，这与行业特征密切相关。耐消品中家电往往较为贵重且购买低频，消费者的购买决策往往是谨慎的，在购买前倾向于借助网络、亲友等各种途径多加了解。而数字经济发展迅猛，平台更迭频繁，消费者需要花费一定时间对新兴平台加以了解。快消行业吸引力突出，其轻量式、贴合生活的产品特征，高频的产品创新对消费者产生持久的吸引力。服务业使用转化情况较好，反映出居民消费水平的提升与消费意愿的增强，从温饱型消费向享受型消费过渡，更加注重生活质量和品牌品质。

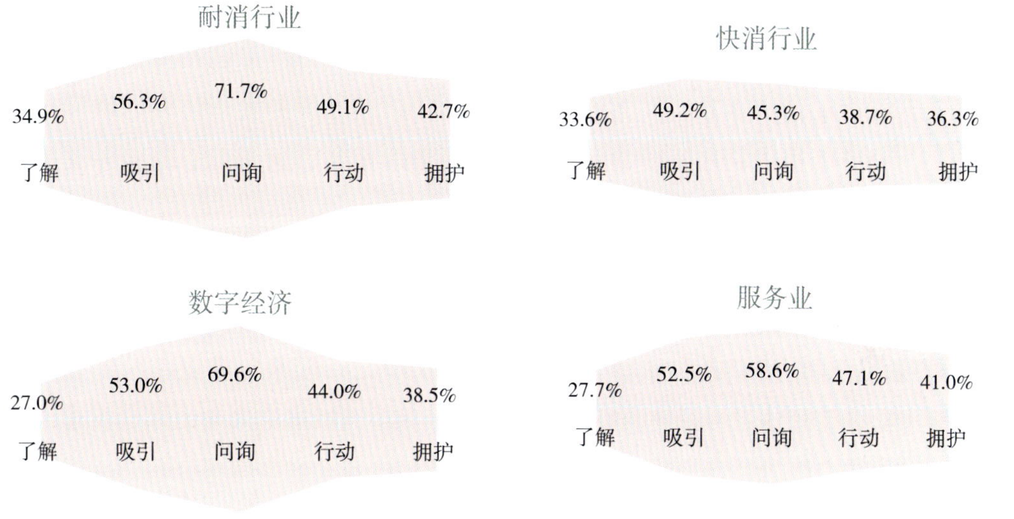

图 4-3　四大行业质量消费体验特征

（一）耐消行业

耐消行业中家电行业质量消费体验特征：头部品牌占主流，消费者偏爱问询。

近年来，房地产市场的发展及居民生活水平的提升给了家电行业历史性的发展机遇，各类家电也逐渐走入寻常百姓家，实现了产品的广泛普及。家电行业在市场的快速发展中逐渐成为中国制造的强势代表。如今，随着家电市场的饱和以及国家政策调控下房地产市场热度的走低，家电行业销售情况也受到一定影响，市场逐渐从增量转向存量，从购买需求转向升级换代需求，行业增长虽遭遇瓶颈，但新兴品类与创新的高品质产品迭代仍有较为广阔的发展空间。

从消费市场来看，中国消费市场正进入新一轮的调整期，一、二线城市市场逐渐饱和，下沉市场成为新的消费增长引擎，对于家电行业来说，下沉市场正表现出新的增长空间。下沉市场家电的普及、中高端产品对低端产品市场的渗透，都成为家电行业新的增长点。相对于其他行业，家电行业品牌集中度高，品牌效应明显，在过去发展中积累的品牌资本及新渠道下的品牌战略，将助推家电品牌在下沉渠道实现新的发展。

如今，品质新消费成为拉动家电市场增长的主要引擎，节能、环保、智能、健康的家电成了家电行业发展的必然选择，并逐渐担当中高端市场主角。消费者对于家电的消费需求正在迈向一个高阶层次，不再是一个仅仅依靠性价比的时代，也不再是一个看重货比多家的时代，而更加注重多元化与品质，注重提升生活效率。而优秀的家电企业也聚焦于消费者不断涌起的新需求，进行产品创新与营销变革，全流程提升顾客的消费体验，在激烈的市场竞争中，通过服务管理体系的创新与新式营销，为消费者提供更加便捷的触达、更有品质的产品、更为贴心的服务及更加全面的保障。

本次调研结果显示，家电行业整体品牌表现优于耐消行业总体，这与行业内品牌较为集中，头部品牌占据主要市场份额密切相关，消费者整体认知较高，且易被行业内品牌吸引，了解率、吸引率分别为 34.9%、56.3%，头部家电企业纷纷建立以用户体验为中心的管理体系。开拓直播、口碑营销等新型营销措施来刺激用户需求，将产品和服务融入全场景的用户体验流程中，与用户深度互动产生情感共鸣，这些对品牌声望的提升及用户体验产生了积极的促进作用。相对来说，家电行业产品单价较高，使用时间长，消费者在购买决策前相对较慎重，行业问询率显著高于其他业态，达 71.7%。而从使用情况来看，家电已成为居民生活必需品，具有较高的购买转化及品牌黏性，消费者行动率、拥护率分别为 49.1%、42.7%。

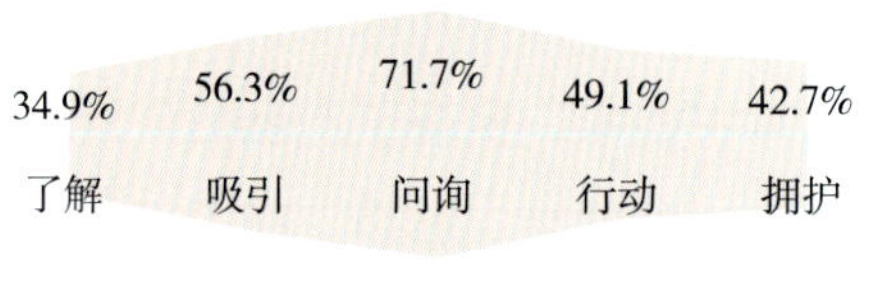

图 4-4　家电行业质量消费体验特征

1. 家电行业分维度质量消费体验特征

（1）品牌性质：国内品牌崛起，整体表现更佳

整体来看，国内家电品牌各项表现均优于国外品牌，消费者了解率、吸引率分别为 38.0%、56.8%，表明消费者对国内品牌了解程度更高，且更容易被吸引。从更进一步的销售转化及品牌拥护情况来看，国内品牌更容易达成消费购买及品牌黏性，消费者行动率、拥护率分别为 51.4%、44.9%。家电产品作为消费领域中的重要组成部分，对我国经济增长起着关键的作用。我国家电行业经过多年的发展，已成为世界家电的最大制造基地和消费市场，在成本、质量方面领先国际同行，优势明显。目前我国彩电、家庭影院、微波炉的产销量、出口量位居世界第一，冰箱、洗衣机、空调的生产能力和产量也居于世界前列，小家电生产规模增长很快，出口增长势头十分强烈。过去 10 年间，中国家电行业在稳固了世界家电最大制造地位的同时，也在消费升级的需求下完成了从价格、营销为主的初级竞争模式到技术、产品为主的高级竞争模式。

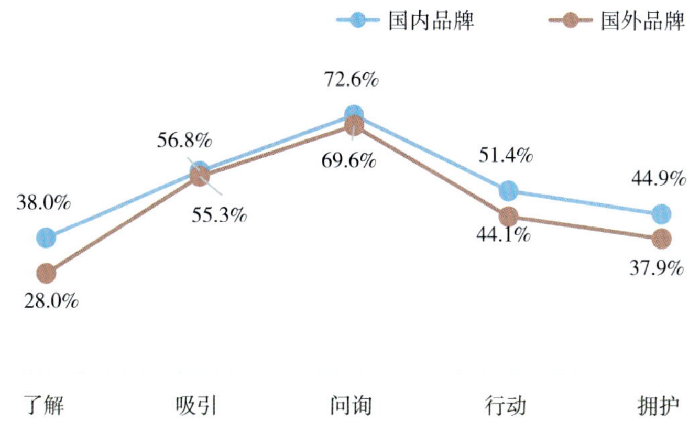

图 4-5　家电行业国内外品牌质量消费体验特征

（2）城市：一线城市消费者对品牌了解更广泛，二线城市消费者行动力强

从城市来看，城市等级与品牌了解率呈正相关关系，一线城市消费者对家电品牌的了解率更高，达 35.4%，三线及以下城市消费者对品牌了解程度较低一些，了解率为 34.5%。从下一步的转化来看，二线城市消费者更容易被品牌吸引并进行深度的了解、促成最终的购买转化和对品牌的长期拥护，品牌吸引率、问询率分别为 57.5%、73.9%，同时消费者行动率及品牌拥护率也居于首位，分别为 51.1%、44.6%。家电的

消费很大程度上受房地产市场的影响，从住宅投资的区域分布来看，当前我国二三线城市住宅用地出让金占比均高于一线城市，房地产市场相对活跃，这也促成了二三线城市消费者的家电购置需求，家电的消费行动力较一线城市更为活跃。

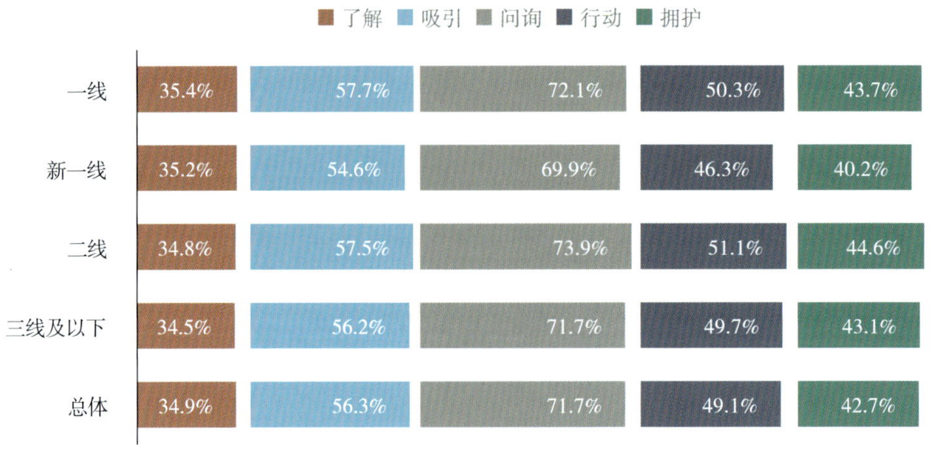

图 4-6　家电行业按城市等级划分的质量消费体验特征

（3）代际：80 后较易被吸引，90 后更偏爱问询

从代际来看，80 后群体对家电品牌了解率最高，为 36.6%，并且较容易被品牌所吸引，吸引率为 56.9%，居各年龄层首位。90 后购买前更倾向于对品牌多加问询，问询率最高，为 72.7%，并且该类群体销售转化及品牌黏性表现最好，行动率及拥护率分别达 51.0%、44.3%。60 后及以上群体在购买转化及品牌黏性上表现最弱，消费者行动率、拥护率分别为 41.1%、34.8%，相对而言最难达成直接的消费购买和对品牌的长期拥护。就家电消费而言，年轻消费群体拉动作用明显。从消费年龄结构来看，80 后、90 后也是我国家电消费的主力军，这些人群多为新婚家庭或有孩家庭，家电购置的场景及使用需求较多。该类人群生长于信息化时代，借助互联网能更好地获取资讯与产品信息，而具体到家电这一门类，80 后相比于 90 后更能借助经验来进行品牌选择，90 后多进行“种草式”产品选择。

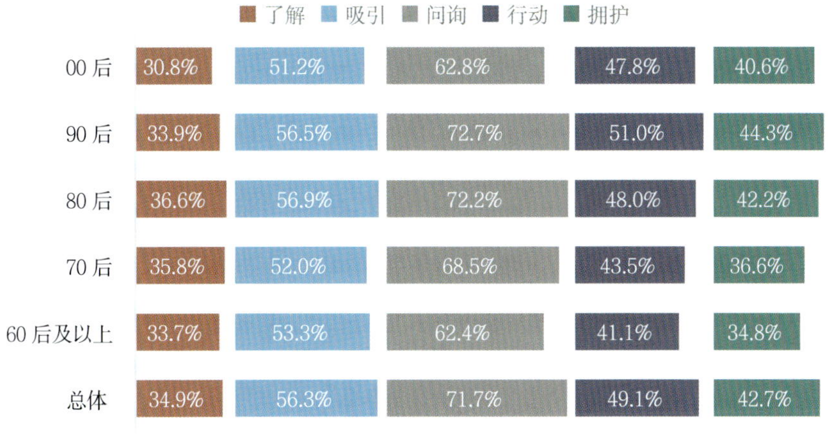

图 4-7　家电行业按代际划分的质量消费体验特征

（4）收入：高收入群体品牌力突出，行动转化更强

从收入来看，家电品牌了解率与收入大致呈正相关关系，高收入群体对家电品牌了解率更高，为 39.3%。该类人群也更容易被家电品牌所吸引，品牌吸引率为 62.3%。其购买转化及品牌黏性同样表现突出，购买行动率及品牌拥护率分别为 53.2%、47.5%。近年来，高端家电不断涌现，结合智能化、自动化为消费者提供更好的使用体验。高收入群体往往是高端家电的主要客群，相比于其他消费者，更易感知到家电升级所带来的体验优化。

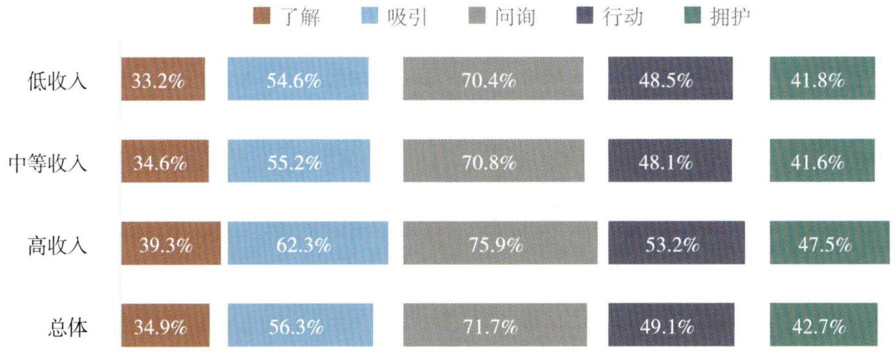

图 4-8　家电行业按收入划分的质量消费体验特征

2. 家电行业品牌了解渠道分析

伴随着大数据和移动互联网的迅猛发展，各行各业开始追求一些更加精准的广告推送模式和技术，这使得低成本、高效率的行为定向广告成为实现精准营销的不二之

选。本次调研发现，消费者对家电行业品牌的了解途径主要是互联网广告，有64.2%的消费者选择了该渠道，互联网广告对消费者的影响可见一斑。与此同时，家电行业是品牌依赖度与品牌黏性相对集中的行业，56.1%的消费者因为过去使用过而再次选择该品牌。

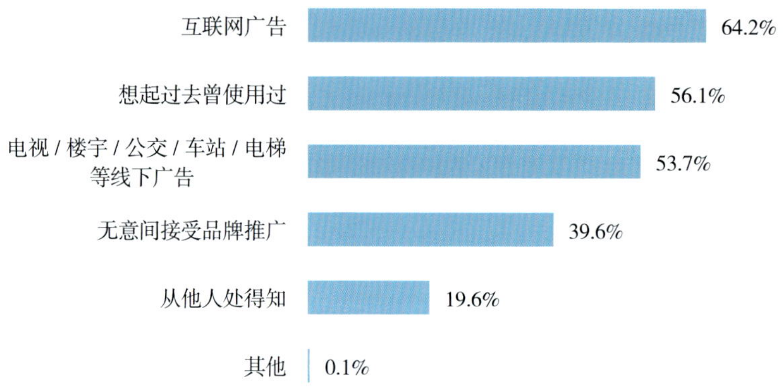

图4-9　家电行业了解渠道

3. 家电行业子行业质量消费体验特征研究

（1）冰箱：知名度高吸引力弱，消费者行动待提升

本次调研结果显示，消费者对冰箱品牌较为了解，了解率达37.8%，但品牌吸引力有待提升，吸引率为50.1%，低于行业均值。而从购买转化及品牌黏性来看，消费者行动率、拥护率分别为45.9%、38.4%，较家电行业平均水平有一定的差距。随着节能减排、消费升级、技术创新、“互联网+”带来的基础设施升级等因素的推动，全球冰箱市场产品结构升级的趋势更加明显。高端市场的争夺更为激烈，智能化、个性化成为未来冰箱的发展趋势，但受房地产等外部因素影响，冰箱家庭保有量已趋于饱和，换购需求释放缓慢，消费者购买需求相对较弱。

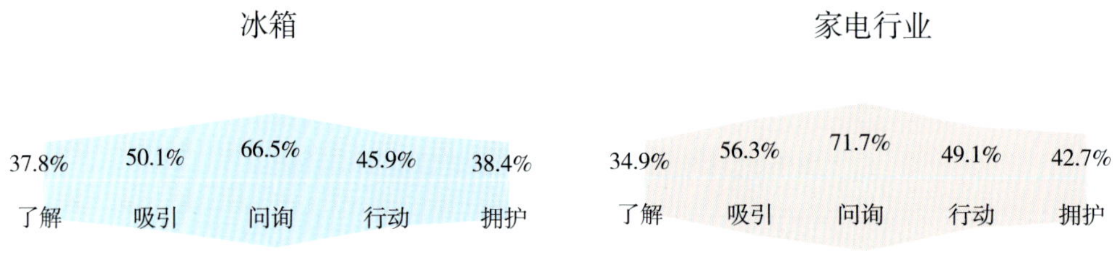

图4-10　冰箱和家电行业质量消费体验特征

（2）洗衣机：整体表现低于均值，品牌效应不显著

本次调研结果显示，洗衣机行业品牌表现低于家电行业平均水平，行业品牌效应不够显著。消费者品牌了解率、吸引率分别为 30.8%、52.0%，购买转化上，消费者行动率为 47.9%，整体表现疲软。房地产市场低迷和人口红利逐渐流失等因素让消费者对洗衣机的需求降低，而行业增速减缓加剧了企业间的竞争，马太效应越发明显，整体市场增量明显不足，发展态势平缓。近年来，技术升级成为主要的产品迭代方向，大容量、超薄、健康、烘干、分开洗涤、定制、变频和智能等细分市场发展形势较好，为洗衣机行业孕育了新的增长点。

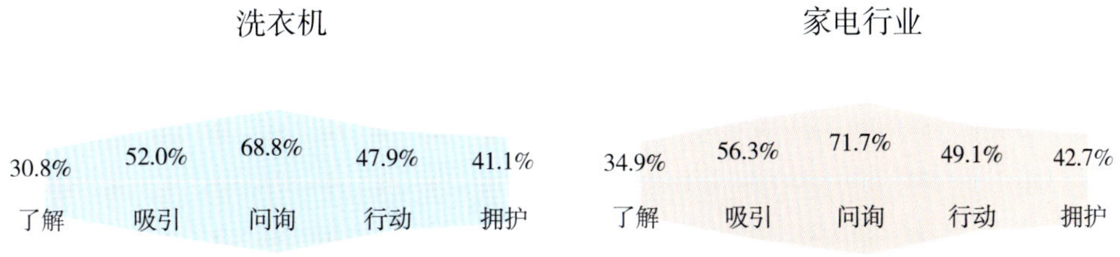

图 4-11　洗衣机和家电行业质量消费体验特征

（3）空调：知名度高转化率低，整体品牌表现偏弱

本次调研结果显示，空调行业整体品牌知名度较高，消费者了解率为 37.6%。从品牌吸引力及购买转化维度来看，空调行业品牌吸引力偏弱，销售转化及品牌拥护率均低于家电行业平均水平，其消费者吸引率、行动率、拥护率分别为 53.8%、48.1%、41.4%。空调的销量深受房地产市场与结婚率、生育率走低的影响，居民消费需求降低，行业从增量走向存量，技术与服务成为企业比拼点。目前在空调市场上，空调的自清洁、新风净化等与健康高度相关的产品受到更多消费者的青睐。而互联网技术的发展也使得产品智能化水平提升，WiFi 联网控制等智能化功能为消费者提供了日益丰富的使用体验。

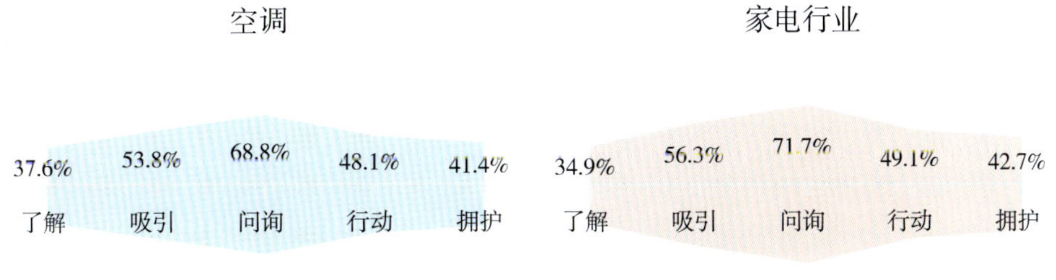

图 4-12　空调和家电行业质量消费体验特征

（4）电视机：品牌认知广泛，销售转化欠佳

本次调研结果显示，电视机行业在品牌知名度上较为领先，消费者了解率为39.8%，但品牌吸引力及销售转化表现偏弱，消费者吸引率、行动率分别为54.5%、47.2%。电视品牌竞争激烈，各品牌市场占有率较冰箱、空调产品更为分散。如今，电视行业已经进入新的发展周期，需要靠内生力量来打破，“汰旧换新”激活存量市场新需求。而从市场格局来看，国内品牌实力增强，从中国制造走向中国创造，在电视机行业逐渐占据主流。未来电视将朝着更智能、更大屏、更高端、更具差异化的方向发展，为用户提供更好的互动性和更丰富的娱乐属性，满足消费者的个性化需求，成为联结智能家庭的主要产品。

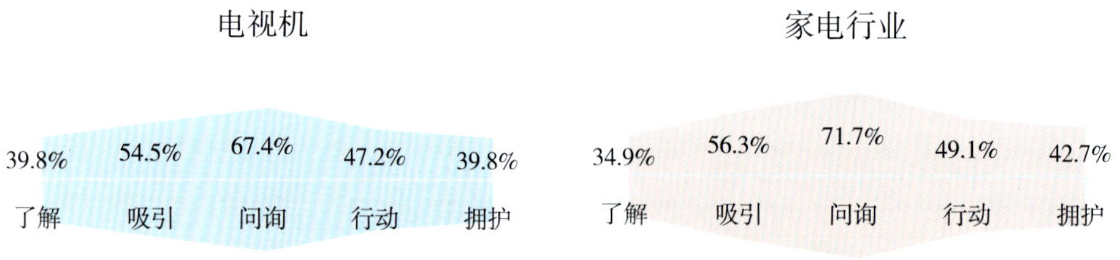

图 4-13 电视机和家电行业质量消费体验特征

（5）电热水器：了解率低但易被吸引，购买达成效果好

本次调研结果显示，消费者对电热水器行业的品牌了解度略低于家电行业平均水平，了解率为31.7%，但在购买转化及品牌拥护上表现良好，消费者行动率、拥护率分别为55.9%、49.4%，高于家电行业平均水平。如今，在消费升级的背景下，大容量成为电热水器的最大消费热点。尤其在2020年新冠肺炎疫情后，人们不仅开始意识到健康的重要性，同时也在漫长的隔离期间开始注重提升生活品质，因此对于产品的颜值、速热、健康、智能功能等有了更高层次的追求。

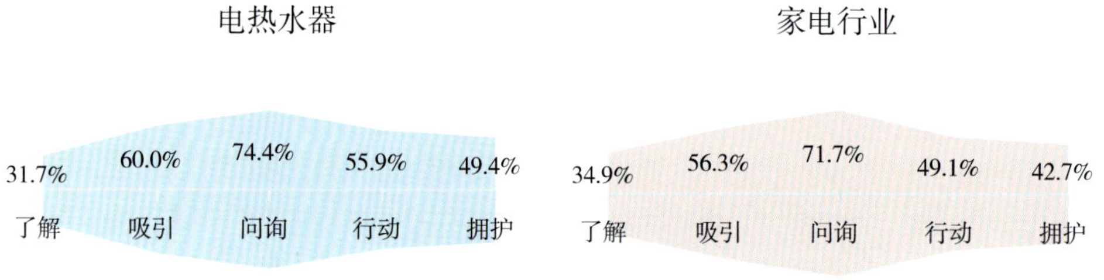

图 4-14 电热水器和家电行业质量消费体验特征

（6）燃气热水器：吸引力强转化率高，品牌黏性表现良好

本次调研结果显示，燃气热水器品牌吸引力较强，吸引率达 63.9%。消费者倾向于对品牌多加问询与了解，问询率为 78.2%，其购买行动率与品牌拥护率分别为 49.5%、45.0%，均高于家电行业平均水平。中国热水器市场在经历高速增长之后，逐渐由增量市场向存量市场转变，当前行业正积极拓建三线以下城市及村镇市场，渠道下沉步伐加快。在消费升级的背景下，健康、环保、舒适成为燃气热水器近年来几大行业增长点，行业也不断产出例如零冷水、智控恒温、安防等优质技术，引领行业发展潮流。

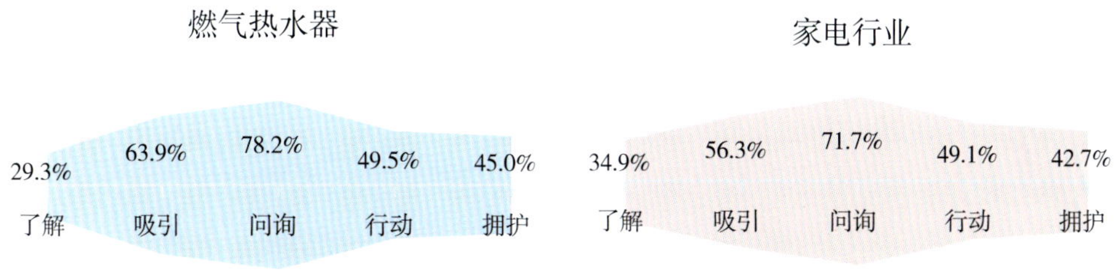

图 4-15　燃气热水器和家电行业质量消费体验特征

（7）油烟机：整体品牌表现领先，品牌效应较明显

从本次调研结果来看，油烟机行业整体品牌表现均较为领先，消费者品牌了解率相对较高，为 38.6%，且较容易被品牌所吸引，吸引率达 62.0%。品牌问询率为 80.0%，消费者购买前更倾向于多加了解。品牌能达成较好的销售转化及品牌黏性，消费者行动率、拥护率分别为 51.3%、45.9%。油烟机行业正处于更替与新增共存的大发展时代，而这一点刚好与品质消费的时代完美结合，市场上油烟机品牌推出升级换代的产品，实用性、易清洁、配套化、颜值、大吸力、大风压等特质成为消费者主要关注点。农村市场仍处于普及型阶段，城乡二元格局将给予中低端油烟机品牌很好的市场成长条件。

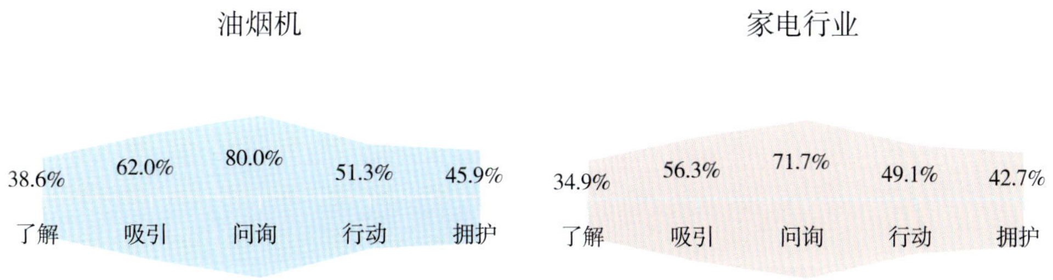

图 4-16　油烟机和家电行业质量消费体验特征

4. 家电行业消费体验趋势

从生产端来看，伴随着居民消费需求的升级和 5G、物联网以及人工智能等技术的发展，家电行业已从过去的低成本竞争转向对品质和功能的追求，在这一过程中，智能化、定制化、高端化日益成为行业增长新的方向。

智能化的家电系统：新技术的发展带动了家居智能化的浪潮，从自动调节式油烟机的推出到电视语音操作系统、冰箱智能控温保鲜，智能系统在家用电器领域有了越来越广泛的应用。而如今，消费者对更智慧、更贴心的家电依旧抱有期待，从被动智能到主动智能，从单品智能到全屋场景，智能化的家电系统仍有广阔的发展空间。

定制化的个性设计：如今，90 后逐渐成为家电消费市场的主力，他们追求个性和差异化，有较高的审美期待和品质要求，家电行业也在这一趋势下走出同质化的生产困境，在定制化领域做新的尝试。从单品定制到全屋系统，家电定制化正在满足越来越多人个性化的生活需求。

高端化的市场定位：综观近几年的电器市场，众品牌纷纷进行高端产品打造，尝试切入高端市场，而市场也给予这些品牌积极的反馈。无论是专注高端市场的品牌，还是传统品牌的高端产品线，近些年均表现出良性的增长趋势，消费者对高端的品质家电有需求，有期待，也有消费实力和消费意愿，而在技术的双重推动下，传统家电的高端化品质化已成为家电行业不可阻挡的发展潮流。

从渠道端来看，电商渠道对家电零售的贡献率逐年上升，线上线下融合趋势加强，越来越多的零售企业开始往线上渠道转型，线下门店也在借助线上直播卖货推广。消费者对移动端消费越发依赖，消费习惯的改变和电商平台覆盖广泛、交易便利的特性，都促使家电销售渠道的变革，线上渠道将发挥更加重要的作用。

（二）快消行业

快消行业整体质量消费体验特征：轻量、随手式购买行为，问询意愿及品牌黏性较低。

伴随着中国经济的腾飞和居民消费水平的持续提升，中国快消品市场进入了从未有过的黄金时代。直播、物联网、Z 世代、人工智能……产业革命和时代变迁深刻影响了快消行业变革，从日用需求满足到个性化的产品拓展，从传统渠道铺设到全面数字化升级，面向新时代，快消行业也被赋予更多的温度与智慧。

从需求端来看，中国正进入新一轮的消费升级，新技术、新需求不断涌现，消费者的消费方式和购买决策发生巨大变化，消费结构改变，个性化的消费需求催生了新兴品牌和小品牌的崛起，而传统品牌在产品和渠道上不断创新融合，以满足Z世代人群的消费主张，行业由此呈现多元化的竞争格局，细分市场加深。消费升级最重要的表现就是追求高品质消费，更加注重品牌消费，更加看重产品的高性价比，愿意为自己喜欢的消费品付出更多的价钱。

从供给端来看，数字经济的不断深化给快消市场带来新的机遇。电商零售额屡破新高，向各级城市和各年龄段人群渗透。直播、短视频等新兴社交媒介成为营销新渠道，快消从线下走向线上，品牌化打造的同时也注重人人相传的口碑营销。企业更注重消费品质的表达，而代表着原料、工艺、产品等多方面优势的大品牌更加受到青睐。就市场格局而言，传统快消行业往往是外资企业竞争市场的局面，而近年来国产品牌取得亮眼的增速，逐渐打破国际品牌一统市场的格局，这背后不仅仅是国货新风尚的潮流，更代表着国内企业生产技术和品牌塑造能力的提升。

从调研结果来看，快消行业整体品牌表现较行业总体不显著，其中消费者问询意愿偏低，问询率为45.3%，消费者的购买行为往往是轻量、随意的，相对其他行业来说无须进行过多的考虑。行动率较行业总体偏低，仅为38.7%，这与快消行业品牌繁多，新兴品牌层出不穷，市场更迭频繁密切相关。从消费者品牌黏性来看，快消品轻量、随手式的消费特征及层出不穷的产品创新也决定了行业内整体品牌拥护率偏低，消费者乐于尝试且品牌转移风险及成本均较低。

图 4-17　快消行业质量消费体验特征

1. 快消行业分维度质量消费体验特征

（1）品牌性质：国内品牌更知名，但行动率及拥护率低于国外品牌

整体来看，消费者对国内品牌了解程度更高，了解率为34.9%，但较难产生吸引力及刺激下一步的问询行为，消费者吸引率、问询率分别为47.6%、43.3%，均低于国外品牌，表明国外品牌对中国消费者更有吸引力。从下一步的销售转化来看，消费者对国外品牌的购买行为及品牌黏性更强，消费者行动率、拥护率分别为38.9%、36.6%，高于国内品牌，但国内品牌与国外品牌差距较小。国外快消品市场起步较早，以品牌化、集团化经营占据国际市场，进入中国后也在市场上长期占据龙头地位。而近年来国货兴起，在品牌打造上更注重品质化、连锁化、本土化，凭借较高的性价比

和品质的提升，吸引了越来越多的消费者，逐渐形成国货潮，国货品牌被越来越多的消费者所认知、喜欢。

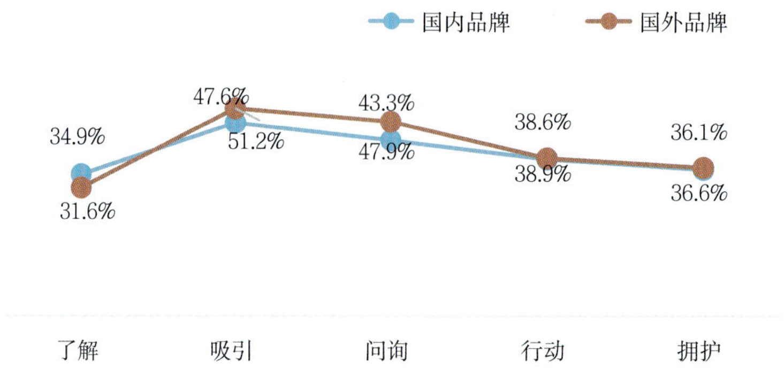

图 4-18　快消行业国内外品牌质量消费体验特征

（2）区域：东北地区消费者是行动派，西南地区消费者爱问询

从区域来看，东北地区消费者对快消品牌的了解程度较其他地区稍弱，为 32.0%，但易被品牌吸引并构成最终的转化及留存，行动率和拥护率分别为 41.1%、39.1%，均高于其他区域，这与东北地区消费者更为豪爽、消费决策更加直接密切相关。以北京、上海为核心的华北、华东区域消费者对品牌认知更高，品牌传播效应在该地区有较好的扩散，但消费者不易被品牌所吸引并形成购买，其中华北地区消费者吸引率和行动率分别为 48.4%、37.9%。西南地区消费者在购买前更倾向于对品牌加以问询与斟酌，问询率为 46.9%，消费决策趋于理性。

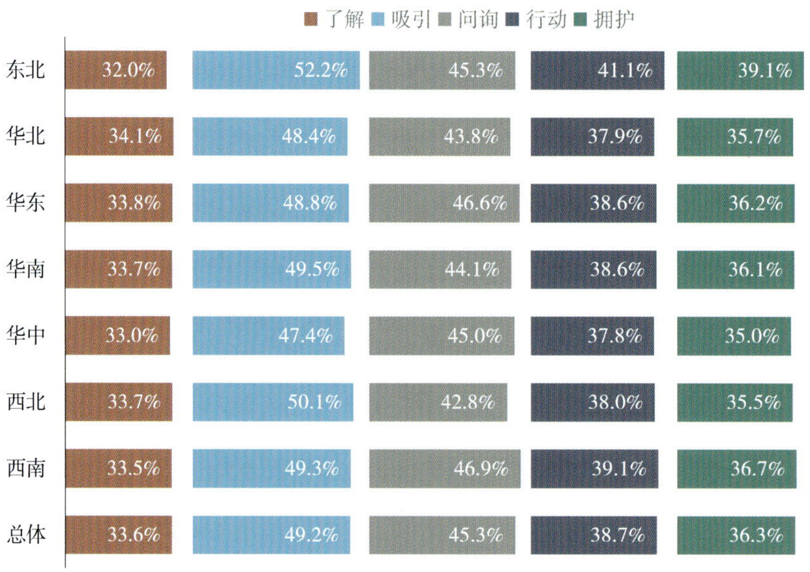

图 4-19　快消行业按地域划分的质量消费体验特征

（3）城市：一线城市消费者品牌了解率高，二线城市更易达成购买与拥护

从城市划分来看，不同城市等级消费者快消品牌消费体验模型差别不大，城市级别越高的消费者，对快消品牌的认知情况越好。一线城市消费者对品牌了解程度最高，了解率为 33.8%，且较易被品牌吸引并进行进一步的问询与了解，其吸引率、问询率分别为 50.5%、47.5%，均居于首位。相较而言，二三线城市及以下地区消费者更容易达成购买及对品牌的拥护。如今，网购的发展弱化了城市间的消费差异，在快消品这一日常消费门类尤为明显，且由于一线城市人才反向，二三线城市出现人口回流，对快消品的需求及品牌追求也逐渐增长，品质消费在二三线城市越发普及。

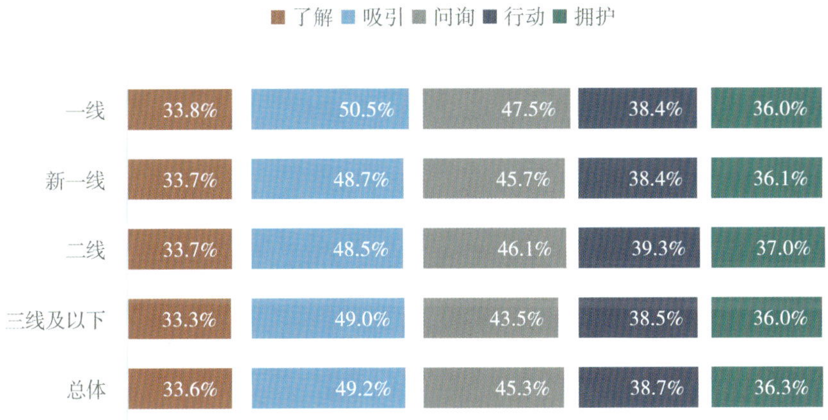

图 4-20　快消行业按城市等级划分的质量消费体验特征

（4）代际：00 后对品牌更为了解，80 后更爱问询

从不同代际来看，00 后群体对品牌的了解程度最高，了解率为 36.8%，但在消费转化及品牌黏性上相对较低，其行动率、拥护率分别为 35.1%、32.3%，这一方面受购买力的影响，另一方面也表明 00 后群体对快消品牌有更高的要求，现有的消费需求不易被满足。80 后更容易被品牌吸引，吸引率为 51.6%，且在问询、行动、拥护上比例均为最高，问询率为 46.7%，在购买前倾向于经过较长的深度了解。70 后对快消品牌了解程度较低，了解率仅为 32.3%。60 后及以上群体更不易激发购买行为，对品牌的拥护率较低，品牌黏性较弱，其行动率、拥护率仅为 33.6%、30.9%，且问询比例较低，更倾向自我决策。80 后、90 后出生的人，处于互联网发展时代，信息收集和比较能力较强，“种草式”购物在年轻群体中盛行，其消费决策往往是由他人、社交平台所激发，问询率较高。并且该类人群多处于事业和家庭的上升期，多为消费主力，消费转化相

对较好。

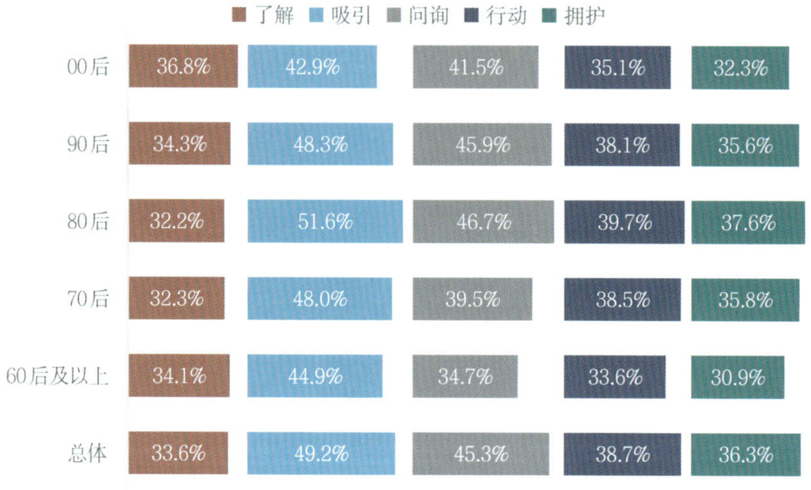

图 4-21　快消行业按代际划分的质量消费体验特征

（5）收入：高收入群体对品牌更为了解，中等收入群体行动力更强

从收入来看，高收入人群对快消品牌更为了解，了解率为 35.8%，且该类人群更容易被快消品牌吸引并促成进一步的问询，品牌吸引率及问询率分别为 50.7%、49.9%，但购买转化相对较低，行动率仅为 37.1%，表明高收入人群在进行快消消费时追求品质与健康，倾向于多加了解之后再进行消费决策，也表明现阶段其消费需求不易被满足。中等收入人群行动率、拥护率更高，分别为 39.4%、37.0%，从当前消费趋势来看，中等收入人群面临消费升级的大趋势，而消费升级的重要表现就是追求高品质消费、追求品牌消费，愿意为消费品付出更多的价钱，其品牌消费表现也相对较好。

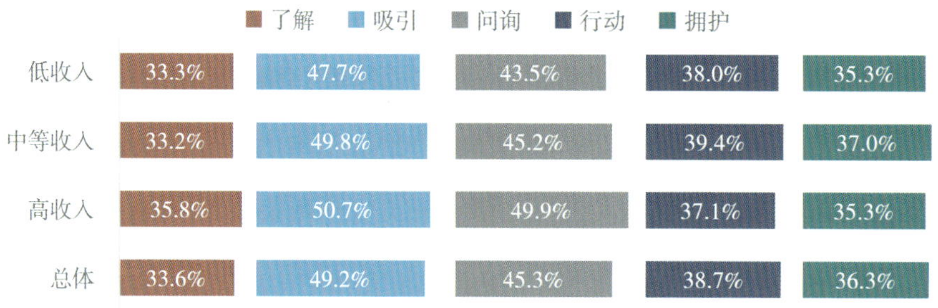

图 4-22　快消行业按收入划分的质量消费体验特征

2. 快消行业品牌了解渠道分析

超过六成的消费者对于快消行业品牌的了解渠道主要是互联网广告，有 61.4% 的消费者基于过往的使用经验了解品牌。而线下广告对消费者的品牌认知与购买也能产生较为深刻的影响，超半数消费者表示电视 / 楼宇 / 公交 / 车站 / 电梯等线下广告是其品牌了解的主要渠道。

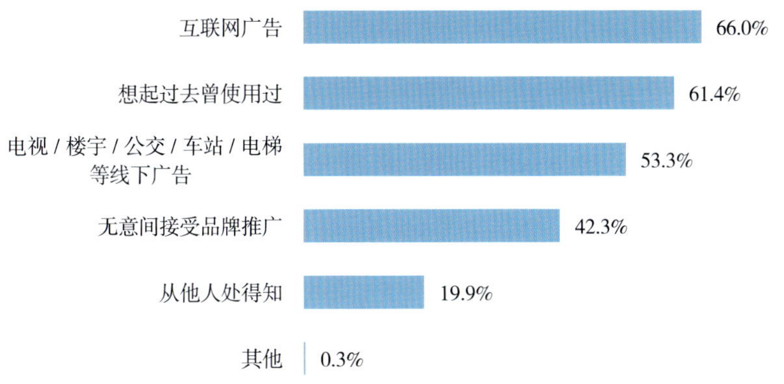

图 4-23　快消行业品牌了解渠道

3. 快消行业子行业质量消费体验特征研究

（1）茶饮料：消费者了解程度高，购买时较为随意，品牌黏性高

本次调研结果显示，消费者对茶饮料整体了解程度较高，品牌吸引率为 50.6%，高于快消行业均值，消费者在进行购买决策时并不倾向于对品牌做深度了解，问询率为 38.8%，低于快消行业平均水平，销售转化及品牌黏性较强，行动率、拥护率分别为 39.9%、37.8%，均高于快消行业平均水平。随着消费者对健康越发重视，高糖分调味茶饮品热度下滑，“健康化”“个性化”“功能化”等新消费理念助推市场发生由“量”到“质”的转变。而从行业格局来看，尽管康师傅及统一牢牢占据行业前两名的位置，但依旧有新品牌后来居上，市场仍有较大的发展空间。

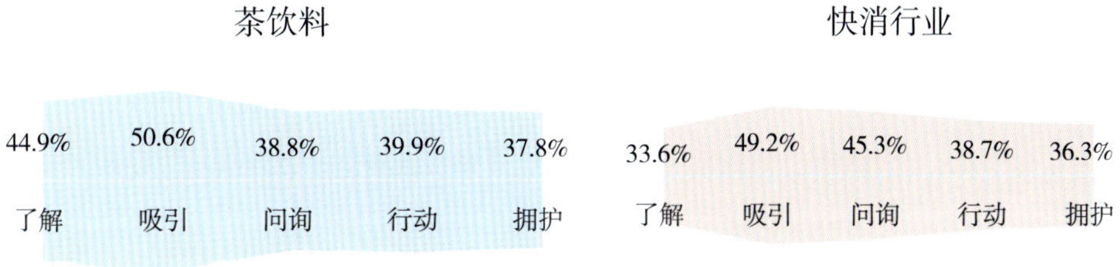

图 4-24　茶饮料和快消行业质量消费体验特征

（2）方便食品：整体品牌表现低于行业均值，品牌效应不显著

本次调研结果显示，方便食品行业整体品牌表现低于快消行业均值，品牌吸引力较弱，吸引率为43.2%，消费者主动了解意愿较低，问询率为37.9%。行动率、拥护率也较快消行业均值偏弱。多年来，以方便面、挂面、冷冻食品为典范的方便食品不断创新发展，而近年随着螺蛳粉、自热食品等方便食品如雨后春笋般遍地开花，也为市场迎来新的增长。健康、安全、特色成为未来方便食品创新发展的总趋势。区域特色美食和自热食品的标准化、规范化，也是消费升级的重要方向。

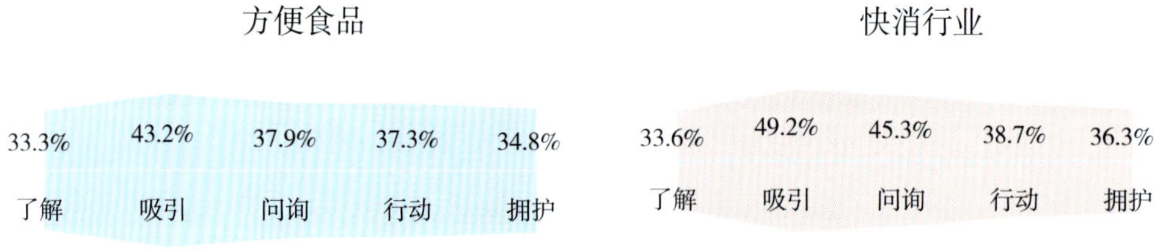

图4-25　方便食品和快消行业质量消费体验特征

（3）护肤美妆：整体品牌表现低于均值，购买转化率及品牌黏性较弱

本次调研结果显示，护肤美妆行业整体品牌表现较快消行业其他品类较低，行业品牌知名度略高于行业均值，但消费者行动率、拥护率分别为30.1%、27.9%，购买转化及品牌黏性较快消行业平均水平有较大差距。近几年国内化妆品高端化趋势兴起，高端化妆品增速明显快于大众化妆品。而从消费渠道来看，短视频/直播等平台不仅为美妆KOL提供更直接的互动形式，也促进了线上消费的达成。如今，随着消费者更加成熟，他们在产品用途、成分和品牌定位上的偏好也更为细分，美白、祛斑、抗衰老等概念将会越来越受到消费者的认同，眼部、唇部、脸颊以及颈部的细分产品更贴近消费者具体需求。

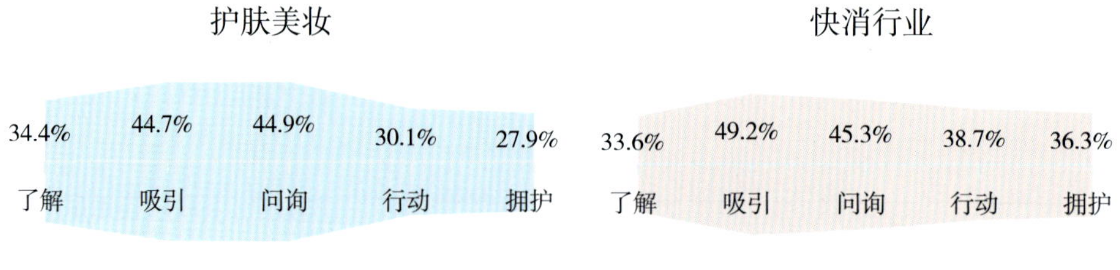

图4-26　护肤美妆和快消行业质量消费体验特征

（4）口腔护理：品牌知名度较高，消费转化及品牌拥护表现良好

本次调研结果显示，口腔护理行业整体品牌知名度较高，了解率为36.6%，消费者较易被品牌吸引构成转化，吸引率、行动率分别为49.4%、41.0%，且对品牌有较高的拥护度，拥护率达38.2%。随着生活水平的提高和人们观念的更新，消费者对口腔清洁用品的需求不断扩大，而且朝着健康、美白、功效、多功能以及低碳环保化方向发展。但随着市场越来越饱和，细分市场成为新的增长方向，功能性牙膏、抗敏牙膏、儿童牙膏、日夜牙膏等概念不断推出，功能性牙膏需求不断增长。

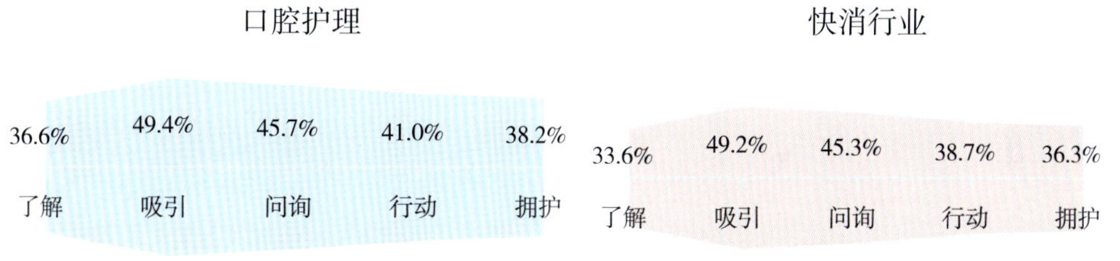

图 4-27　口腔护理和快消行业质量消费体验特征

（5）快时尚服装：品牌吸引力、购买转化及品牌黏性较强，品牌效应较为明显

本次调研结果显示，快时尚服装品牌知名度略高于快消行业平均水平，为34.7%，品牌对消费者的吸引力、购买转化及品牌黏性均较为突出，消费者吸引率、行动率、拥护率分别为53.9%、46.6%、43.3%，品牌效应明显。所谓快时尚，主要包含三方面的含义，即上货时间快、平价和紧跟时尚潮流。快时尚服饰始终追随当季潮流，新品到店的速度奇快，橱窗陈列的变换频率更是一周两次，深受消费者喜爱。中国快时尚行业起步较晚，经过十余年发展，国际品牌仍占据领先地位，但一些本土品牌也逐渐崛起，并在行业内逐渐形成一定的竞争力，与国际品牌的差距逐渐缩小。

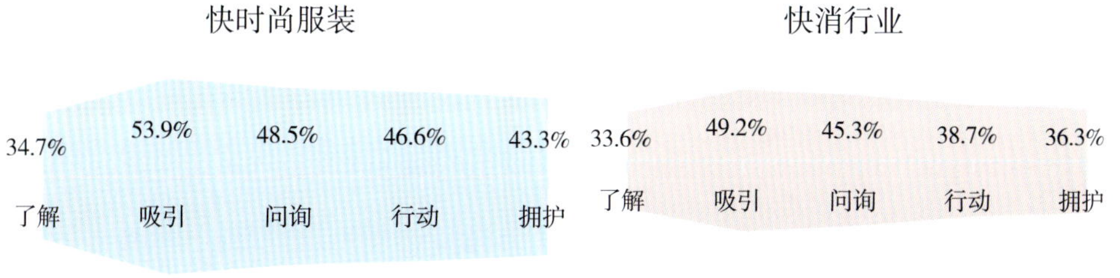

图 4-28　快时尚服装和快消行业质量消费体验特征

（6）母婴牛奶粉：品牌吸引力低但问询情况良好，行业品牌效应不显著

本次调研结果显示，母婴牛奶粉行业品牌吸引力较快消行业其他门类较低，消费者吸引率为48.8%。问询率高于快消行业平均水平，为47.3%，表明消费者更倾向于在购买前做更多的了解。品牌拥护率较低，为31.2%，行业品牌效应不显著，消费者更注重产品本身。自2016年10月奶粉注册制正式实施以来，受益于政策端的利好，内资奶粉品牌份额触底回升，以飞鹤为代表的国内龙头品牌增长势头强劲，外资品牌表现有所分化。随着人口红利消退，奶粉行业将逐步进入存量博弈阶段，在消费结构升级和育儿观念的推动下，产品细分和渠道细分趋势越加明显，消费者对低价产品的需求逐步弱化，转向寻求高品质和功能化的产品。

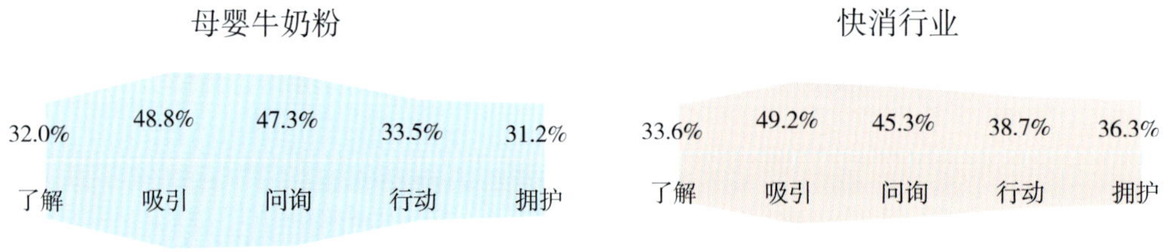

图4-29　母婴牛奶粉和快消行业质量消费体验特征

（7）童装童鞋：品牌知名度较低但吸引力强，销售转化情况良好

本次调研结果显示，童装童鞋品牌知名度较其他快消品类要低，消费者了解率仅为21.2%，但品牌吸引力较强，消费者吸引率为54.6%，消费者在购买前倾向于做更多的了解与问询，消费者问询率为50.3%，购买转化及品牌黏性较好，行动率及拥护率分别为45.1%、42.9%。现如今，消费升级趋势不断蔓延，童鞋领域，具有功能性的产品越来越受到消费者欢迎，童装颜值、个性化与舒适度越来越为消费者看重。儿童鞋服品牌也通过与国际IP跨界合作、新零售战略、体育活动赞助、娱乐营销等增添竞争优势，赢得消费群体的认可。

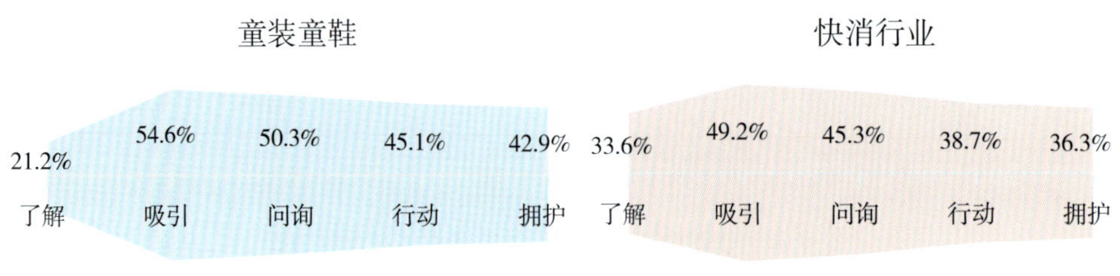

图4-30　童装童鞋和快消行业质量消费体验特征

（8）洗手液：吸引率、销售转化及品牌黏性表现突出

本次调研结果显示，相较其他行业而言，洗手液行业消费者吸引力较高，吸引率达 57.3%，消费者行动率及拥护率分别为 52.4%、48.9%，销售转化能力强且易形成品牌黏性。如今，洗手液销量逐年攀升，除普通家庭外，也逐渐在公共场所普及，市场普及度逐渐提升。市场上品牌繁多，产品品类也向消毒、抑菌、清香等多功能拓展。同时，疫情也加速了消费者对健康、卫生和安全的关注，加速了洗手液的普及和销量的提升。

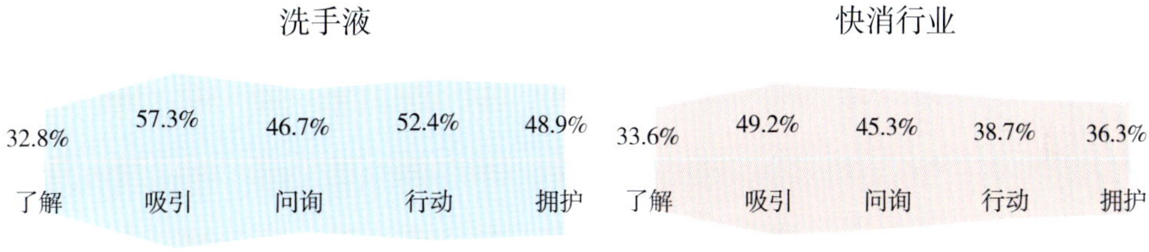

图 4-31　洗手液和快消行业质量消费体验特征

（9）运动鞋服：品牌知名度高于快消行业均值，但销售转化及品牌黏性较弱

本次调研结果显示，运动鞋服行业消费者了解率为 36.9%，品牌知名度略高于快消行业平均水平，消费者在购买前倾向于多加问询与考虑，问询率为 46.9%，销售转化及品牌黏性相对较低，行动率、拥护率仅为 31.6%、30.0%。近年来，运动鞋服在市场中的渗透率稳步提升，国际品牌长期占据主流，而随着国内运动品牌升级、产品研发能力的提升，产品定位从大众化逐渐向高端化发展，营收也逐年增长。随着国内中产阶级的崛起和消费风尚升级，对运动品牌的选择更注重品质与舒适，中高端的品牌面临越来越激烈的竞争格局。

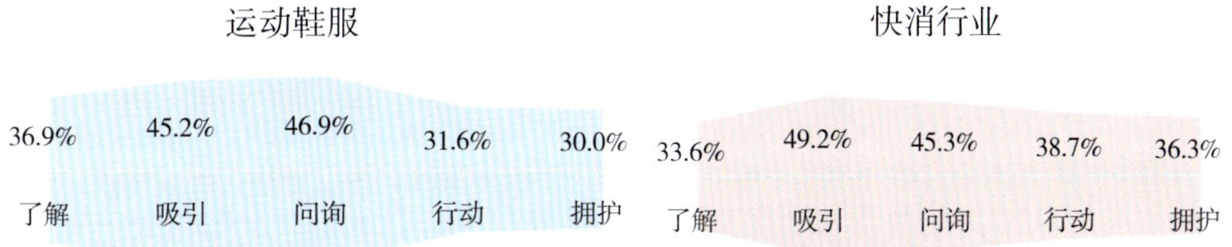

图 4-32　运动鞋服和快消行业质量消费体验特征

4. 快消行业消费体验趋势

快消行业的发展很大程度上反映了当下的时代特征，随着消费者需求变化而变化，

伴随着生产力和新技术进步而加速革新。如今，新兴消费主力的崛起、社会购买力的提升以及行业创新能力的加速，快消行业日益呈现出新的特征：品质高端化、消费年轻化、需求健康化。

品质高端化：随着居民收入水平的提高和消费观念的转变，以及年轻消费群体的崛起，中国市场正迎来新一轮消费升级浪潮，消费者更注重品质化的消费体验，品牌意识逐渐增强。这种趋势在各个品类的消费中可见一斑，从统一汤达人、海底捞自热火锅的兴起，到云南白药跃登口腔护理行业龙头，李宁定位高端产品后重新崛起，再到国际高端护肤品在国内市场占据主流……高端化成为快消品市场增长的关键驱动力。对于高端产品线的布局、品质化产品能力的提升、品牌形象的打造将成为快消企业的关键角逐。

消费年轻化：90 后、00 后逐渐成为消费主力，消费市场也随之呈现出更年轻化、个性化的特征。契合消费需求的新兴品牌崛起，传统品牌通过 IP 打造、跨界营销，呈现品牌年轻化的内涵，引起消费者共鸣。护肤美妆行业，老牌美妆品牌百雀羚通过革新包装，开发适合年轻人的产品线，借助直播、二次元等网络渠道传播，品牌得以重新焕发新生。茶饮料行业，果茶、奶茶等新产品的研发，带给行业新的增长点，也改变了传统茶饮市场的品牌格局。

需求健康化：现如今，品质、健康成为越来越多消费者的关注点，在消费升级的大趋势下，传统“不健康”的食品饮料遭受冲击，主打健康、无添加的食品异军突起，受到越来越多消费者的喜爱。茶饮走向无糖化，方便食品更注重健康和营养配比，婴幼儿奶粉品质成为消费者首要考量，药物型口腔护理产品销量猛增，这背后是消费新风尚的变化和消费能力的节节提升。

（三）数字经济

数字经济质量消费体验特征：了解率低但问询意愿强，使用转化好。

网络业态是由互联网形态演进、催生的经济社会发展新形态。随着科学技术的发展，传统行业与互联网实现融合，利用互联网的优势特点，创造新的发展机会。互联网通过其自身的优势，对传统行业进行优化升级转型，使得传统行业能够适应当下的新趋势，从而最终推动社会不断向前发展。

1994 年，第一条网线接入中国，开启了中国经济社会加速变革的转型期。依托于网络技术，人类生产生活的变化从未像过去几年这样频繁，各行各业呈现“互联网 +”

的融合趋势，行业和各种功能的网站升级迭起。商业借助网络发展，新闻、影音借助网络传播，社交搬到线上，公共服务在线上拓展，衣食住行集成在一个小小的手机里，生产生活得到极大的便利。在这一过程中，新业态也在不断涌现，4G、5G 网络的普及带来短视频、直播的繁盛，VR 加速改造游戏行业，互联网跨界融合已成为新常态，也成为引领经济增长的重要力量。2019 年，我国数字经济增加值规模达到 35.8 万亿元，占 GDP 比重达到 36.2%，数字经济在国民经济中的地位进一步凸显。

如今，我国互联网产业也正处于新的历史拐点，人口红利逐步减弱，国内市场加速向海外市场及农村市场拓展，技术红利向各行各业演进，持续赋能实体经济，对于传统行业来说，颠覆已成为新常态，商业逻辑伴随互联网技术进行拓展重塑，传统企业升级换代加速融合已成为应对新技术挑战的必由之路。

本次调研结果显示，数字经济行业内品牌层出不穷，用户整体了解率略低于行业总体，为 27.0%。各网络平台对用户有较强的吸引力，用户了解意愿强烈，对平台较为好奇，问询率达 69.6%。用户使用转化情况良好，优质平台具有长期的吸引力，吸引用户参与、使用，行动率、拥护率分别为 44.0%、38.5%。

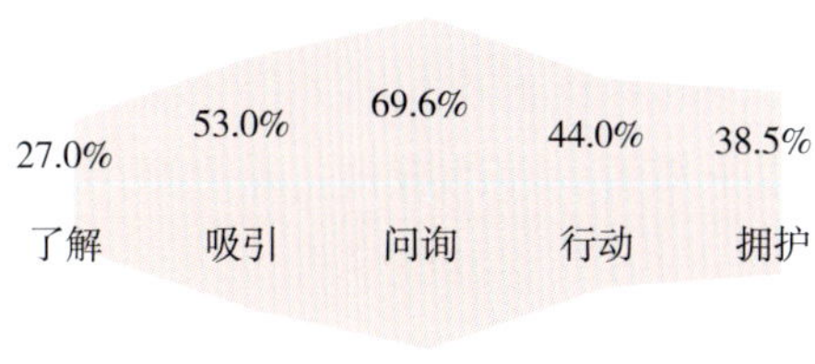

图 4-33　数字经济和行业总体质量消费体验特征

1. 数字经济分维度质量消费体验特征

（1）品牌性质：国内平台占据主导，品牌优势全面领先

整体来看，就网络平台而言，国内品牌整体表现优于国外品牌。用户对国内品牌认知度更高，了解率为 27.8%，国内平台整体吸引力更强，更易获得用户，且更具黏性，用户吸引率、行动率、拥护率分别为 53.3%、44.1% 及 38.7%。国内互联网平台凭借更本土化的用户体验设计、更适应中国市场的营销方式，在互联网发展中占据绝对优势；而国外网络平台以其创新力也同样受到国内用户喜爱。但较其他行业不同的是，互联网深受本国的风土人情与文化影响，本土化的品牌更具有天然的发展优势。

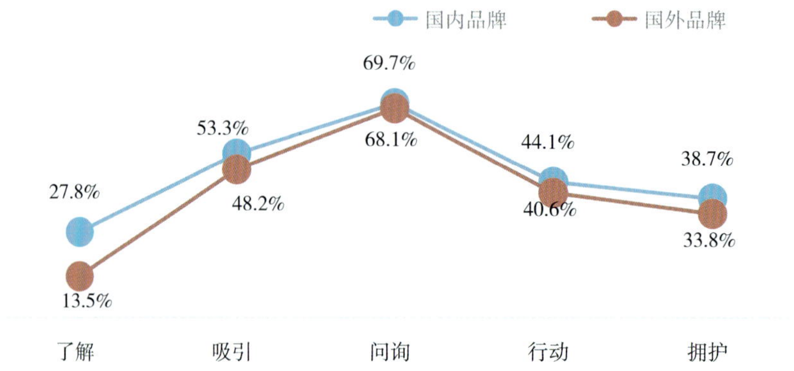

图 4-34　数字经济国内外品牌质量消费体验特征

（2）城市：一线城市用户对网络平台更了解，下沉地区转化率高

从城市来看，城市等级越高，用户对网络平台越了解，一线城市用户了解率为29.8%，三线及以下城市用户了解率为 24.0%。三线及以下城市用户较容易被网络平台吸引，其使用转化情况及平台黏性相对较高，吸引率、行动率、拥护率分别为57.2%、46.2% 及 41.8%。相对来说，一线城市用户对网络平台也较易产生兴趣并倾向于多加了解，其吸引率、问询率分别为 55.6%、71.8%，但在使用选择及平台依赖上要弱，该类人群行动率、拥护率分别为 41.5%、37.1%。如今，中国的移动互联网红利正在向新板块迁移，三线及以下城市，包括农村，是互联网新热土，无论是拼多多迅速在下沉市场普及，抑或“快手老铁”在网络平台发声，小城网民正迅速成为网络平台的广阔基石。

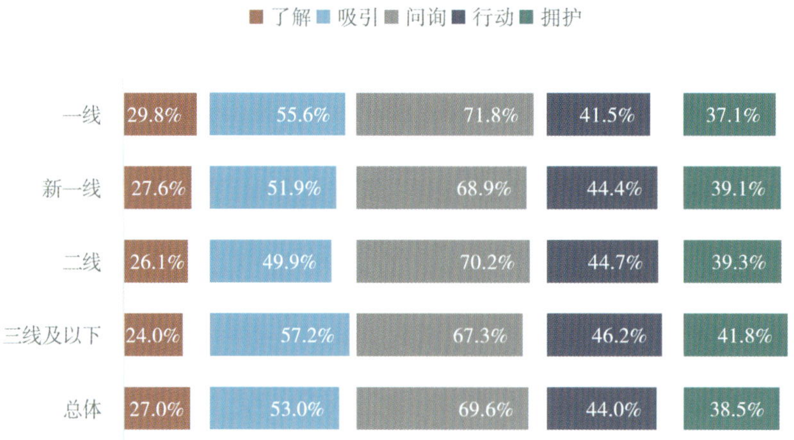

图 4-35　数字经济按城市级别划分的质量消费体验特征

（3）代际：00 后用户黏性低，80 后使用行动强

从代际来看，00 后群体对网络平台认识情况较好，但不易被吸引且问询意愿较低，用户了解率、吸引率、问询率分别为 25.7%、49.8%、58.6%。该类群体较难达成使用转化，平台忠诚度及推荐意愿相对较低，行动率、拥护率分别为 40.9%、35.9%。在网络时代成长下，00 后更注重个性化及趣味性，对平台也有更高的使用要求。90 后群体对网络平台认知情况最好，了解率达 28.5%，80 后群体最容易被吸引并进行询问及使用，其吸引率、问询率及行动率分别为 55.3%、73.3% 及 46.4%。整体来说，各年龄层在行动率上差别不大，智能手机和移动互联网的发展使网络平台交互更为简单、更易触达，无论是银发人群还是低幼人群，在数字经济上均能获得相对突出的使用体验。

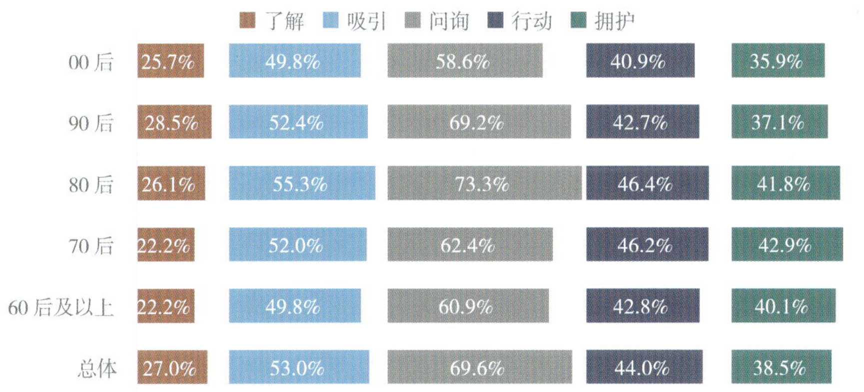

图 4-36　数字经济按代际划分的质量消费体验特征

（4）收入：高收入群体认知广，低收入群体爱尝试

从收入来看，收入水平越高的用户，对网络平台更为了解，高收入人群对网络平台了解程度最高，了解率为 30.9%。并且该类人群更容易被网络平台所吸引并进行更深度的了解与问询，吸引率、问询率分别为 55.0%、72.3%，但该类群体在使用选择上较为谨慎，且不易达成长久的平台黏性，其行动率、拥护率分别为 43.1% 及 39.2%。相对而言，低收入群体虽对平台问询意愿较低，但愿意尝试且易达成依赖。整体来看，不同收入水平的用户对数字经济的使用及拥护情况差别不大，而这也是互联网相较于其他行业所独具的特征，即较广泛的普惠性和包容性。在线教育将高质量的课程低成本地提供给落后地区，网络购物使下沉市场便宜且便利地进行消费，数字经济的发展为消费市场带来巨大的变革。

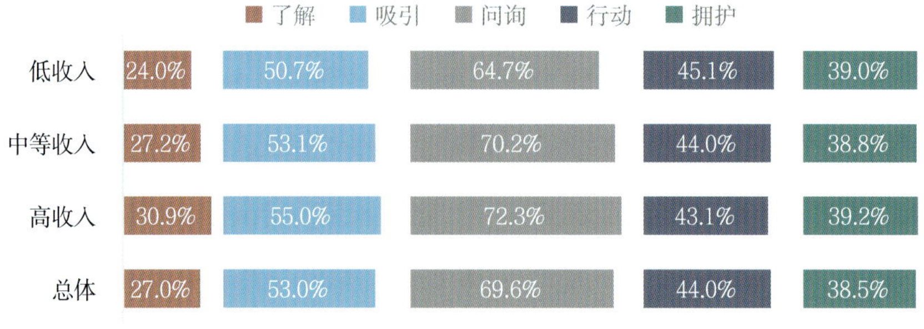

图 4-37　数字经济按收入划分的质量消费体验特征

2. 数字经济品牌了解渠道分析

互联网作为数字经济的主要载体，也是消费者进行品牌认知的主要途径。各网络平台借助短视频、社交平台等新型营销工具进行引流与传播，无论从传播时效或成本上，均具有其他行业不可比拟的优势。

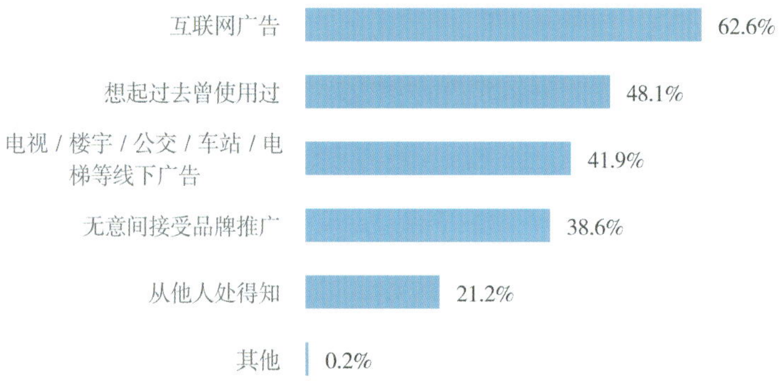

图 4-38　数字经济品牌了解渠道

3. 数字经济子行业质量消费体验特征

（1）网络购物：知名度高吸引力弱，新兴平台转化不佳

本次调研结果显示，网络购物平台整体认知度较高，用户了解率为 32.8%，但由于用户对平台选择较易产生依赖性，新兴平台整体吸引力及使用转化偏弱。整体而言，用户吸引率、行动率低于数字经济行业平均水平，分别为 46.8%、37.1%。自从电商行业在中国兴起后，网购消费在人们生活中的重要性不断提高，网购已成为消费者消费的重要渠道。而随着电商行业发展逐渐往头部靠拢，未来平台背书的作用将更加明显，口碑建设的重要性越加突出。电商平台开始探索更多新型电商模式，如社交电商、直播电商等创新模式涌现，对于流量的争夺趋于白热化。

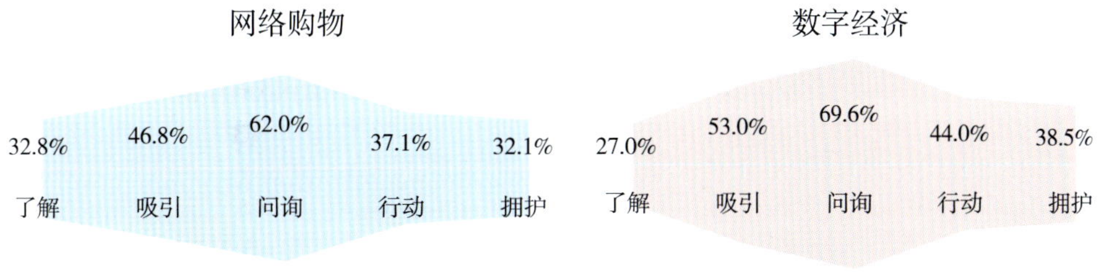

图 4-39　网络购物和数字经济质量消费体验特征

（2）餐饮外卖：整体表现高于数字经济平均水平，平台用户黏性领先

本次调研结果显示，餐饮外卖平台整体知名度高于数字经济总体表现，行业平台吸引力较强，用户了解率、吸引率分别为 28.5%、59.1%。作为一种新型便捷的用餐与购买方式，外卖平台整体使用情况及用户黏性表现较好，用户行动率、拥护率分别为 51.5%、45.8%。当前外卖产业规模能够持续增长还依托于当前头部外卖平台强大的大数据技术，依靠大数据分析和强大的运筹优化和机器学习，外卖平台得以完成从线上点单到线下配送的各个环节。而在消费升级趋势下，人们对外卖配送服务的要求越来越高，这也促使网络外卖平台不断加码以配送为核心的服务体系。

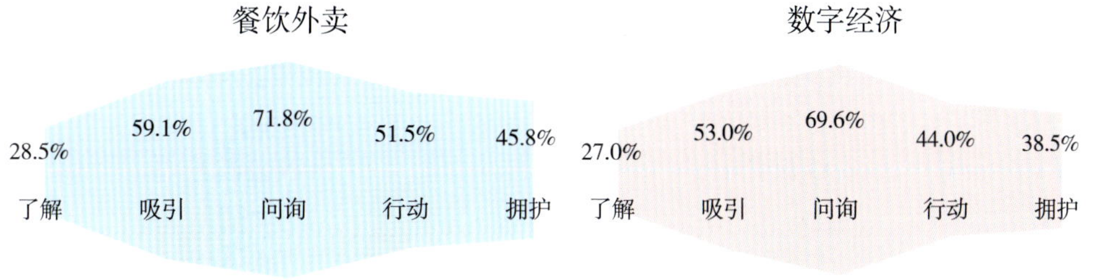

图 4-40　餐饮外卖和数字经济质量消费体验特征

（3）共享单车：知名度高使用转化好，行业品牌较为集中

本次调研结果显示，共享单车行业整体品牌表现突出，这与行业内品牌集中度高密切相关。用户对共享单车行业品牌了解率为 53.0%，吸引率、行动率及拥护率也遥遥领先于其他互联网业态，分别为 72.4%、80.2% 及 67.8%。近两年，在摩拜“卖身”美团，ofo 深陷困境后，共享单车行业格局趋向稳定。哈啰、美团（原摩拜）、青桔成为共享单车主要玩家，约占 95% 的市场份额。经过一轮整合后，行业正逐渐步入成熟期，头部企业不再使用高速扩张的市场策略，而是着手压缩运维成本，提升服务质量，谋求长期健康的可持续发展。共享单车企业经营重心转向服务方面，以达到留住用户

的目的。

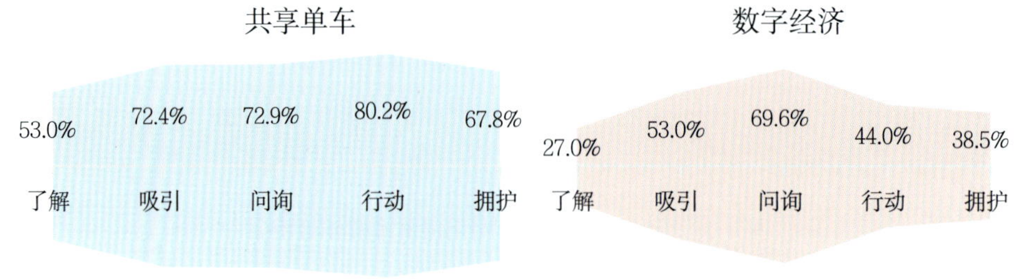

图 4-41　共享单车和数字经济质量消费体验特征

（4）在线教育：新兴平台迭起，行业整体认知使用偏弱

从本次调研结果来看，行业内品牌百花齐放，新兴平台不断涌现，用户对平台的整体认知较集中，新兴品牌发展仍较为有限，行业认知水平低于网络业态整体状况，用户了解率、吸引率分别为 21.8%、50.1%。品牌尚未形成足够的使用转化及长期的用户黏性，用户行动率、拥护率分别为 38.0%、32.5%。如今，在 5G、AI、云计算等技术发展及居民教育意识及需求增强的大背景下，在线教育仍处于蓬勃发展的阶段，行业竞争激烈，新模式新公司不断涌现，市场发展前景广阔。从内容端来看，在线教育也从传统的 K12 教育、语言教育向职业教育、兴趣教育等方向拓展，授课形式也从 PC 端拓展到移动端，灵活性及互动性逐渐增强。

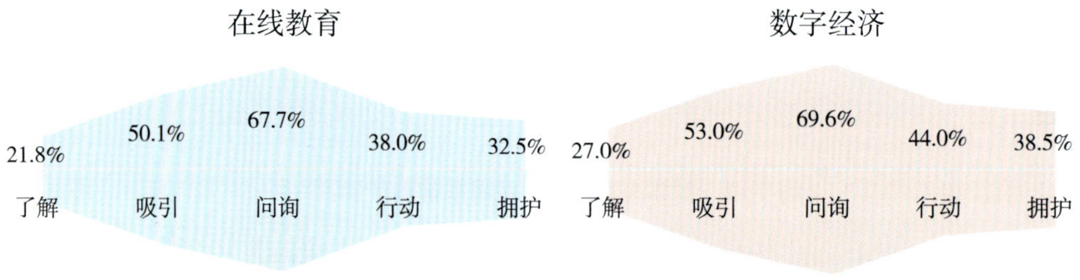

图 4-42　在线教育和数字经济质量消费体验特征

（5）移动支付：头部平台表现亮眼，新兴平台发展受困

本次调研结果显示，移动支付头部平台占据强势地位，新兴平台发展受困，行业认知度低于数字经济平均水平，用户了解率为 24.4%，平台吸引率及行动转化稍弱，用户吸引率、行动率分别为 41.0%、36.5%。移动支付行业以市场为主导，第三方支付企业占据行业主导地位，头部企业有较大领先优势，但细分支付领域和场景仍然具有发展机会，如联合 B 端企业、专注生活服务等，在各自优势领域发挥优势。目前政府出

台条码互联、试点数字货币 DECP 等措施，以官方资质加强市场监管和市场规范化。

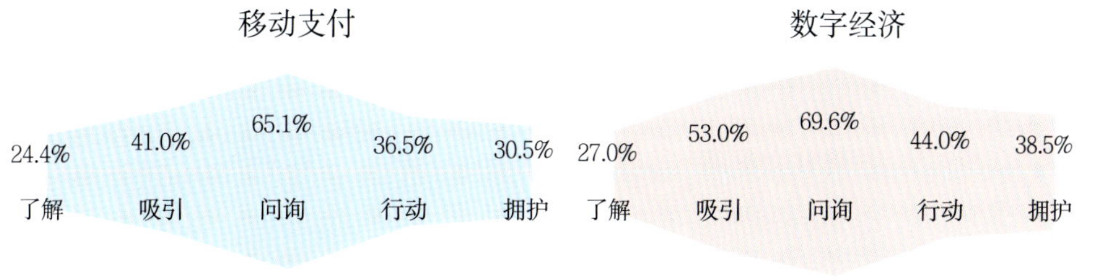

图 4-43　移动支付和数字经济质量消费体验特征

（6）即时通信：整体认知低但吸引力强，使用转化表现较好

本次调研结果显示，即时通信行业整体知名度略低于数字经济整体水平，头部平台占据绝对优势，其他平台未得到有效发展，用户对即时通信行业整体了解率为 25.0%。而从吸引及使用转化来看，即时通信平台吸引力普遍较强，且能达成较好的使用转化及用户黏性，用户吸引率、行动率、拥护率分别为 56.3%、49.7%、41.6%。如今，即时通信的产品功能越加丰富，不再仅是一个简单的聊天工具，更集合了资讯、娱乐、搜索、电子商务等多种功能，不断创新，通过互联互通，实现功能共享，为用户带来更新鲜和便利的使用体验。

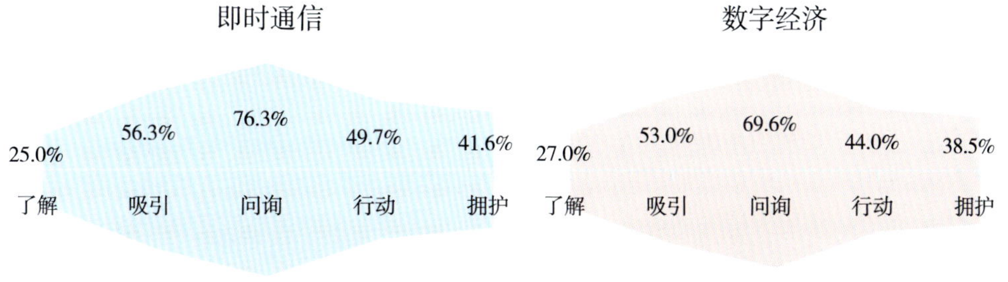

图 4-44　即时通信和数字经济质量消费体验特征

（7）网络社交媒体：知名度高使用转化弱，整体品牌表现不佳

本次调研结果显示，用户对于社交媒体平台了解程度相对较高但吸引程度较为不足，用户了解率、吸引率分别为 29.2%、47.5%。社交平台使用转化相对较弱，用户黏性偏低，行动率、拥护率分别为 35.4%、30.4%，头部平台拥有较多的用户关注及使用黏性，腰部尾部平台表现较为弱势。随着信息化时代的到来，传统媒体已不能满足大众的需求，越来越多的人开启了直播、视频拍摄等形式的分享，这也直接拉动了社交

媒体软件的数量增长，扩大了社交媒体的市场。社交媒体呈现开放化、专业化的发展趋势。如今，用户对于社交媒体的需求更为个性化，垂直内容领域的平台崛起，满足用户对于内容的诉求及不同场景下的社交需要。

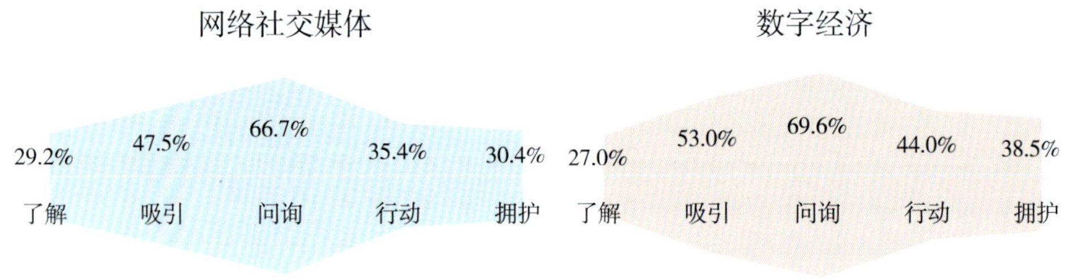

图 4-45　网络社交媒体和数字经济质量消费体验特征

（8）网约车出行：行业品牌表现突出，知名度领先

从调研结果来看，网约车平台整体知名度较为领先，用户对平台的了解率为33.2%。用户较容易被平台吸引并进行更深度的问询与了解，吸引率、问询率分别为54.6%、74.6%。从使用情况来看，网约车平台普遍能达成较好的使用转化及长期的用户黏性，用户行动率、拥护率分别为46.4%、41.2%，整体品牌表现较为突出。如今，网约车行业规范度逐渐提升，行业由补贴战转向服务体验提升，企业间资源整合加强，美团、高德等企业在平台上接入多家出行服务商，通过规模效应聚合用户资源，同时拓展经营模式，以自运营与加盟并行方式，打造专业化的出行服务，提升服务品质。

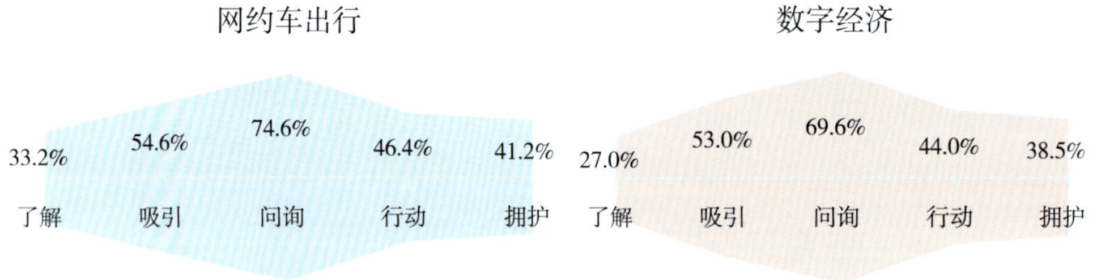

图 4-46　网约车出行和数字经济质量消费体验特征

（9）知识付费：知名度低吸引力强，用户黏性表现突出

本次调研结果显示，知识付费平台整体知名度偏低，用户对平台的总体了解率为17.9%，但平台吸引力强，转化情况良好，用户吸引率、行动率分别为57.0%、48.4%，并且用户对平台有较强的黏性，知识付费行业平台拥护率达42.8%。随着中国

经济的发展及整体消费水平的提升，用户对优质内容付费的认可度和意愿也随之增强，越来越多的内容生产者入局行业，知识付费市场内容不断积累，但与此同时，同质化也越来越明显，垂直化、细分化正成为知识付费领域的发展趋势，大众化平台逐步向专业化细分产品转化，知识付费场景正在逐渐扩宽。

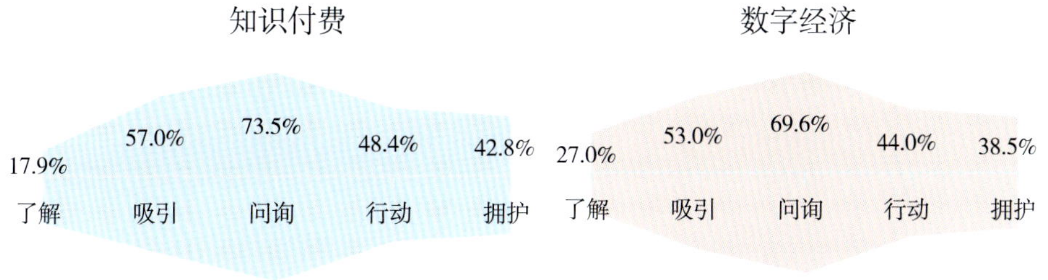

图 4-47　知识付费和数字经济质量消费体验特征

（10）互联网医疗：吸引力高问询情况好，平台使用广泛

本次调研结果显示，互联网医疗平台整体知名度稍低，用户了解率为 26.3%。但相对其他互联网业态而言，线上医疗对用户具有较强的吸引力及了解欲望，用户吸引率、问询率分别为 61.5%、77.3%。同时，平台使用转化及用户黏性均较为突出，用户行动率、拥护率分别为 51.4%、46.6%。技术的革新及政策支持是行业发展的主要推动力，除线上问诊、远程诊疗等模式外，互联网医疗目前仍在积极探索其他类服务模式，如互联网 + 健康管理、网约护士、健康商城、商保服务等，行业具有广阔的发展空间。

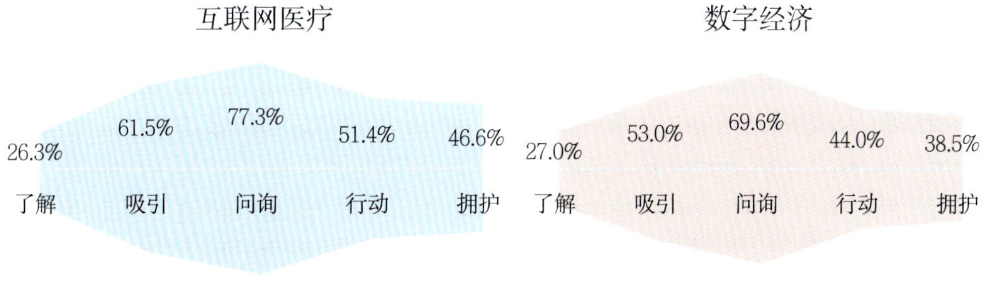

图 4-48　互联网医疗和数字经济质量消费体验特征

（11）影视听娱乐：知名度高行动率低，平台选择较为分散

本次调研结果显示，影视听娱乐行业企业类型众多，内容范围广泛，用户往往根据自己的偏好进行平台选择，并对个别平台产生依赖，平台的使用整体较为分散。整体来看平台知名度略高于其他网络生态，用户了解率为 28.4%，但吸引率较低，仅为

43.8%。用户的问询率及行动转化不强，对平台也较难产生长期的黏性，问询率、行动率、拥护率分别为 62.0%、29.2% 及 25.5%。目前，我国互联网行业进入下半场，影视听娱乐行业也进入新阶段，头部网站资源优势越发集中，行业竞争也更为精细化，更注重垂直内容的深耕、用户体验及用户留存时长，而 5G、AR、VR 等新技术的应用也将给影视听娱乐行业带来全方位的体系重塑与体验升级。

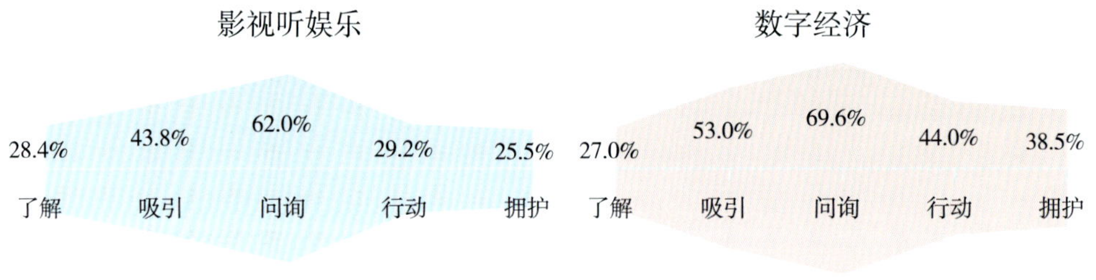

图 4-49　影视听娱乐和数字经济质量消费体验特征

（12）线上办公：知名度低但吸引率高，使用转化平台黏性表现好

本次调研结果显示，线上办公平台整体知名度低于数字经济平均水平，用户了解率为 24.8%，但较容易被平台吸引及进行了解问询，用户吸引率、问询率分别为 56.2%、73.1%。行业使用转化及用户黏性整体较高，用户行动率、拥护率分别为 46.6%、41.8%。随着互联网技术的发展、移动办公软件的兴起、虚拟现实技术的发展，远程办公已经成为一种新的工作方式。2020 年的新冠肺炎疫情也加速了远程办公的发展，远程在线培训、居家办公、视频会议、网络课堂等多元线上办公方式得到普及，促进了行业的爆发。疫情期间，中国有超过 1800 万家企业采用线上远程办公模式复工，共计超过 3 亿人使用在线办公应用。

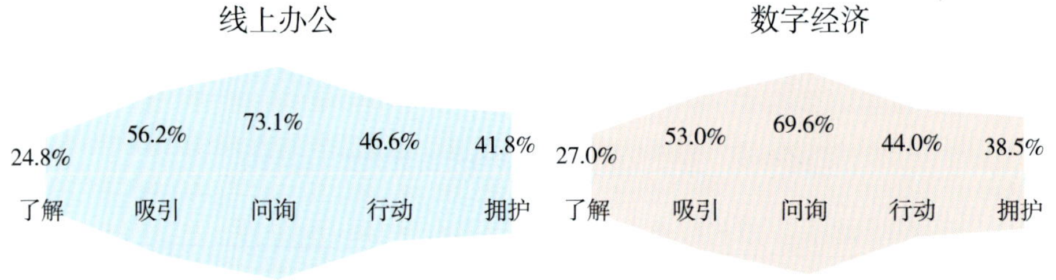

图 4-50　线上办公和数字经济质量消费体验特征

（13）线上直播：整体品牌表现良好，品牌认识及使用转化较高

本次调研结果显示，线上直播平台整体品牌表现较好，知名度领先于数字经济平均水平，用户对平台了解率为29.1%。同时，线上直播平台使用转化及用户黏性表现突出，用户行动率、拥护率分别为47.6%、41.2%。5G技术革新为直播行业带来了巨大的发展空间。尤其是进入2019年以来，巨头纷纷布局直播平台，行业进入加速发展的白热化竞争状态。传统直播平台加速内容转型，进行泛娱乐内容布局，新兴短视频巨头加大直播平台曝光及商业化探索，电商平台以直播作为新的内容营销布局，发挥直播展示效果及互动性特长进行电商新尝试，直播正以前所未有的关注度进入大众视野。

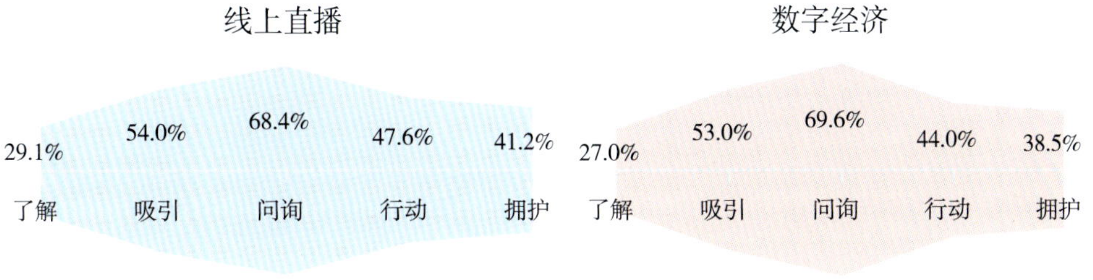

图4-51　线上直播和数字经济质量消费体验特征

（14）短视频平台：知名度领先使用转化好，用户黏性较强

本次调研结果显示，短视频行业整体品牌表现在互联网业态中较为领先，平台知名度整体偏高，用户了解率为31.3%，使用转化及用户黏性表现突出，用户行动率、拥护率分别为49.5%、42.5%。在移动互联网时代，随着4G的普及和5G的加速推进，短视频行业进入发展红利期，以其传播碎片化、信息承载量高的特性广受用户喜爱。各类互联网应用不断丰富内容，引入短视频板块，独立短视频平台面临更加激烈的市场竞争，逐渐形成以抖音、快手为代表的产品格局，流量马太效应显现。如今，短视频行业监管逐渐加强，平台和内容创作者的门槛都在提升，但垂直赛道及内容创作等细分方向仍有较大的发展空间。

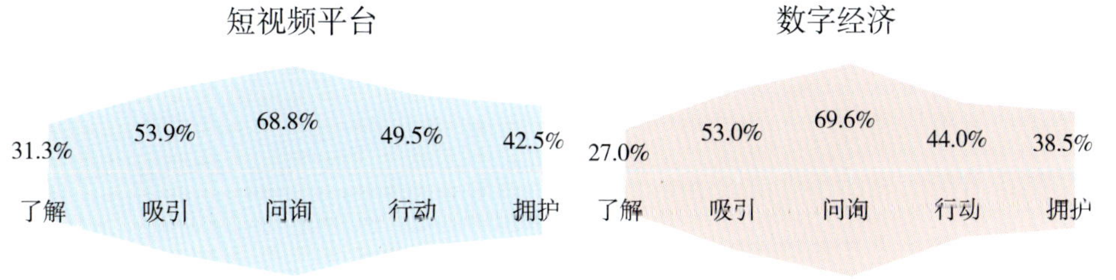

图4-52　短视频平台和数字经济质量消费体验特征

（15）共享住宿：平台吸引力强，使用转化及品牌黏性占优

本次调研结果显示，共享住宿平台对用户整体吸引力偏高，且能达成较好的使用转化及长期的平台黏性，用户吸引率、行动率、拥护率分别为 69.9%、62.9%、57.5%，相较于其他互联网业态表现更为出色。基于 O2O 电商新型模式，共享住宿平台提升信息源聚合与分发的效率，为用户提供更为广泛、便捷的居住新选择。政策的支持、资本的加持、个人房东和房源数量的增长、综艺节目的普及、共享住宿的观念深入人心等一切行业利好因素推动中国共享住宿行业迎来发展的红利期。未来，民宿房源将面向品牌化、智能化、合法化和平台化方向不断深化。

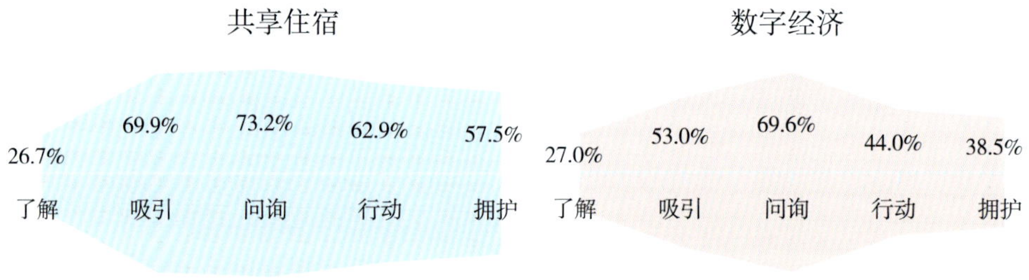

图 4-53　共享住宿和数字经济质量消费体验特征

（16）旅游平台：知名度低但吸引力高，平台用户黏性较强

本次调研结果显示，用户对在线旅游平台整体了解情况偏低，但较易被吸引，用户了解率、吸引率分别为 25.9%、54.8%。相对于其他业态而言，用户在使用旅游网站前倾向于多加问询了解，使用转化稍偏弱但平台黏性较强，用户问询率、行动率、拥护率分别为 73.2%、43.6%、39.4%。如今，在经历了激烈的行业竞争之后，国内在线旅游市场基本稳定，携程、去哪儿合并占据在线预订平台主要业务规模，其他平台以差异化和服务为主打，在垂直市场占有重要份额，从预订、内容、团购等诸多方面为消费者提供各类在线旅游服务。

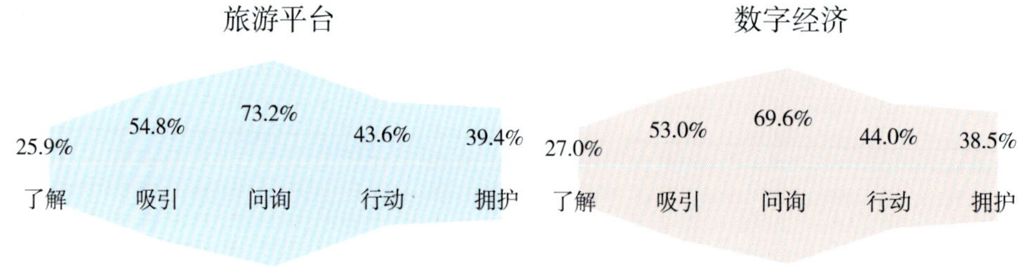

图 4-54　旅游平台和数字经济质量消费体验特征

4. 数字经济消费体验趋势

新技术的爆炸式发展使网络业态发生更深层次的变革，互联网由技术形态走向社会应用，引发社会生活的诸多变化，我们似乎经历了一个前所未有的快速发展时期。而伴随着新的技术和社会革新，网络业态也呈现出新的发展趋势，从客群到体验，从技术应用再到生产发展，网络在方方面面赋能我们的生产生活。

更下沉的用户基础：目前我国低线城镇地区的消费市场正处于高速发展时期，而随着国内移动互联网的蓬勃发展，继一二线城市后，三四五线及以下城市的互联网消费正快速增长，互联网下沉市场开始展现出旺盛消费潜力。无论是拼多多借助下沉市场实现逆袭，还是快手在下沉市场的全面覆盖，下沉市场将成为互联网下半场的必争之地。

更极致的用户体验：互联网诞生之初伴随着激烈的竞争，从群雄割据到寡头垄断，头部平台往往占据各行业大部分流量和用户体量。如今，互联网行业进入精耕细作的运营阶段，头部平台为维持市场占有在用户体验上注重极致创新，新兴平台则倾向聚焦垂直领域，通过创新化和垂直领域的深耕获取市场空间。

更前卫的科技应用：技术从未停止发展演进的步伐。从 PC 时代到移动互联，再到如今 5G、AI、云计算、大数据、VR 等新兴技术崛起，将引发各个细分领域更深层次的变革。信息传输更具效率，网络生态更加智能，数据处理更为精准，远程体验更加真切，我们或许将要迎接一个万物互联万物智能的时代。

更深度的产业融合：互联网自诞生以来，深刻改变了居民的日常生活，从沟通到购物，从资讯获取到自媒体发声，从出行到居住，衣食住行的方方面面都因互联网而更为便利。如今，互联网的产业融合趋势进一步加强，从消费端迈向产业端，与实体经济实现更深层次的融合。云计算、工业互联网等技术基础成为企业数字化转型的重要动力，传统企业将借助互联网实现新的转型升级。

（四）服务业

服务业质量消费体验特征：知名度略低，问询意愿弱，直接的使用转化情况好。

随着居民消费升级以及我国产业结构发展，作为第三产业的服务业增速逐渐提升，对经济增长和就业的贡献率不断提高，已成为国民经济的主要支柱领域。服务业消费也日益成为居民最青睐、最活跃的消费领域。文化娱乐、休闲旅游、餐饮健康、教育体育等的消费支出占比逐渐增加，居民的消费意愿提升，呈现出一派欣欣向荣的发展态势。

从需求端来看，居民收入水平的不断提高、人口结构和人口素质的变化，使其对服务业的需求规模、结构和品质等均发生显著的变化，服务消费升级趋势显著，由同质化、生存型、功能型、单一型的服务消费需求向差异化、享受型、品位型、综合性服务消费需求演进。

从供给端来看，技术进步和商业模式创新对服务业的供给方式、供给效率产生重要影响，受益于数字技术以及“服务业＋互联网”等商业模式的发展，线上供给方式在我国消费服务业得到广泛应用，在为消费者提供优质、高效、便利服务的同时，显著地带动了服务类网络消费支出的增加，也更大限度地释放了服务消费增长的潜力。

从品牌端来看，起初，服务业以小企业、小店铺为主要形态，如今其连锁化、规模化与品牌化效应逐渐增强，传统企业改造升级，新兴品牌崛起，占据年轻消费市场。国外企业以其连锁化经营和品牌效益、服务水平在国内迅速占领市场，国内品牌利用本土优势进行改造创新，提升行业竞争力和品牌效益，在市场上逐渐站稳脚跟。

本次调研结果显示，服务业品牌整体知名度略低于总体，但对消费者具有较强的吸引力，这与行业内品牌众多，更迭频繁，呈欣欣向荣的发展势头密切相关。消费者的服务使用是直接而迅速的，问询意愿较低，问询率为 58.6%。品牌在使用转化和消费者拥护上较为突出，行动率、拥护率分别为 47.1%、41.0%，表明服务业整体消费情况良好，消费者购买意愿较强。

图 4-55　服务业质量消费体验特征

1. 服务业分维度质量消费体验特征

（1）品牌性质：国内外品牌认知相当，国内品牌使用转化好

与发达国家相比，我国服务业起步较晚但发展迅速，服务业品牌在国内也经历了从外来品牌引入，占据市场主导，到国内品牌崛起，凭借本土化的打造而渐渐领先，并在国内市场逐渐占据主流的发展历程。整体来看，在服务业领域国内品牌整体表现占优，从认知及吸引来看，国内品牌与国外品牌差异较小，品牌知名度相当，对消费

者吸引力相近，但国内品牌略高，了解率、吸引率分别为 27.9%、52.8%。消费者对国内服务业品牌了解意愿更强，问询率为 59.4%，在使用转化及品牌黏性上，国内品牌也处于优势地位，消费者行动率、拥护率分别为 48.4%、42.0%。然而，国外品牌在国际化上优势明显，国内品牌虽在本土日渐兴起，但在国际化打造及对外输出上仍有一定差距。

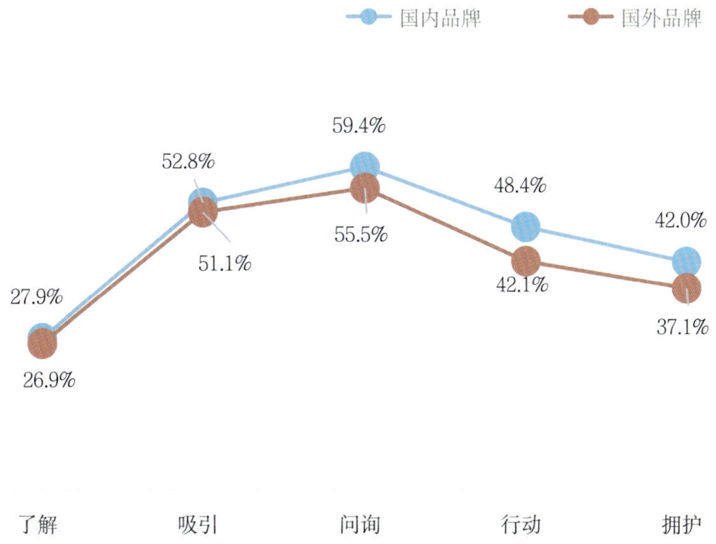

图 4-56　服务业国内外品牌质量消费体验特征

（2）城市等级：一线城市认知广，下沉市场黏性高

从城市等级来看，服务业品牌了解率与城市等级呈正相关，一线城市消费者品牌了解率最高，为 30.5%，三线及以下城市消费者品牌了解率最低，为 25.8%，这也与城市服务业发展水平密切相关。而品牌吸引率与城市等级呈负相关关系，城市等级越高，消费者越不易被品牌吸引，服务业品牌在下沉市场有更强的吸引率，三线及以下城市消费者吸引率为 55.0%。而一线与新一线城市消费者倾向于多加了解与问询，新一线群体问询率为 60.1%。品牌使用转化及品牌黏性与城市等级呈负相关，下沉市场容易被品牌吸引并促成消费，三线及以下城市消费者行动率为 50.7%。而一线城市消费者品牌黏性较弱，消费者拥护率仅为 38.6%。从消费特征来看，三线及以下城市消费者更愿意信赖“大品牌”，倾向于选择被家人、朋友和整个社会广泛认可的品牌，因此，虽然其对品牌的整体认知较低，但对头部品牌的认知度及品牌黏性反而较高。同时，近年来

三线及以下城市中产阶级及富裕阶层消费者增长速度提升，同时这些城市生活成本较低，消费者可自由支配收入较高，消费信心更足，消费意愿表现强烈。

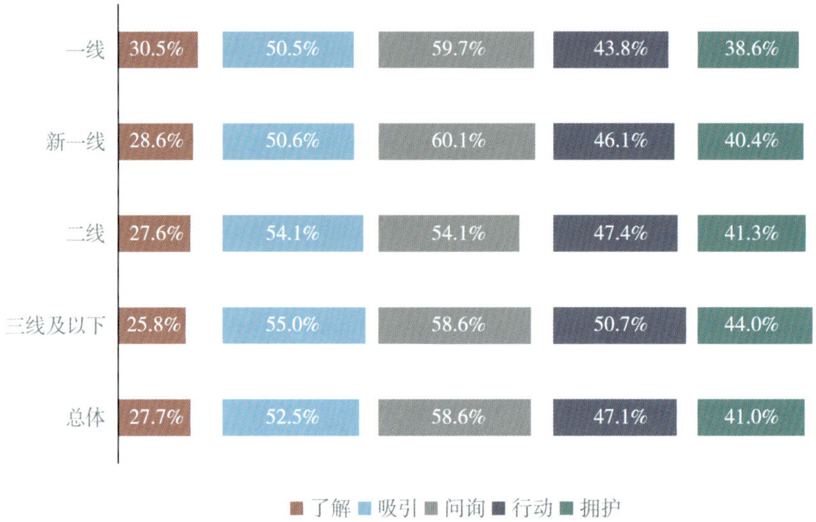

图 4-57　服务业按城市等级划分的质量消费体验特征

（3）代际：90 后认知广，80 后行动力强

从代际来看，90 后对服务业品牌了解程度最高，了解率为 29.1%，但品牌对该类人群的吸引力有限，在使用转化上表现一般，90 后吸引率、行动率分别为 51.3%、46.4%。00 后、90 后相对较为年轻，多数在读书或处于工作早期，消费实力相对不足，服务业消费上也往往讲求性价比，追求平价消费。80 后问询意愿较为强烈，问询率为 60.7%，行动率高，为 47.9%，且该类人群易达成对服务业品牌的拥护，拥护率为 42.6%。中年人群享受到中国经济快速腾飞的红利期，积累了较多的个人财富。而目前我国高净值人群也主要集中在 40—50 岁，他们有较为雄厚的资本积累，也乐于进行服务业享受型消费，无论是在购买达成还是品牌选择上往往偏高端化，也因此更能享受到高端品牌的优质服务，对品牌的感受更好。

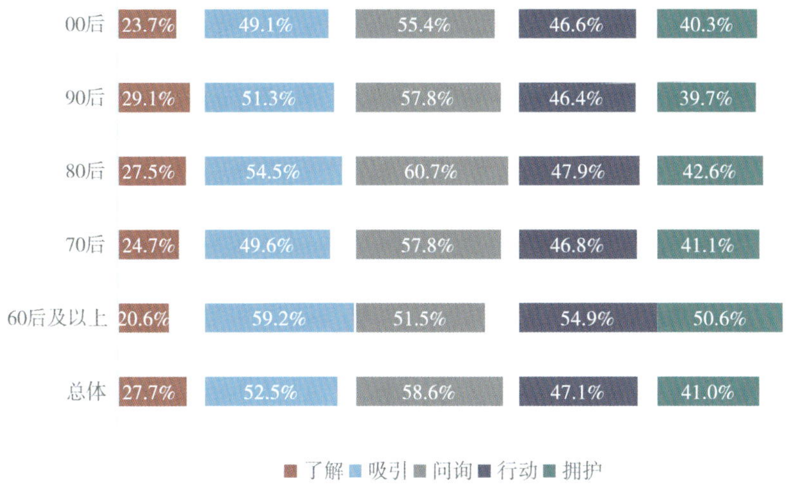

图 4-58 服务业按代际划分的质量消费体验特征

（4）收入：高收入人群认知广，中等收入人群品牌黏性高

从收入来看，收入水平与消费者对服务行业的认知呈正相关关系。高收入人群对服务业品牌最为了解，了解率为 31.3%，且该类人群容易被品牌所吸引，吸引率为 55.0%。从使用转化和品牌黏性来看，不同收入群体差距较小，中低收入人群更愿意进行服务业消费，而中等收入人群较容易对品牌形成依赖，拥护率为 41.3%。高收入人群对品牌依赖性较小，更愿意多类型尝试。整体而言，中、高收入人群消费体验感受更为积极。目前，中等收入人群正处于从小康型向富裕型消费的转变时期，“升级型”消费明显，从讲求消费数量向讲求消费质量转变，加上多年的储蓄积累，消费开始多样化，购买力及购买行为较为活跃。其消费结构开始加快变动、转型、升级。

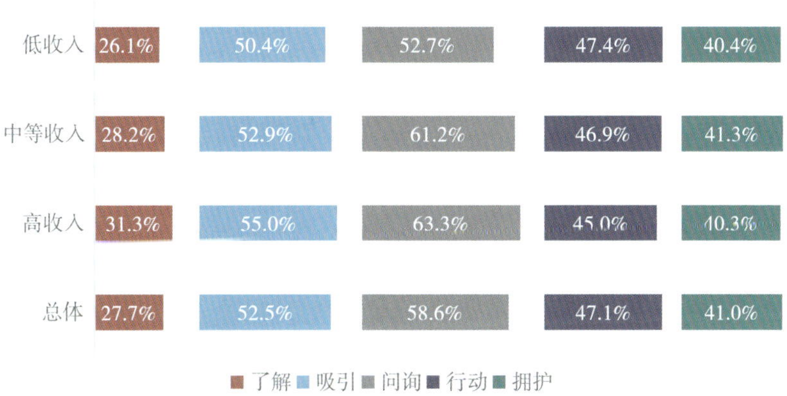

图 4-59 服务业按收入划分的质量消费体验特征

2. 服务业品牌了解渠道分析

就服务业而言，消费者的个人体验是其对品牌认知的主要途径，因而其对品牌的印象也往往源于消费中的体验感。过去的使用经历对其认知、复购产生重要影响。同时，互联网及电视 / 楼宇 / 公交 / 车站 / 电梯广告等数字化途径与线下营销，也对消费者的品牌认知产生重要的影响。

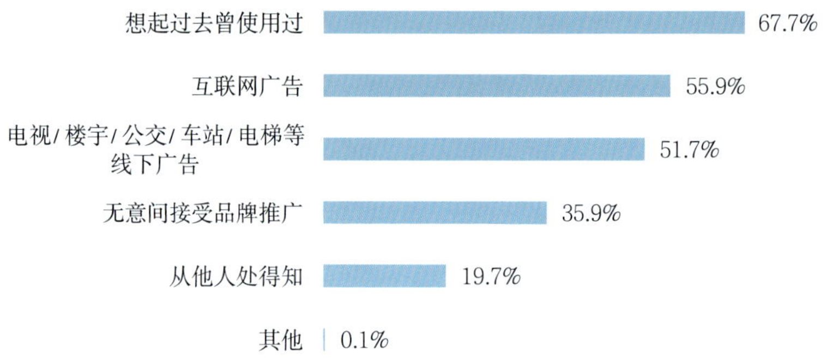

图 4-60　服务业品牌了解渠道

3. 服务业子行业质量消费体验特征

（1）保险业：知名度低吸引力强，易达成购买转化

本次调研结果显示，保险业整体品牌认知较服务行业偏弱，消费者了解率仅为 20.1%。行业品牌吸引力较强，吸引率为 60.7%，消费者在购买前倾向于对品牌多加问询，并能达成较高的消费转化，用户问询率、行动率分别为 63.3%、55.0%。如今，随着人口结构的改变以及居民保障意识的增强，保险行业迎来发展的红利期。而以大数据、人工智能、区块链等为代表的新科技也加速了行业变革，与此同时，严格的市场行为监管和费率市场化的推进，也为行业带来更加规范、公平、透明的市场竞争环境，行业逐渐从粗放走向精耕细作，实现高质量发展。

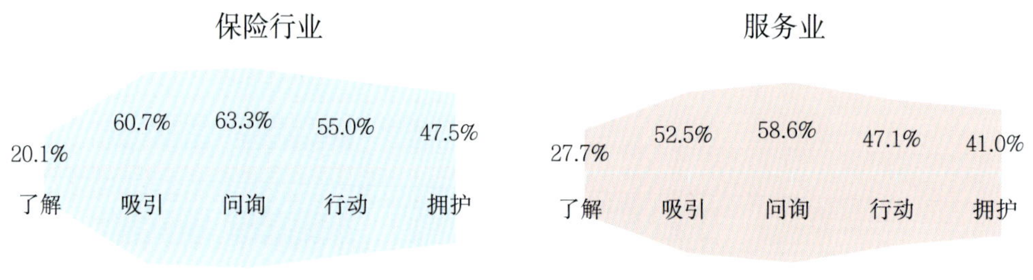

图 4-61　保险行业和服务业质量消费体验特征

（2）餐饮行业：知名度高吸引力有限，难以形成长期品牌依赖

本次调研结果显示，消费者对餐饮服务行业了解程度较高，但单一品牌对消费者的吸引力较弱，消费者了解率、吸引率分别为30.8%、46.6%，且消费者乐于尝鲜，难以达成对单一品牌的长期黏性，品牌拥护率仅为29.8%。随着居民生活水平的提高，餐饮业逐渐从温饱到满足口腹之欲，为居民提供更多元化的选择。“洋快餐”面向本土化进行更多的创新，力图更适应国民口味要求。本土餐饮走上连锁化、品牌化的发展路径，而绿色、健康、安全也成为越来越多人的诉求，中国餐饮行业从粗放向精细化发展。

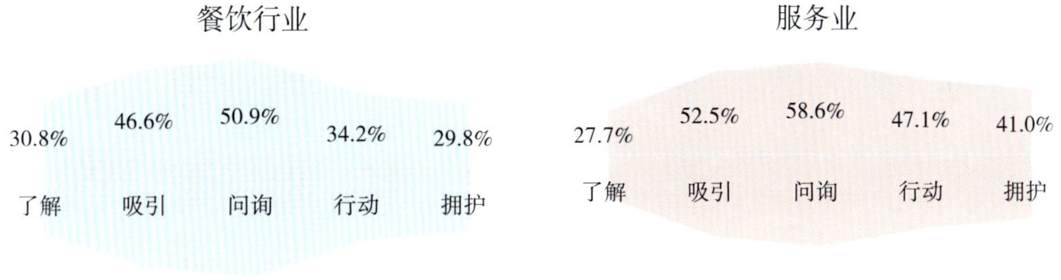

图 4-62　餐饮行业和服务业质量消费体验特征

（3）电影院：知名度高吸引力强，消费转化良好

从本次调研结果来看，电影院行业整体品牌表现突出，这也与行业品牌集中度高密切相关，大品牌占据行业主导，消费者对品牌普遍了解程度较高，且易被品牌吸引，了解率、吸引率分别为30.0%、56.4%。而从消费层面来看，观影消费额近年来持续上升，院线消费活力上涨，调研结果也显示电影院行业消费者行动率、拥护率分别为57.1%、49.4%，高于服务业均值。伴随着居民生活水平的提高和房地产市场的发展，国内电影行业呈现快速发展的势头，电影院数量从2002年的872家增长到2019年的12408家，地区分布从大城市向县域郊区、中西部地区发展，影院分布越发广泛。

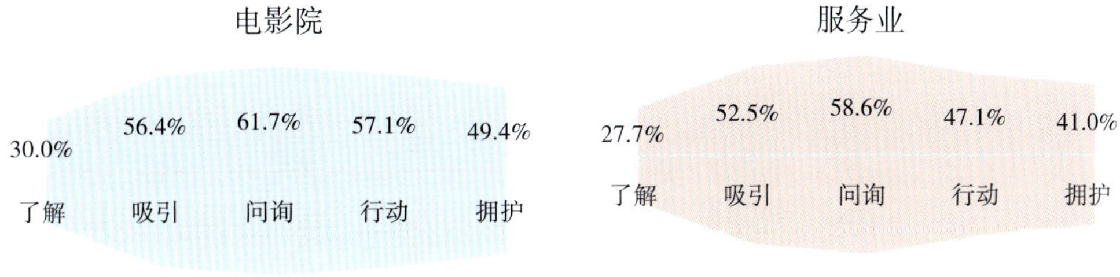

图 4-63　电影院和服务业质量消费体验特征

（4）航空服务：品牌集中且转化率高，整体表现强势

本次调研结果显示，航空业品牌表现较为突出，行业内品牌较为集中，整体知名度、吸引力处于强势地位，用户了解率、吸引率分别为 29.6%、63.3%。而从出行选择中，头部品牌成为消费者首选，品牌依赖性较高，消费者行动率、拥护率分别为 65.1%、59.3%。航空业品牌垄断性较强，品牌格局从国有为主到如今市场化竞争涌起，市场也从供不应求到供大于求的阶段，行业竞争日益激烈。如今，航空业受疫情影响面临巨大冲击，各航司为提升现金流水平分别推出“随心飞”“快乐飞”等优惠活动。疫情尚未结束，航空业仍面临较为严峻的发展环境。

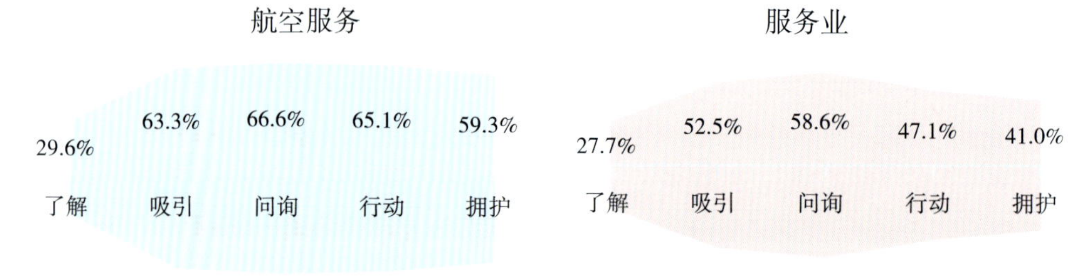

图 4-64　航空服务和服务业质量消费体验特征

（5）快递服务：品牌较为知名，但吸引力有限，缺乏长期品牌黏性

从调研结果来看，作为生活服务品牌，快递业整体品牌知名度高，但吸引力弱，消费者了解率、吸引率分别为 48.2%、44.9%。品牌整体表现较弱势，对消费者难以形成长期的吸引力，消费者拥护率仅为 33.6%。伴随电商的发展，快递行业从一二线城市向下沉市场逐渐普及，如今，行业竞争越发激烈，头部企业领先优势持续扩大，二三线企业受冲击明显，加速出清。电商平台自主布局或行业联动，对快递行业渗透力日渐增强，行业对服务质量要求日益提升，企业进入精细化发展阶段。

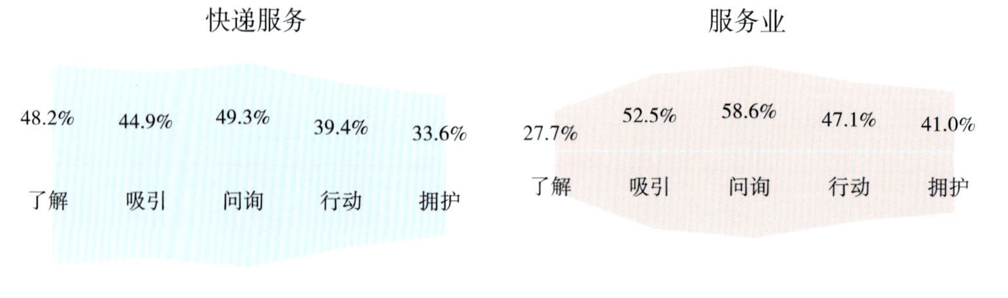

图 4-65　快递服务和服务业质量消费体验特征

（6）连锁酒店：品牌繁多，整体知名度有限，消费者问询意愿强烈

从调研结果来看，消费者对酒店行业品牌了解度偏低，仅为20.9%，这也与酒店行业品牌众多、整体较为分散密切相关。行业内整体品牌表现较服务业总体稍弱，品牌吸引率、消费者行动率分别为51.1%、46.1%。但消费者倾向于选择前对酒店品牌多加了解，并且品牌黏性相对较高，消费者问询率、拥护率分别为59.5%、40.0%。如今，酒店市场也逐渐饱和，呈现存量整合的发展态势，头部品牌以并购形式实现资源整合，连锁酒店有更强的扩张力，而单体酒店的发展空间则逐渐压缩，市场上品牌集中度越发增强。在消费升级的趋势下，品质、舒适的精品酒店也受到越来越多消费者青睐。

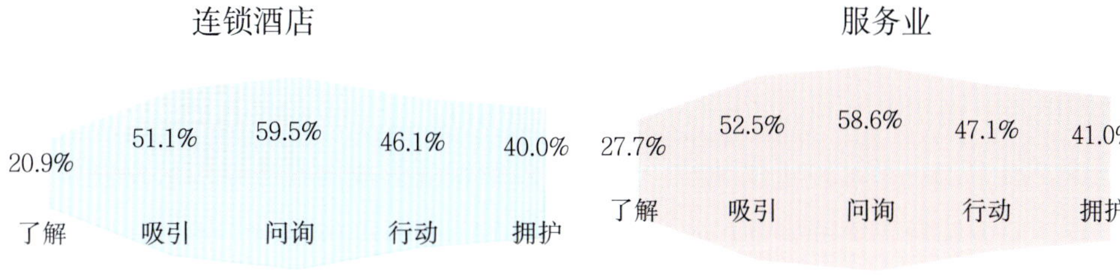

图4-66　连锁酒店和服务业质量消费体验特征

（7）商超便利店：轻量随手式使用为主，品牌效应不显著

从调研结果来看，作为“品牌大户”，商超便利店门类下品牌众多且类型广泛，消费者整体了解率偏低，仅为24.3%。轻量、随手式的使用场景下，品牌难以对消费者形成长久的吸引力，消费者品牌吸引力、品牌黏性表现偏弱，吸引率及拥护率分别仅为50.3%、38.2%。如今，随着城市消费水平的提高，消费升级使商超便利店市场存在巨大的发展机遇。以数字化为驱动，以品质为主打的零售企业有了越来越广阔的发展空间。而在另一端，便利店以其即时消费、应急性购物的方式也得以发展，作为社区型零售的代表，成为商超的良好补充。

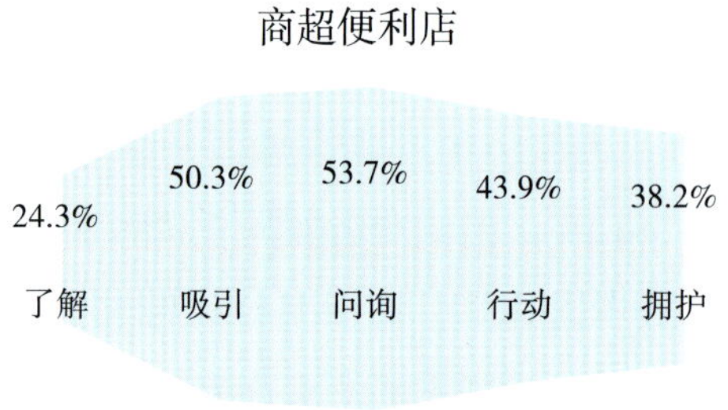

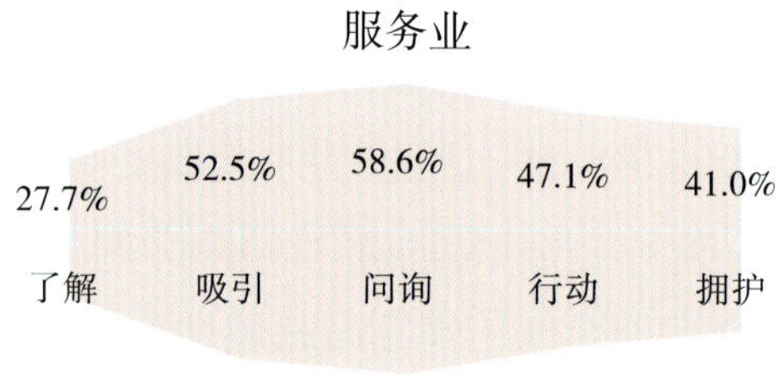

图 4-67　商超便利店和服务业质量消费体验特征

（8）银行业：消费者问询意愿强烈，品牌黏性突出

本次调研结果显示，银行业品牌了解率低于服务业平均水平，仅为 26.9%。但消费者品牌了解意愿较高，使用前倾向于对品牌多加了解，这也与金融机构的特殊属性有关。银行业整体品牌转化及品牌黏性表现突出，消费者容易达成对一家机构的长期信赖，行动率、拥护率分别为 50.6%、44.0%。作为现代金融业的核心支柱，银行业在国民经济发展中占有举足轻重的地位。如今国内银行业形成国有银行、股份制银行、外资银行、地方银行等共同发展的局面，共同服务不同人群的金融需求。而从职能来看，银行从存、贷逐渐拓展业务范围，与数字化作更多的融合，力求为用户提供更便捷、更广泛的金融服务。

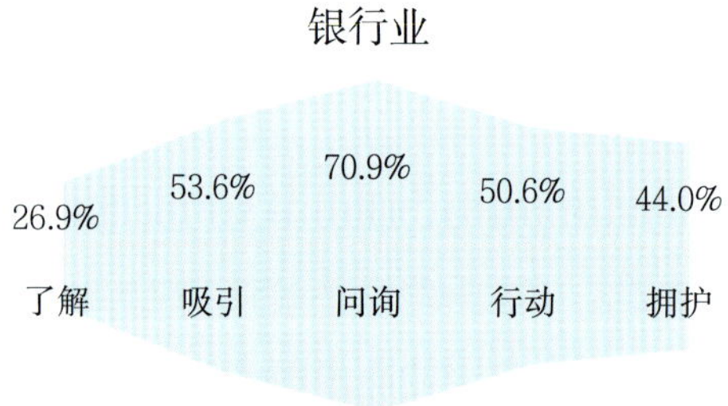

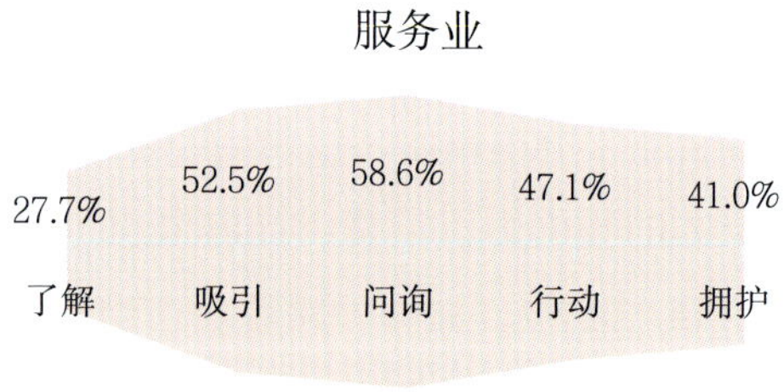

图 4-68　银行业和服务业质量消费体验特征

4. 服务业消费体验趋势

精细化运作：如今，服务业已成为高度竞争化的品类，越来越多的品牌入局，也有越来越多的品牌走上兼并、出清之路。服务业也已逐渐告别粗放式的发展路径，在服务内容、形式上进行更多创新，力求为消费者提供更为极致的服务体验，在激烈的行业竞争中占据主动权，以精细化的运营与服务体验吸引更多消费者关注，走出同质化竞争的压力圈。

数字化赋能：过去几十年间，国内服务业的发展高度依赖人工，而如今随着智能化水平的提升，服务业与数字化也有了更深度的结合。点单、预订走向线上，智能服务替代人工，服务内容和支付方式发生巨大的变革。而随着云计算、人工智能、区块链的发展，服务业也将与数字化有更深度的融合，传统人工为主的服务模式将发生更加颠覆性的变化，而消费者也将获取到更智能化、更贴心、更便捷的新服务。

品牌化打造：整体而言，国内服务业品牌发展较为迟缓，西方服务品牌进入中国，以连锁化的运营模式和品牌化的塑造，迅速占据中国市场，而后国内品牌纷纷崛起，以连锁化模式走上了品牌经营之路。如今，消费者对品质、品牌的需求更为旺盛，越来越多的服务业企业也将品牌化管理作为发展方向，获得超越产品本身的附加值。

第五章　行业洞察

一、疫情下的烟火气

（一）疫情之下，花式厨房生活引爆当下潮流

人间烟火气，最抚凡人心。烟火气是生活的热度，在家做饭是生活的本味。厨房是与生活最为相关的场所，而疫情也促使中国家庭生活起居的重心转向厨房。社交媒体上，朋友圈厨艺大赛如火如荼，微博每天都有美食类内容强势占据热搜，相关话题阅读量动辄以 10 亿计，更有网友大呼“做饭上瘾”……厨房生活俨然成为当下潮流。

1. 转变：超半数厨房新手发现下厨乐趣，厨房老手对厨房生活更为享受

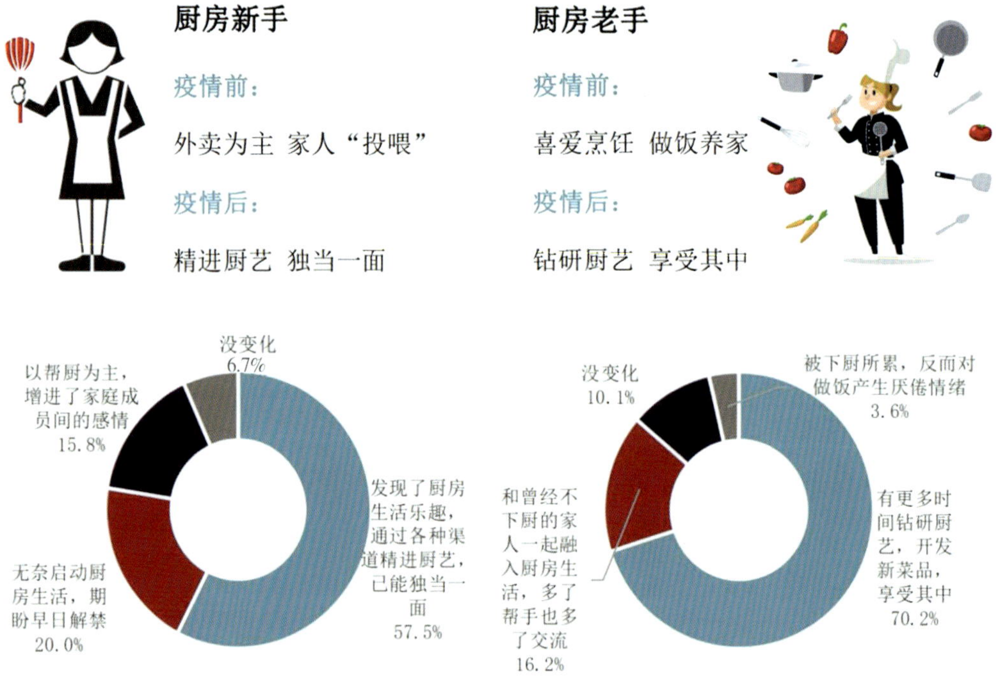

图 5-1　下厨偏好

2. 使用：疫情催生厨电需求，新式厨电消费旺盛

超半数消费者在疫情期间有新购行为，对烤箱、蒸箱、消毒柜等大厨电，豆浆机、面包机等小厨电需求最为旺盛。

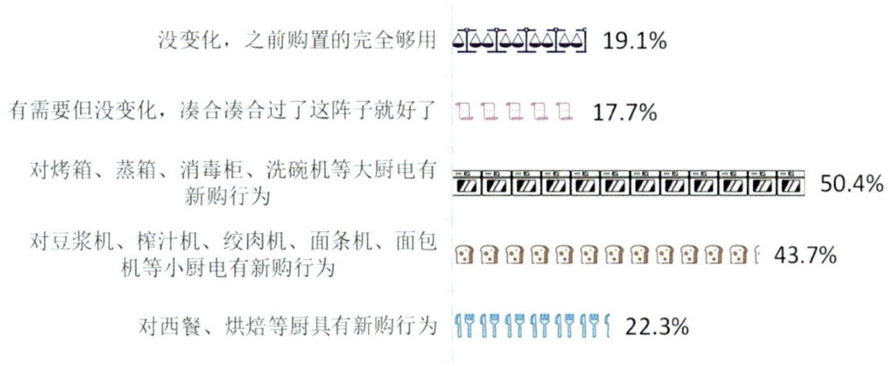

图 5-2　疫情期间，厨电厨具需求变化情况

3. 评价：享受其中，挖掘价值，厨房生活也可有趣有益

超七成人群在下厨中获得乐趣，厨房新手变身厨房新秀，挖掘下厨潜力；厨房老手的自身价值更为凸显，为家庭居家隔离生活提供了最基本的饮食保障。

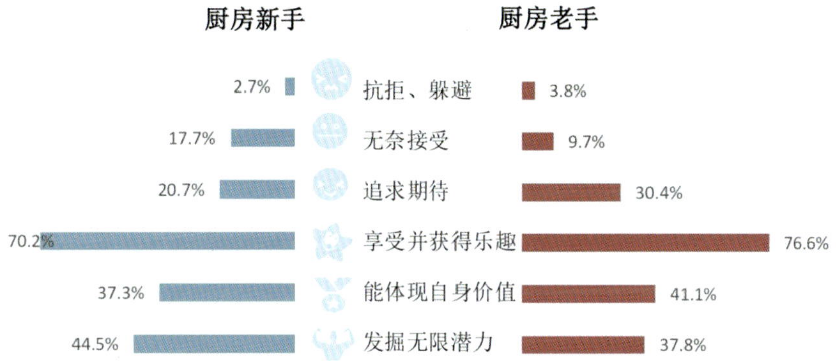

图 5-3　对厨房生活的评价

4. 期待：生活观念向好，对健康的生活方式更为期盼

相较来说，疫情前下厨的人更容易保持疫情期间厨房生活的节奏，近半数人表示会更多地投入家庭生活中；疫情前不下厨的人在主观上更愿意保持，但还是缺乏自信，不到四成的人会保持好习惯。当然，曾经不下厨的人，也更容易被打回原形。

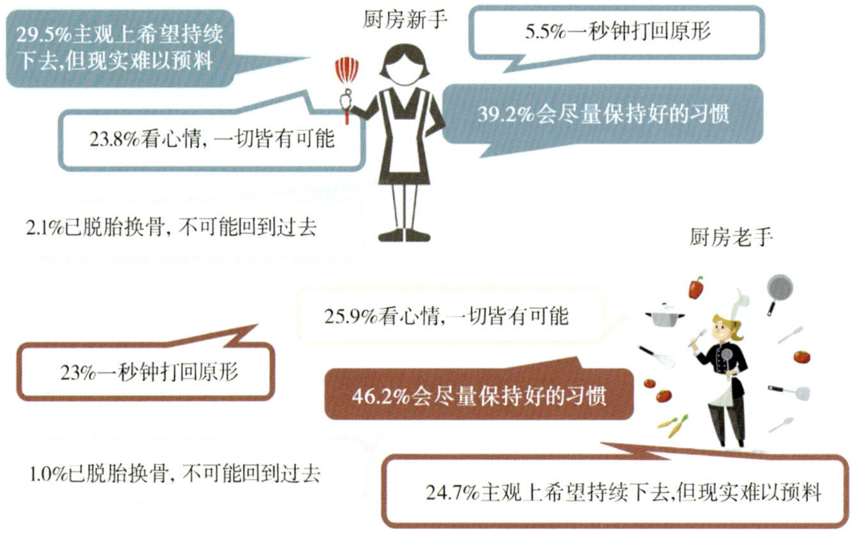

图 5-4 疫情后厨房生活延续的可能

（二）智能化厨电构建厨房新生态

智能化厨电以其功能性与便利性深受消费者追捧，它让厨房老手省时省力，让厨房新手对下厨不再畏惧。而随着场景化的深入，智能化厨电仍存在更多可能：

让生活更简单——我们只想享受厨房的美好与成就感，不承担烦琐的过程和复杂的善后工作。

厨房是我的舞台——我不想唱独角戏，给我回应和灵感的厨电，才是我想要的伙伴。

1. 使用：删繁就简，功能性和便利性是消费者主要关注点

消费者需求围绕功能与场景展开，实用性与便利性最受关注。傻瓜式懒人厨电成为宠儿，厨房新手最为追捧。一机多用式厨电占比较高，厨房老手对其偏爱有加。

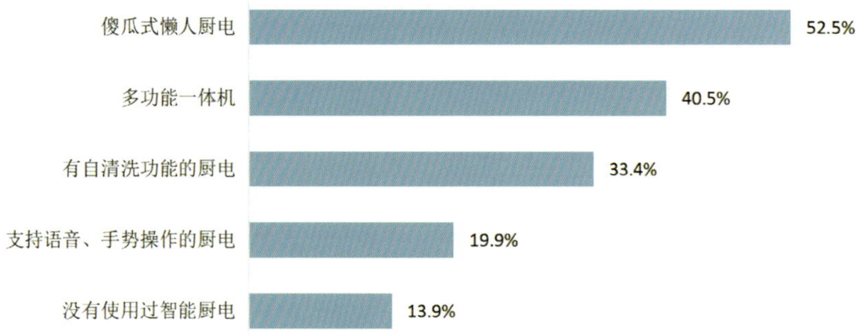

图 5-5 疫情期间，智能化厨电使用情况

2. 评价：实用为本，智能化催生厨房革命

注重便捷的功能体验、实际的生活需求，期待智能化厨房的同时也兼顾经济与安全。

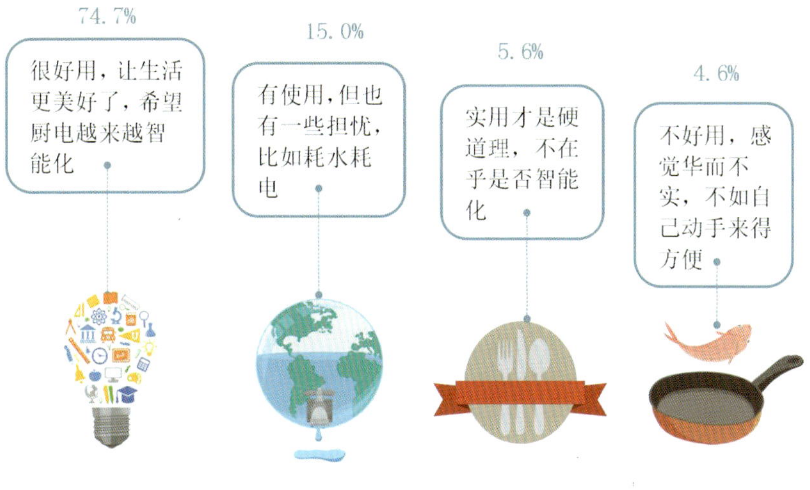

图 5-6　智能厨电使用评价

3. 期待：崇尚智能也尊崇传统，期待更懂用户的智能厨电

下厨房的人更乐于创新、分享和交流，相较于一键式傻瓜操作，消费者对厨电的需求更注重人性化与交互性，他们期待以人为主的智慧厨房，机器辅助人工，实现个性化的烹饪操作，他们希望把厨电当作朋友，或者结交同道中人的媒介，实现厨房社交新场景。相比较来看，厨房新手更偏好一键式操作，厨房老手更崇尚传统烹饪。

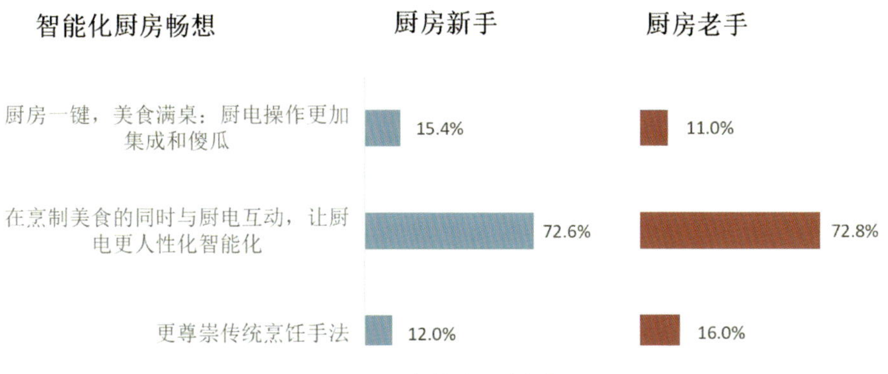

图 5-7　智能化厨房畅想

（三）直播、交互升级新式厨房社交

厨房天然具有社交的属性，下厨、聚餐，亲朋好友间的团聚和互动更带有几分生活的热气。而如今，厨房已然成为新型社交的场所，直播、短视频的火爆，不仅带动了疫情期间的厨艺交流，更使疫情后的厨房社交有更多可能。智慧厨电也不止于便利与功能，而是挖掘新互动，实现场景变革，引爆升级厨房生活。

新兴网络渠道发展迅速，直播、短视频成为消费者厨艺学习与购买决策首选。七成以上消费者会通过小视频等线上资源学习厨艺，形象化的演示更受消费者欢迎。品牌直播销售火爆，超越传统电商渠道、口碑营销，成为消费者购买决策首选。

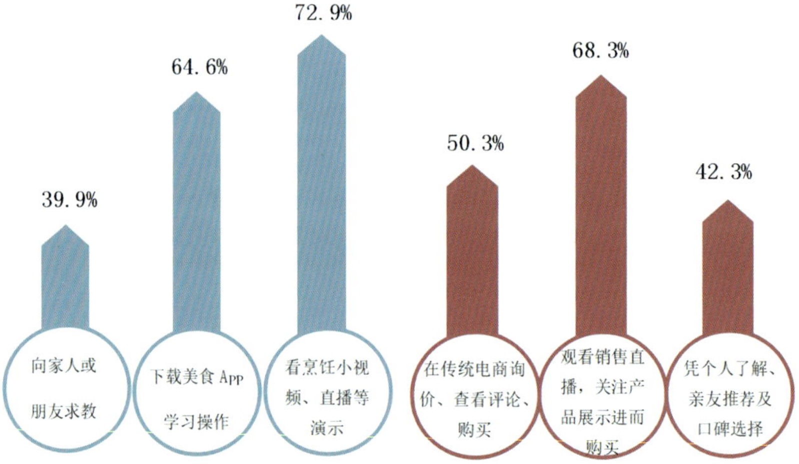

图5-8　厨艺学习渠道和厨电厨具购买渠道

（四）消毒消毒！向全方位消毒！

新冠肺炎疫情改变了很多消费者的消毒杀菌理念，也催生了新的认知和需求。从厨房消杀到多功能拓展，健康厨电俨然成为日常生活所必需。准确识别消费者欲求，进行新的产品设计和功能区划可以帮助生产企业抢得先机。

1. 配置：超半数家庭配置消杀设施，有孩家庭对健康厨电最为注重

新冠肺炎疫情前，超半数家庭已购置消杀设备，以消毒柜和空气净化器为主，消费者消杀理念较强。新冠肺炎疫情前没有购置消杀器具的家庭中，近八成在新冠肺炎疫情期间已经购置或有意向购置相关器具。有孩家庭消费新增明显，潜在的消费机会更多。

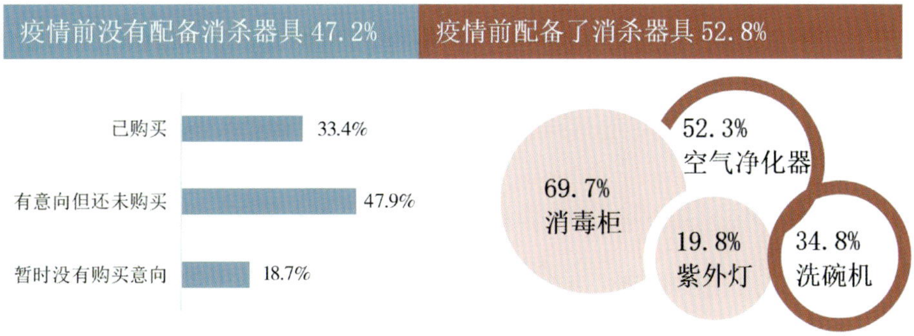

图 5-9　消杀器具配备情况

2. 认知：疫情影响大多数人的消杀理念，消杀成为家庭日常

七成消费者在新冠肺炎疫情后会将消杀器具当成生活标配，新婚家庭与有孩家庭消杀观念转变最为强烈。

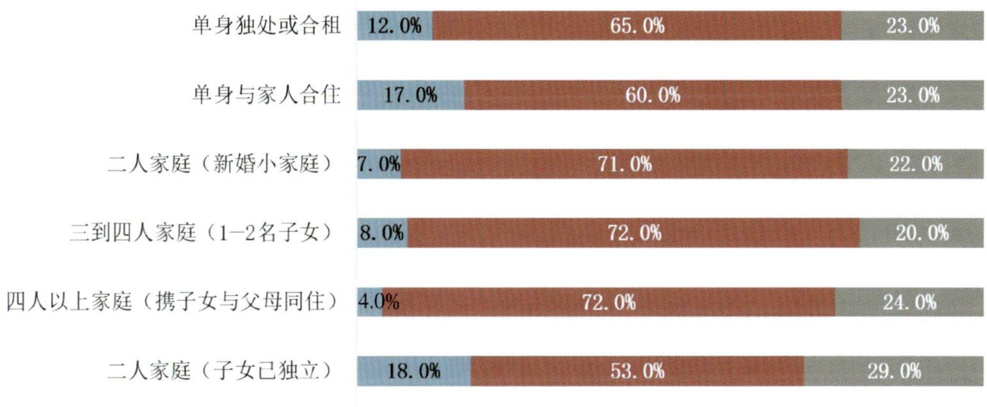

图 5-10　不同家庭人群消毒杀菌认知情况

3. 需求：厨房消杀到用途拓展，期待更广泛的功能覆盖

消费者对厨房用品消杀需求最为旺盛，并拓展至衣物、口罩等日常领域，期待多功能的消毒杀菌产品；有孩家庭对一柜多用消杀设备需求最为旺盛。

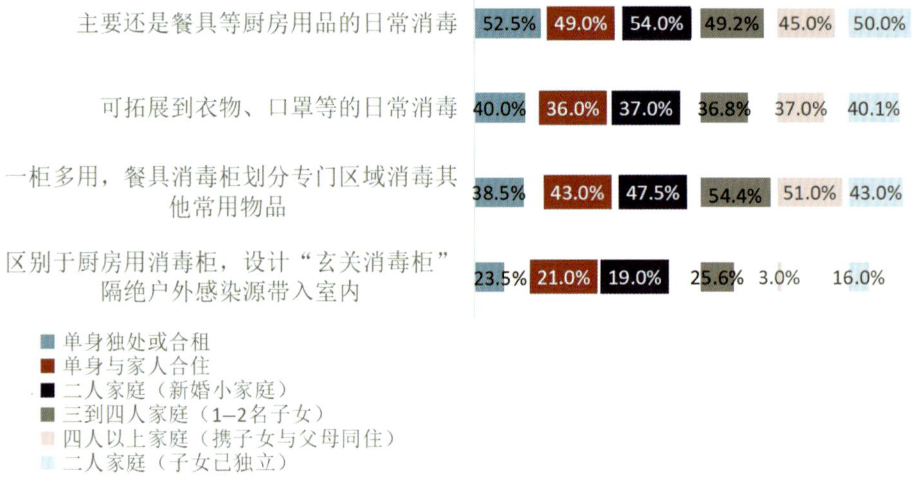

图 5-11　消毒杀菌需求

二、新渠道下的家电营销

（一）家电营销质量满意度

1. 综合服务质量与营销效果，评估家电行业营销质量满意度

研究思路：基于营销 7P 模型，从营销服务及达成效果三方评估营销质量，计算家电行业营销质量满意度。

样本覆盖：时间范围上，本次研究重点调查一年内购买过家电的用户，品类上涵盖冰箱、洗衣机、空调、电视、热水器和油烟机等产品；地区覆盖全国范围内一二三四线城市，调研者人群分布按照网民年龄层划分，重点覆盖 90 后、80 后、00 后与 70 后群体。

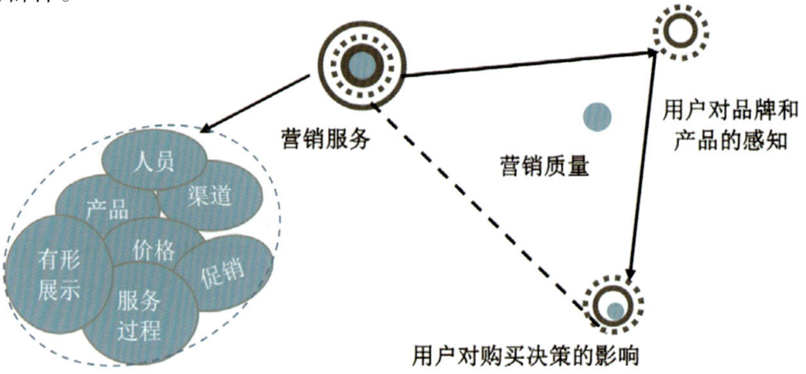

图 5-12　家电营销质量满意度模型

2. 家电营销质量整体向好，消费者评价较为积极

通过对营销的 7 个方面及营销对产品和决策的影响加权计算得到：家电行业整体营销质量满意度为 82.1 分，消费者的态度处于比较满意的水平。

消费者对家电产品质量及整体服务最为认可，但在信息渠道上，由于信息获取渠道及信息质量参差不齐，满意度相对较低，在营销中应注意方式的优化，提供更真实便捷可感知的营销。

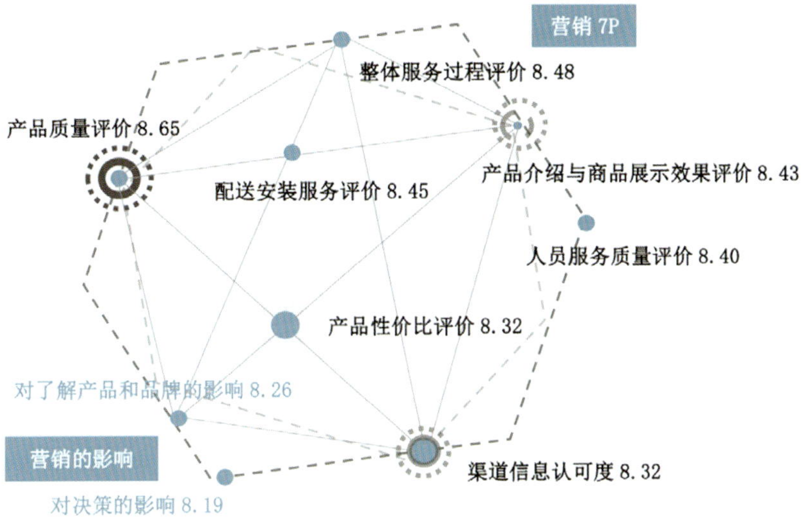

图 5-13 家电营销质量满意度

3. 冰箱营销质量表现突出，电视机营销质量有待加强

按照不同产品分类，冰箱产品的营销质量表现最优，其次是洗衣机和油烟机，然后是空调和热水器，电视机表现最差。

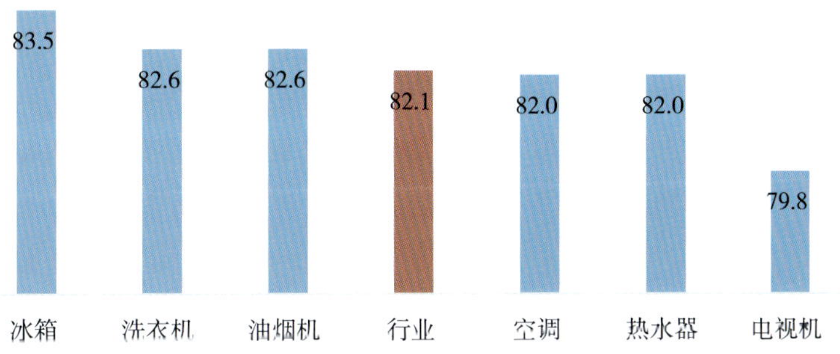

图 5-14 不同家电产品的营销质量满意度

4. 下沉市场、低收入群体营销质量满意度尚待提升

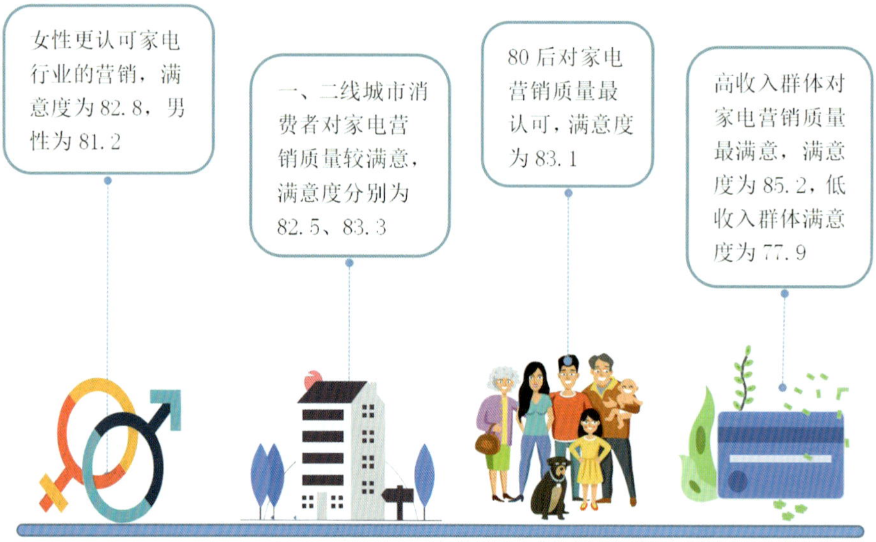

图 5-15　不同人口特征的营销质量满意度

（二）家电营销渠道变革

渠道为王到内容为王，数字化打造新式营销

传统营销：渠道为王，线下门店为主要流量入口；单向输出、漏斗式转化、多层级销售、长反馈周期、低用户维系。

新式营销：内容为王，新颖有趣、贴合实际促进消费转化；线上渠道兴起，信息触达碎片化，购物便利性提升，性价比更受关注；互动体验、品牌信任、权威背书、人群口碑打造消费信赖。

（三）从信息获取到购买评价

1. 获取：重体验、信亲友、信权威，直播异军突起受认可

实体店体验仍然是消费者获取家电信息渠道的首选，企业官方权威渠道受消费者关注与认可。重视个人体验，信赖亲友口碑，亲友评价成为重要信息参考。直播渠道信息兴起，消费者逐渐关注且信赖度较高。网络舆情、社交媒体信息触达广泛但消费者信任相对较低。

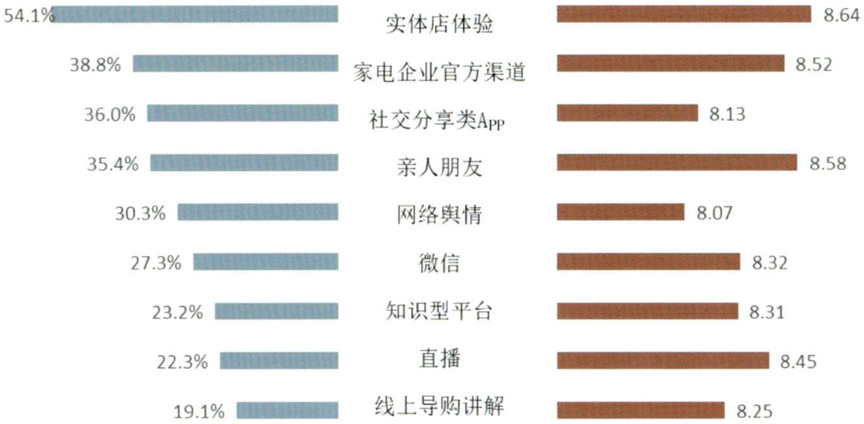

图 5-16　信息获取渠道选择和渠道信息认可度

2. 了解：个人体验与形象化直播展示对消费者产品和品牌了解的影响最大

实体店体验及直播渠道对消费者了解产品和品牌影响最大。企业官方渠道和亲戚朋友对消费者了解产品和品牌影响也较大。网络舆情、线上讲解及社交媒体对消费者了解产品的影响较小。

图 5-17　渠道信息对消费者了解产品和品牌的影响

3. 决策：消费选择趋于理性，体验式购物决策最受青睐

实体店体验与形象化直播展示对消费者决策的影响最大。网络舆情、社交分享媒体信息及线上讲解较难产生消费转化，消费者购物决策趋于理性。

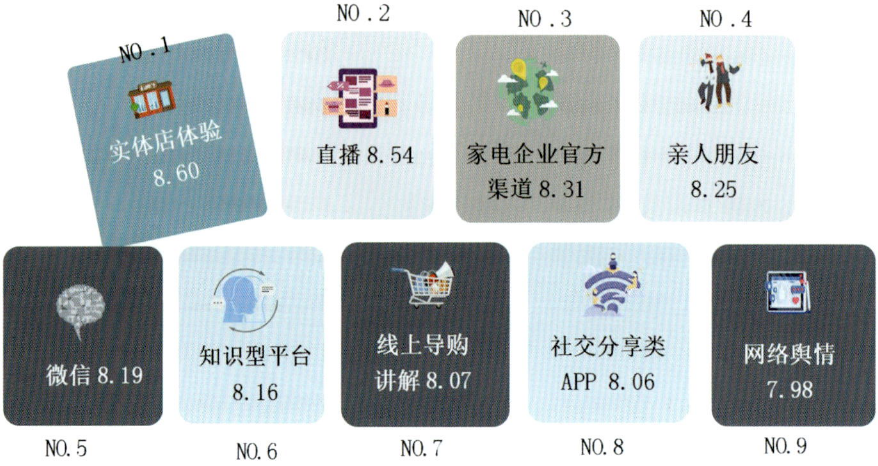

图 5-18　渠道信息对消费者决策的影响

4. 行动：线上平台表现亮眼，线下门店难以替代，直播渠道逐渐兴起

随着城市等级、收入水平的递升，消费者更倾向于线上平台达成购买。女性群体偏向实体店体验式购买，男性群体更喜欢一键直达。90 后更青睐去线下门店体验购买，80 后及以上人群倾向于线上平台，直播渠道主要集中在 80 后、90 后群体。

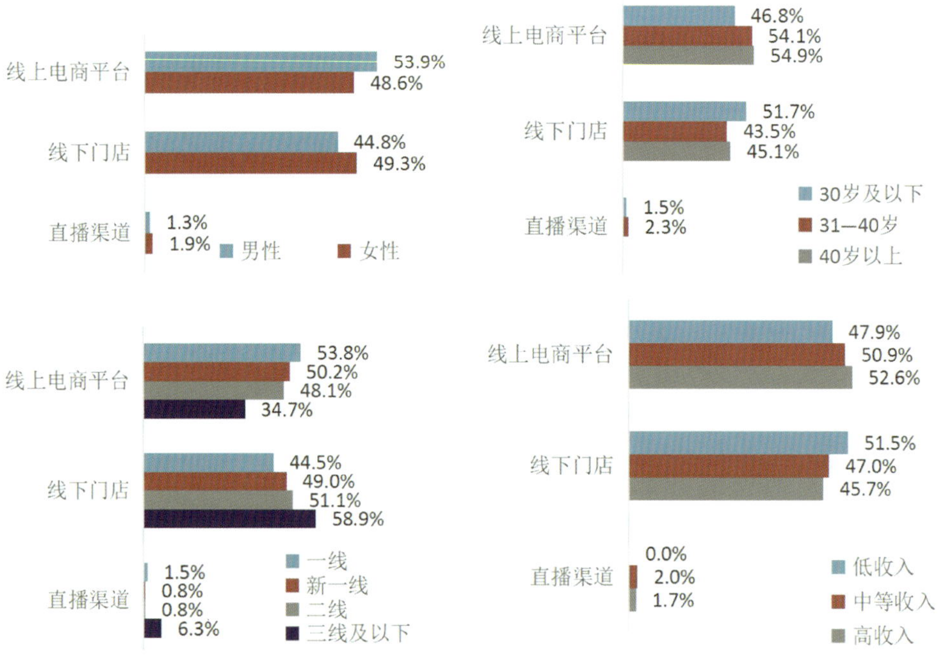

图 5-19　不同维度划分下消费者购买渠道选择

5. 评价：线上电商平台满意度高，线下门店紧随其后，直播渠道任重道远

家电购买渠道的总体满意度为82.9分，不同渠道的产品质量没有差异。线上电商性价比最为突出，购买过程体验最优，但销售商品有形化展示效果和人员服务质量认可度低。线下门店售后服务表现突出，销售过程获得认可。直播渠道商品有形化展示效果最好，人员服务质量最优，但性价比、销售过程和售后服务存在不足。

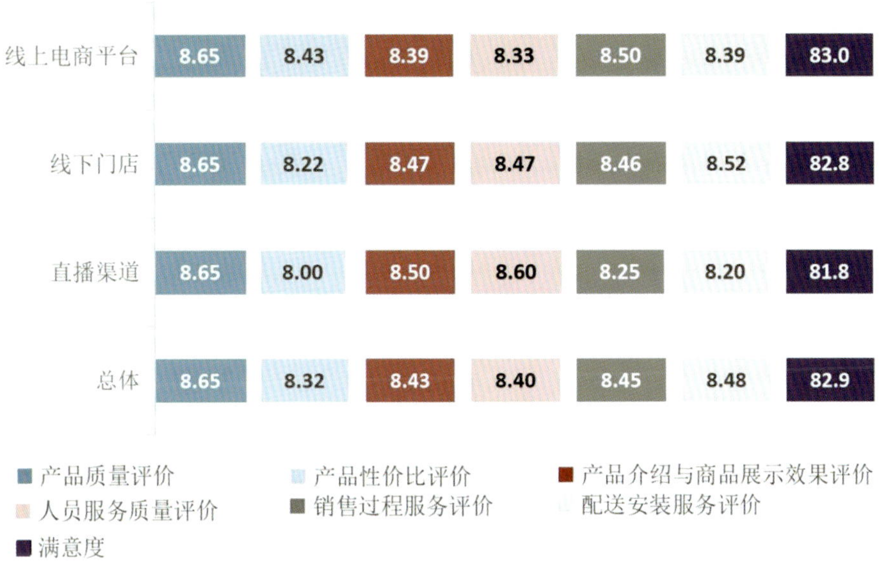

图5-20　消费者购买渠道满意度

（四）潮水来袭：家电营销新阵地

1. 渠道：新型营销方式广受消费者欢迎，直播体验感受最好

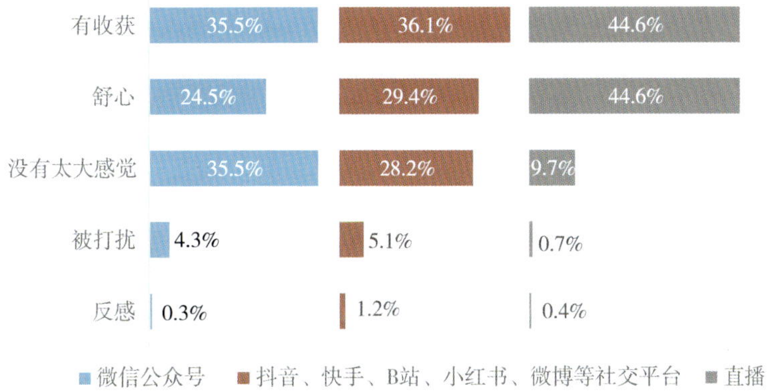

图5-21　消费者对新式营销平台的感受

2. 感受：介绍、优惠为主要关注点，消费转化有待验证

产品了解、功能介绍成为直播观看主要诉求，价格优惠受到消费者重点关注。主播专业性和魅力也是直播主要关注点。家电消费转化尚难直接促成。

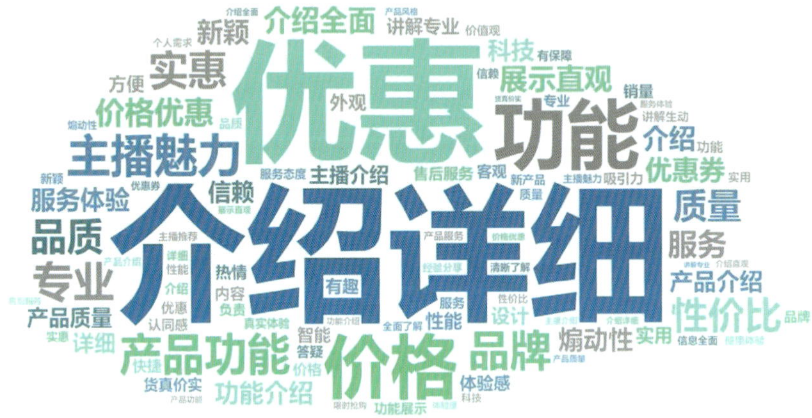

图 5-22　消费者对家电直播的感受

3. 新期待：科技加速营销变革，未来营销体验新升级

图 5-23　消费者对未来营销方式的畅想

4. 新趋势：以人为本、渠道融合、数字技术驱动消费新体验

（1）服务升级塑造消费新体验：从产品为王到人本为主，营销应从对实物的关注到对服务的关注，提升营销细节，满足消费者不同场景下的营销体验。

（2）全渠道融合打造体验式购物流程：线下的销售属性逐渐弱化，体验属性增强，家电品牌应以数字化为驱动力，线上线下一体化营销，实现全渠道融合。

（3）以内容、口碑塑造品牌自传播：直播卖货，社交电商正在成为电商新风口，从搜索式购物发展为种草式购物。打造品牌口碑，创新传播内容，塑造品牌流量，迎合消费者“种草式”购物新体验。

三、2020 年，新冠肺炎疫情后的“双 11”还香吗

在消费者变得越来越“精明”的时代，疫情后的第一个“双 11”，还香吗？

伴随着 2020 年 11 月 12 日 0 点钟声的敲响，“双 11”这场没有硝烟的大战也画上了一个圆满的句号。与往年不同，2020 年的“双 11”早早拉开战幕。从 10 月 21 日凌晨付定金算起，共历时 20 天之久。这对商家及平台来说都是一个不小的挑战。

作为新冠肺炎疫情防控常态化后，继“618”的又一次全面消费狂欢节，2020 年的“双 11”无疑是商家“回血”的最重要节点。无论是京东、天猫等老牌玩家，还是拼多多、抖音、快手等电商新贵，都纷纷抢先布局。而作为历届“双 11”的见证者，也再次刷新了我们对中国消费市场蓬勃活力的认知。

随着电商众多新玩法的出现，对消费者来说，便宜的利益点还有那么大的吸引力吗？

（一）“双 11”消费情况

1. 消费复苏，超八成消费者消费金额较平时、较去年增加

2020 年上半年，在新冠肺炎疫情冲击下，消费内需受到短期压抑，但随着新冠肺炎疫情影响淡化、消费复苏，2020 年“双 11”消费规模再创新高。本次调研发现超过八成的消费者消费金额较平时、较去年均有所增加。

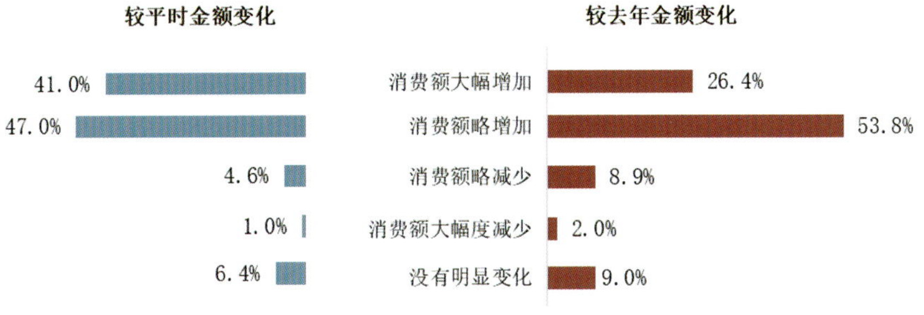

图 5-24　消费金额较平时、较去年变化情况

2. 讲究实用，生活日用品、服饰、美妆护肤是主要消费品类

就购买的品类来看，生活日用品、服饰、美妆护肤是消费者购买最多的，均有六成以上消费者购买，远高于其他品类。

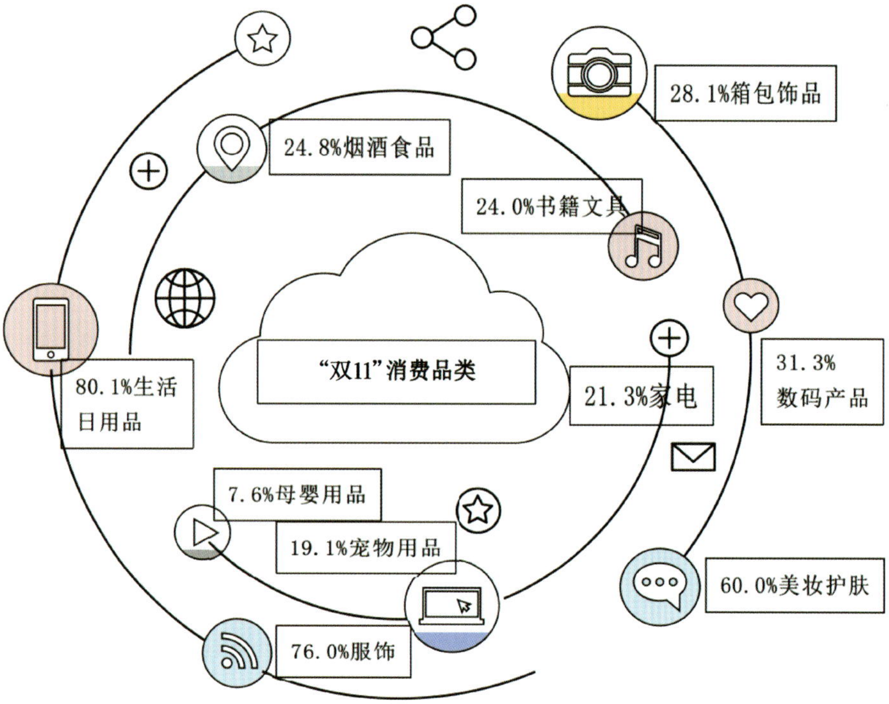

图 5-25　“双 11”消费品类

3. 消费金额在千元以上是主流，多数集中在 1000—5000 元

总体来看，六成以上的消费者在“双 11”期间购物金额在 1000 元以上，且多数集中在 1000—5000 元。

图 5-26　“双 11”消费金额

4. 一线城市、80 后、90 后是消费 5000 元以上的主力军

一线城市、80 后与 90 后消费在 5000 元以上的比例明显高于其他群体，依然是消费的主力军。

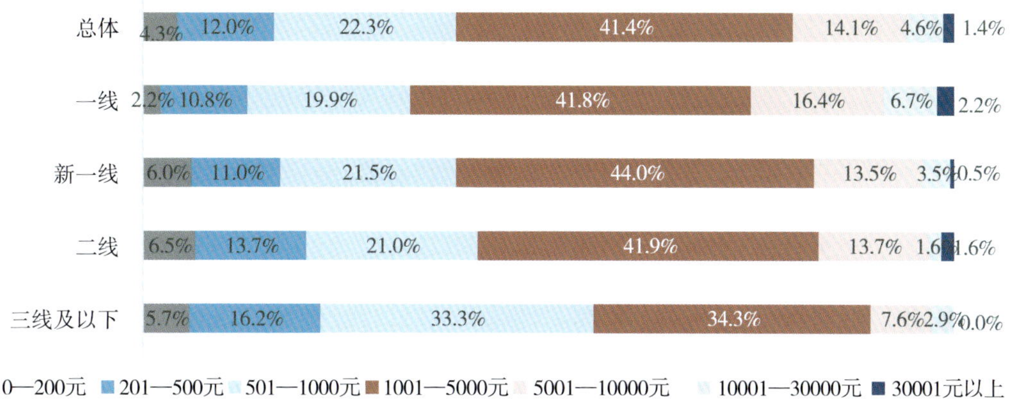

图 5-27　不同城市级别“双 11”消费金额

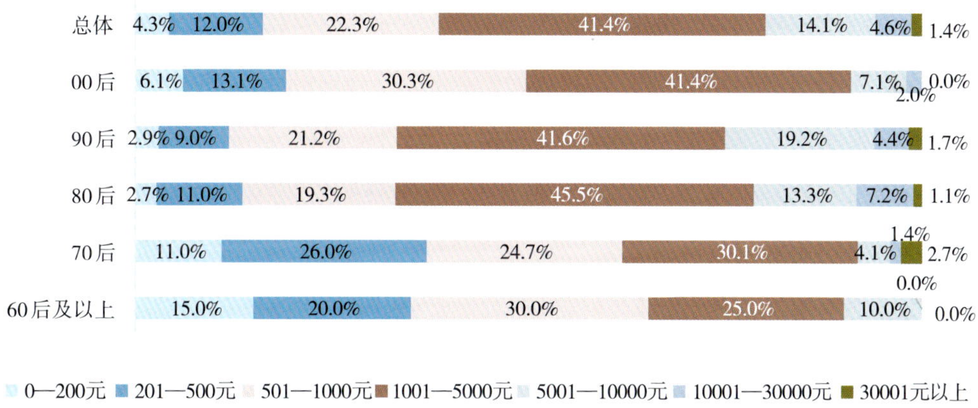

图 5-28　不同年龄“双 11”消费金额

5. 方兴未艾，购物渠道迎来年龄分层多元化

随着互联网持续向中高龄人群渗透，与年轻人一样，网络也成为老年生活的重要信息来源，社交、娱乐、消费等生活场景的重要工具。数据显示，在淘宝、天猫、京东等电商平台的使用人群中，中高龄的网民与年轻人相差不大，均有九成以上用户使用。而在其他购物渠道方面，年轻人有更多的选择，通过直播类平台、内容平台（小红书、公众号、微博等）购物的 00 后、90 后、80 后，明显多于中老年群体。

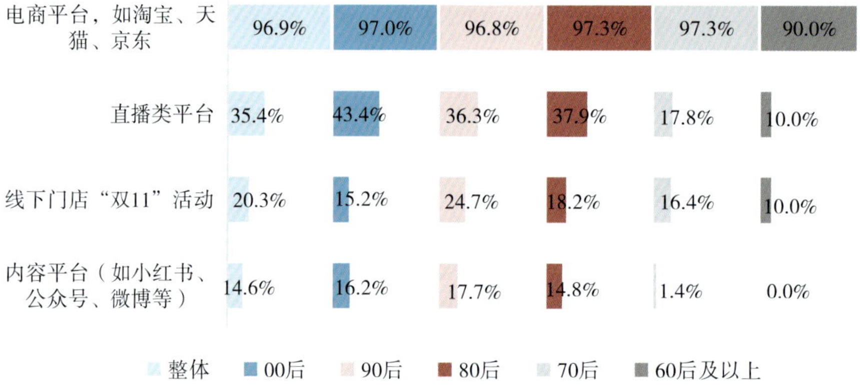

图 5-29　不同年龄购物渠道

（二）“双 11”消费感知

1. 优惠感知明显，八成消费者认为“双 11”价格低于平时

整体上，多数消费者认为在“双 11”享受到了优惠。在价格感知方面，超过八成的消费者认为“双 11”的价格低于平时；在优惠力度预期方面，六成消费者认为优惠是符合预期的，另有一成消费者认为优惠超出了自己的预期。

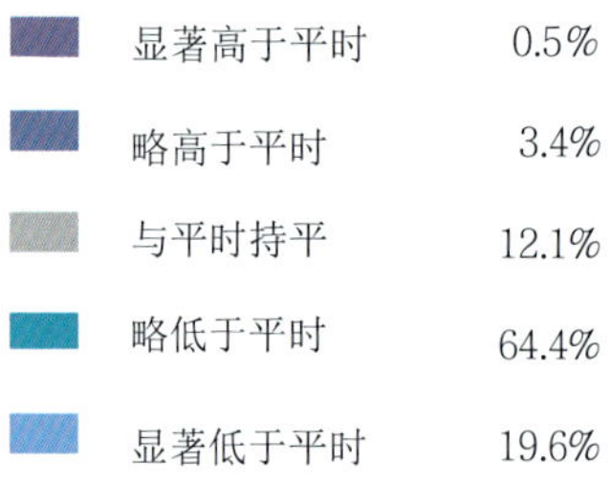

图 5-30　“双 11”价格较平时变化

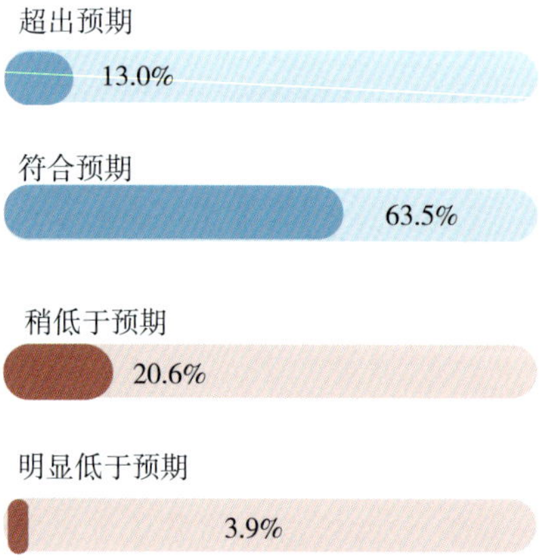

图 5-31　“双 11”产品优惠力度预期

2. 优惠规则复杂、营销广告多是消费者对购物平台的主要吐槽点

消费者对购物平台整体较为满意，近五成消费者满意度打分在 9 分以上。但是消费者的不满也确实存在，主要问题点在于平台的优惠规则过于复杂、难以计算，以及营销广告过多对消费者构成了打扰。

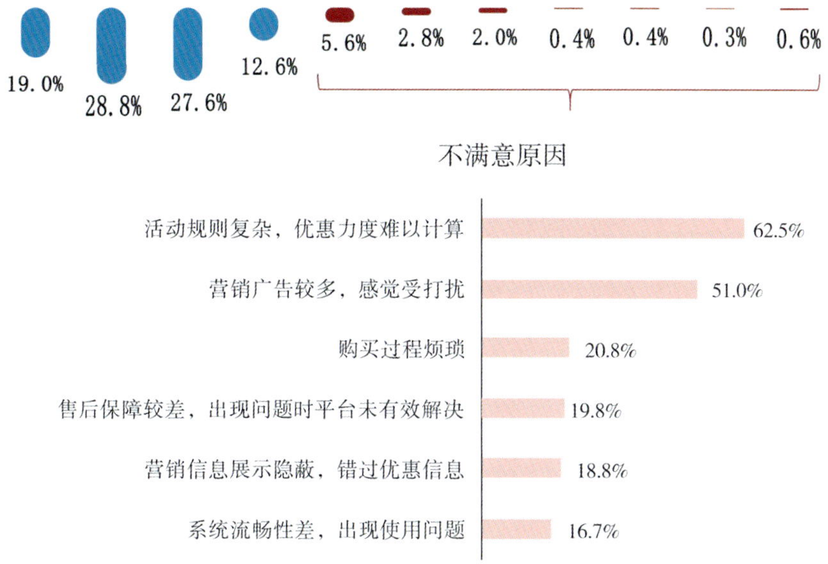

图 5-32 消费者对购物平台的整体满意度打分

3. 发货慢、存在销售套路、优惠力度低是消费者对商家不满意的主要原因

随着线上购物平台的发展，消费者对发货的及时性要求越来越高，数据显示，五成消费者反映店铺发货太慢；另外，销售套路深、优惠力度有限也是消费者的主要痛点。

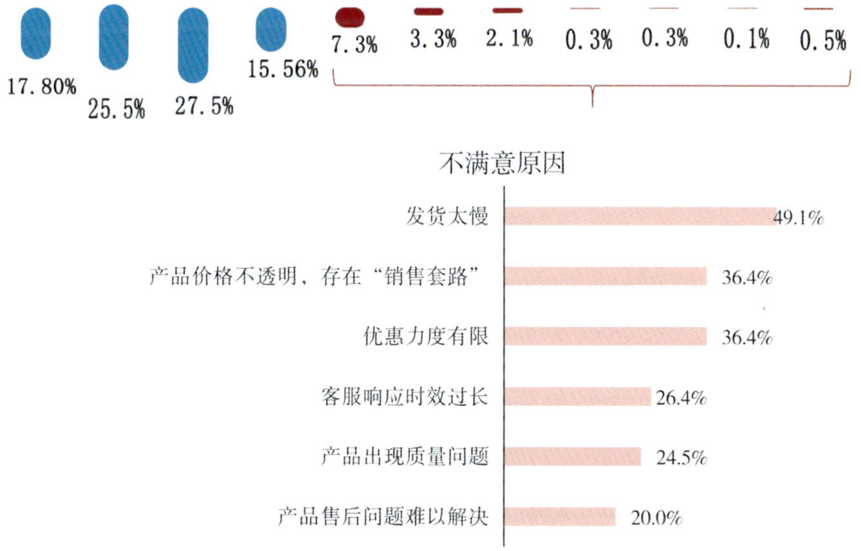

图 5-33 消费者对店铺、商家的满意度打分

4. 三成消费者在“双 11”进行过退换货，首要原因是产品质量问题

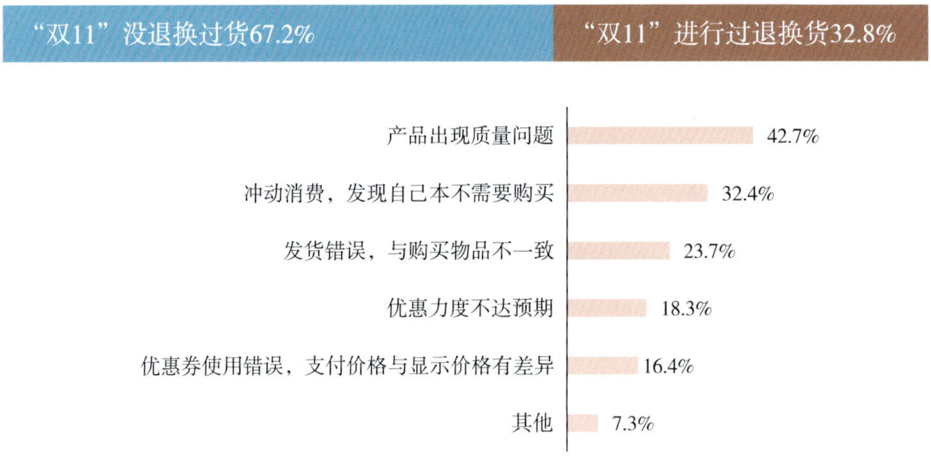

图 5-34　退换货原因

（三）“双 11”消费体验

1. 消费者越来越精明，六成消费者认为“双 11”的套路多、有问题待解决

“双 11”复杂的促销计算公式让大家纷纷吐槽。为了显示促销力度很大，平台设计了一套复杂的促销套路，平台券、商家券、预售优惠、定金膨胀等花招让人云里雾里搞不清楚，但很多消费者最后还是大呼上当，“双 11”的到手价，跟平时的价格并没有多大的差距。

图 5-35　消费者对“双 11”的感受

2. 消费者心声：希望优惠力度更大、销售套路少、发货快

与电商们的“几家欢喜”相对比，更多的是消费者们的“万家愁”。眼花缭乱的优惠政策，费时费脑，最后发现并没有多划算，就是让更多消费。购物车刷新一次，就少一次，等能付款成功时，大多中意的商品都已被抢完。好不容易付款成功，卖家

迟迟不肯发货，一等就是 1、2、3、4……天过去。好不容易发货，快递爆仓，不知道延后多少天能到，甚至不知踪迹。

图 5-36　消费者心声

四、盲盒与潮流营销

（一）何为盲盒

近两年，盲盒开始频繁出现在大众视野，一个个装着玩偶、手办的小盒子出现在街头巷尾，消费者在购买前并不知道会得到什么，而这种不确定性带来的刺激感也激发消费者的好奇心与探索欲，吸引越来越多消费者“入圈”。如今，盲盒从小众文化逐渐出圈，成为企业新式营销的一种方式，以随机化、概率性的售卖方式，丰富购买体验，刺激成交转化。

本次调研聚焦于 75 后人群，以 90 后、00 后为调研重点，探知他们对于盲盒式新型营销的消费偏好。

（二）盲盒的吸引力

1. 社交媒体成盲盒火爆的巨大推手，盲盒从玩具走向社交行为

盲盒的火爆离不开互联网的推动，网络大 V 自发进行玩法分享，资深玩家组建社群积极交流，盲盒逐渐从个体的购买行为向社交行为转变，借助互联网产生巨大的爆发力。而本次调研结果也显示，33.9% 的消费者通过社交媒体了解到盲盒，线下门店 / 机器其次，占比 24.3%。而从购买渠道来看，电商平台与线下门店占据盲盒主要消费市场，

短视频平台亦具有较大的爆发力。

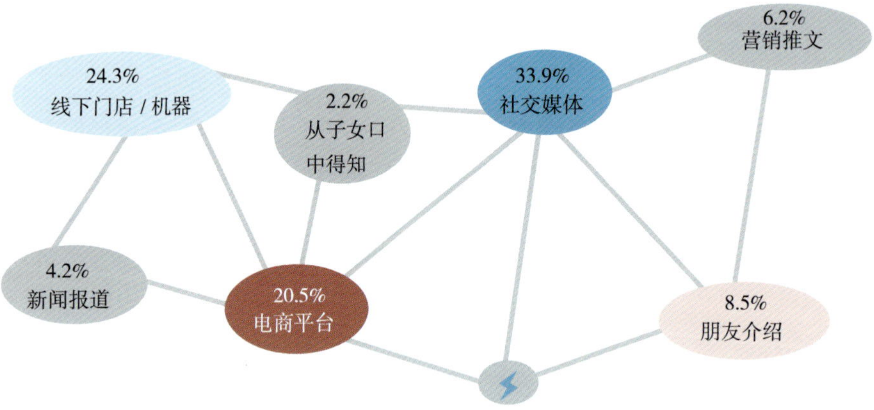

图 5-37　消费者盲盒了解渠道

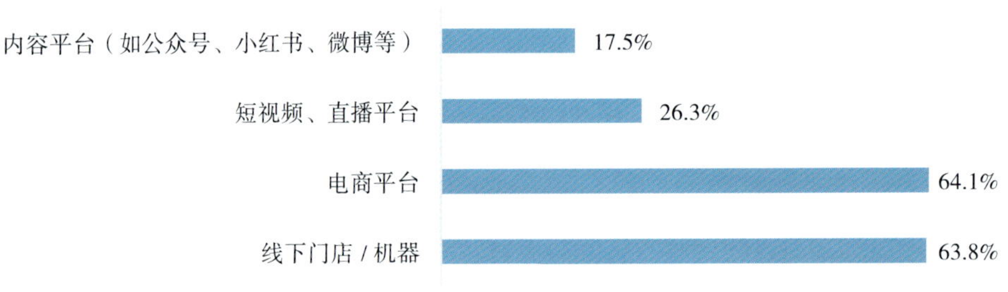

图 5-38　消费者盲盒购买渠道

2. 悦己型盲盒消费为主，不确定性成消费助推，亦是消费隐忧

从消费原因来看，调研结果显示，00 后更愿意为个人兴趣买单，92.6% 的 00 后消费者购买盲盒的原因是自己使用或收藏，而超半数 80 后消费者为孩子购买。在未达成购买中，71.3% 的消费者未达成购买的原因是担心得到不喜欢的商品，31.0% 的消费者则认为性价比低，盲盒的“盲”既是消费推动力，亦是消费者担忧。

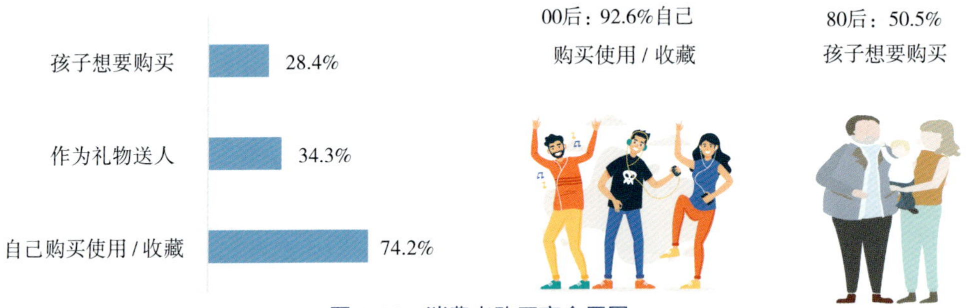

图 5-39　消费者购买盲盒原因

图 5-40　消费者没有购买盲盒原因

3. 体验为先，情感满足，盲盒购买亦是精神消费

从消费体验来看，77.8% 的消费者认为购物体验非常新奇，45.5% 的消费者认为通过盲盒可以买到物美价廉的产品，盲盒带来的独特体验相比产品更具价值；而谈及盲盒的吸引力，对消费者购物体验、好奇心的满足因素占据首位，年轻群体对精神化消费尤为看重，“会玩”的品牌对消费者有越来越强的吸引力。

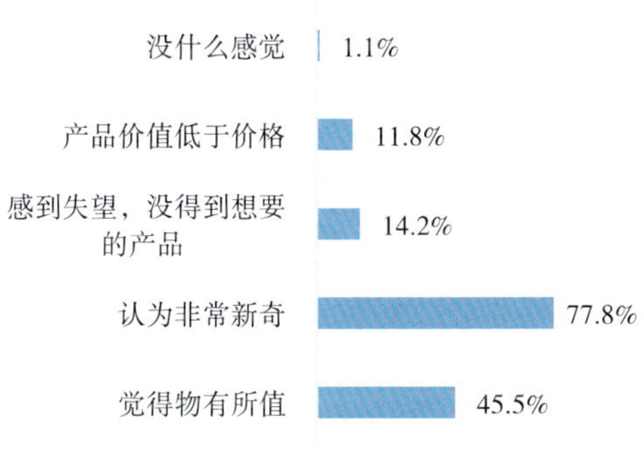

图 5-41　盲盒购买体验评价

图 5-42　盲盒吸引力

4. 一线城市购买意愿强，年轻群体盲盒消费更为冲动

从消费意愿来看，年轻群体盲盒消费更为冲动，中年群体相对理性，低价盲盒产品更易促成该类人群转化；一线城市消费者更愿意为兴趣买单，二线及以下城市消费者在购买决策时表现更为慎重。

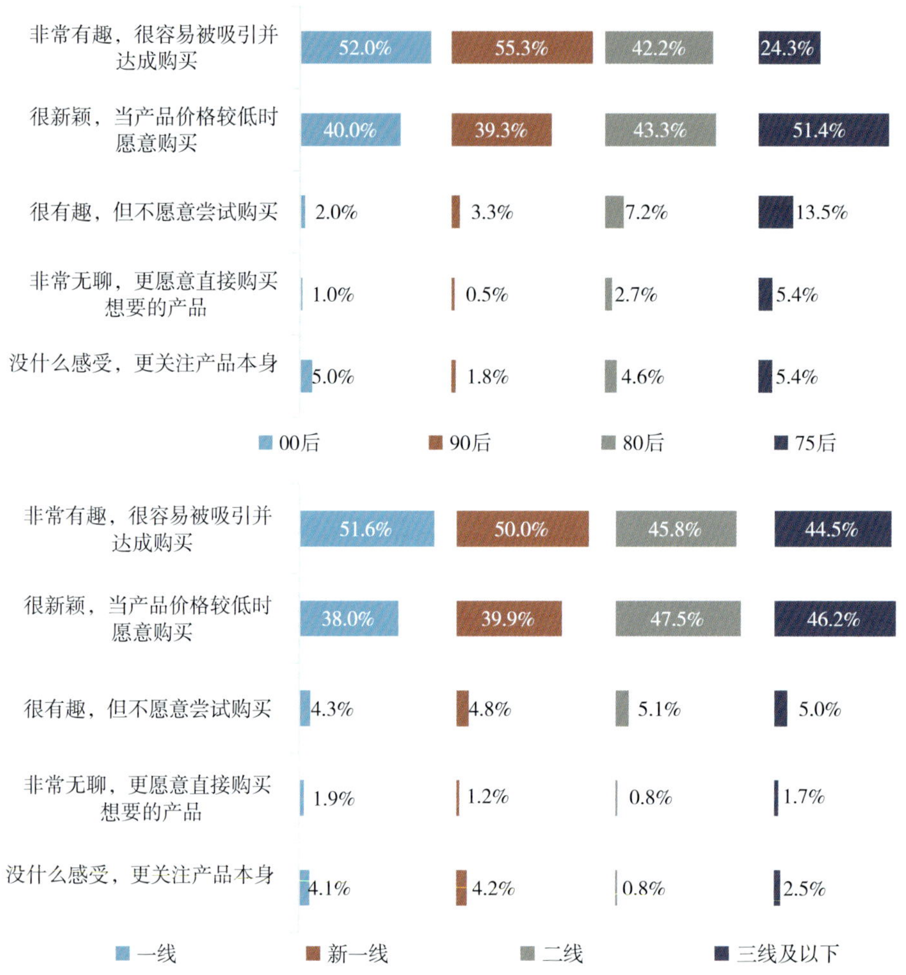

图 5-43　新式营销对消费者购买的影响

（三）年轻化群体特征

1. 社交性，潮流化，注重消费价值与内涵

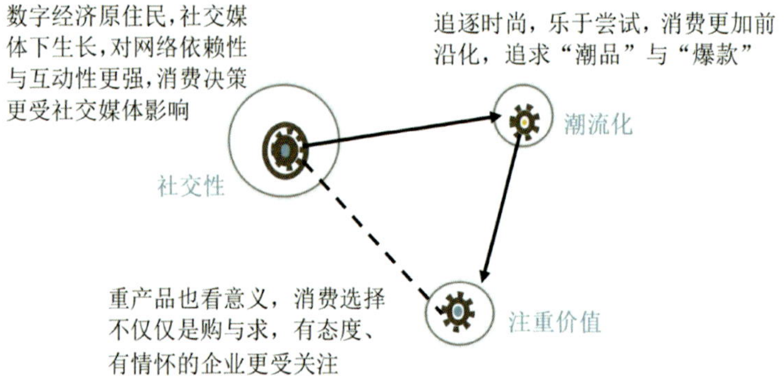

图 5-44　年轻群体特征

2. 猎奇心重，注重悦己消费，追求新鲜有趣的消费体验

对新生代消费者而言，消费已超越其本身的产品价值，对体验的关注更为强烈。调研结果显示，企业采用新奇有趣的营销方式，提供贴心有温度的消费服务，将对消费者产生更为持久的吸引力。从地域来看，下沉市场消费者对产品性价比及消费安全更为关注，而新式产品营销及消费服务在一二线城市更具吸引力。而从人群来看，新式营销更容易博得 00 后、90 后群体关注，80 后群体注重消费服务，70 后则更关注消费安全。

图 5-45　消费者消费习惯

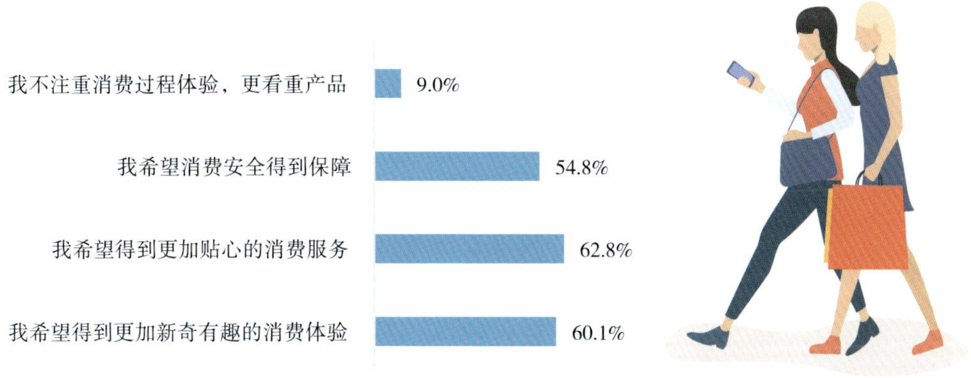

图 5-46　消费者对购物体验的要求

（四）企业潮流营销

1. 数字媒介引导消费潮流，把握新生代群体的沟通渠道

从渠道来看，移动互联网占据主流，社交平台与短视频平台成为年轻化群体信息获取渠道首选。00 后对社交平台营销信息最为关注，68.0% 的受访者偏好此类平台了解产品。而过半 70 后受访者更喜爱短视频平台。

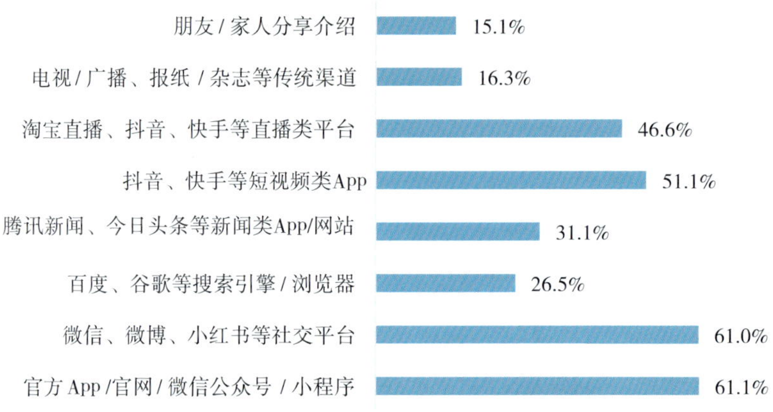

图 5-47　产品营销信息获取渠道偏好

从传播形式来看，画面感塑造、场景化描述，直观、形象的内容展示更能迎合年轻群体内容偏好。地域上，下沉市场对短视频更为欢迎，88.2% 的三线及以下城市受访者偏好短视频营销。而一线城市消费者对文章的介绍方式更欢迎，40.2% 的消费者偏好于此。

图 5-48　消费者宣传方式偏好

2. 塑造专业性，贴合潮流化，打造专业而有信念感的品牌形象

从人群来看，00 后群体更偏爱搞笑内容，期待“更懂年轻人”的企业；90 后更注重营销内容的故事性，贴合潮流化的品牌形象更容易被该类人群所关注；80 后及以上群体更容易被正能量内容所吸引，喜爱专业且温情贴心的品牌。

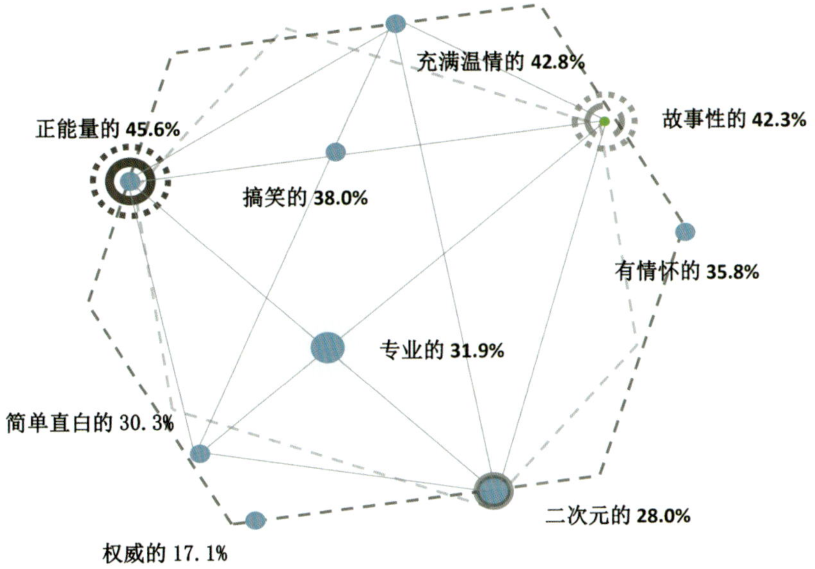

图 5-49　消费者对企业营销风格偏好

图 5-50　消费者对企业品牌形象偏好

3. 立足消费前沿，快速持续创新，提供个性化的购物体验

如今，企业营销已不仅仅是产品的比拼，依托于产品之上的品牌塑造、软性服务为企业带来更多的附加价值。调研结果显示，消费者对企业新型营销有较高的期待与评价，保持专业性，增强应变力，在产品、外观、服务上加强创新，为品牌“博出位”。

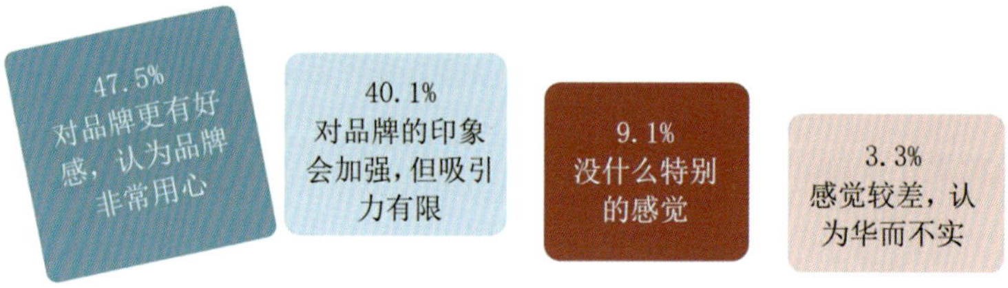

图 5-51　消费者对企业营销创新的评价

图 5-52　消费者对企业营销创新的期待

第二篇　新经济篇——数字中国

习近平总书记多次强调要“做大做强数字经济”，建设“数字中国”和“智慧社会”。党的十九大报告中指出，“推动互联网、大数据、人工智能和实体经济深度融合，在中高端消费、创新引领、绿色低碳、共享经济、现代供应链、人力资本服务等领域培育新增长点，形成新动能”。加快发展数字经济，既是贯彻新发展理念的内在要求，更是化理念为行动的紧迫任务。发展数字经济对中国具有特殊意义，将成为新常态下发展中国经济的新动能、引领国家创新战略的重要力量。

数字经济服务在消费侧产生着重大影响，在高质量发展的框架下从消费者角度评价数字经济服务质量是不可或缺的。2019 年中国质量协会从消费者角度出发，将新业态、新技术以及新兴服务业作为重要的切入点，了解数字经济服务现状，发布了我国首份从消费者角度出发，评价数字经济服务质量的《中国数字经济服务质量满意度 DES-CSI 测评研究报告》。

数字经济在供给侧推动产业的融合创新发展、经济结构的优化、产品质量的提升，进一步提升生产效能，是推动供给侧高质量发展的重要手段。数字经济在供给侧带动产业结构变化，企业是数字经济服务的主体，因此，2020 年课题组在研究体系中增加了企业数字化建设程度的测度体系，意在通过对数字经济服务的供给与需求适配度研究，为产业链升级提供参考。

2020 年是中国数字经济服务质量研究的第二年，我们希望用系统、科学、深入的研究助力高质量发展、产业链升级和供给侧结构性改革，通过中国数字经济服务质量研究使数字经济这一我国新增长动力更为强劲。

第六章　数字经济服务质量的理论内涵研究

一、数字经济的发展及特征

社会经济的发展经历了农业革命时代、工业革命时代和信息技术时代。每一次产业技术变革，都提升了人们认识世界和改造世界的能力水平，都给人们生产生活方式带来巨大的变化。当前，社会经济发展快速进入信息技术时代，正从传统的技术经济范式向数字经济范式转变。新一代信息技术、移动互联网技术等快速推动数字经济发展，数字经济正高速且广泛渗透到社会其他领域，整个社会经济呈现数字化特征，并重塑着人们的生活学习工作方式，深刻改变着社会经济的发展动力、发展模式，社会经济发展进入数字经济时代。

作为一种经济业态，数字经济最早可追溯到20世纪40年代兴起的信息经济，经历了起步成长期（20世纪40—60年代）、快速发展期（20世纪90年代中期至21世纪之初）、全面覆盖期、转型调整期，数字经济已经经历了70多年的发展历程。尼葛洛庞帝《数字化生存》提出了数字化概念。1996年美国学者泰普斯科特（Don Tapscott）在《数字经济时代》一书中正式提出数字经济的概念，随后，美国商务部先后出版《浮现中的数字经济》《数字经济》等研究报告，数字经济开始广泛传播。2016年9月，G20峰会在杭州召开，中国作为此次峰会的主席国，首次把“数字经济”列为峰会的一项重要议题。2017年2月，中国移动在2017 GTI国际产业峰会提出，从新技术、新网络、新生态三个方面，着力构建数字化服务新能力。2017年3月，我国政府工作报告中正式提出“数字经济”概念。2018年，我国政府提出加强对“互联网+”和“数字经济”相关产业的布局。

近年来，全球经济增速已呈现明显放缓态势，新冠肺炎疫情的蔓延扩散给全球格局调整带来了更多不确定性。面对错综复杂、繁乱的国际形势，数字经济正席卷全球，带动经济社会迈入新时代。我国数字经济总体规模排名全球第二，2018年数字经济同比增速达到17.65%，占GDP比重达到60%，强劲增长的中国数字经济已经成为中国经济继续稳定增长的重要引擎。5G、AI、云服务、大数据等成为推动数字经济发展的动力源泉。数字经济对我国国民经济发挥关键力量的同时，正驱动着产业向着网络化、平台化和智能化的方向不断发展，为政企转型和产业升级注入新的动力。

数字经济所带来的新动能，打破了生产要素稀缺性对经济增长的制约，为社会经济的持续增长提供可能。一方面，数字经济作为一种新型的生产要素，与传统要素相比，具有新的特征。劳动、土地以及资本等传统的生产要素是有限的，但是数据是无穷的，甚至还会增加。传统要素具有稀缺性，但是数据不受稀缺性的限制，其可以被复制、共享和反复使用。另一方面，数字经济能够突破时空的限制，人们可以随时随地获取数字服务，提升经济增长。

二、数字经济与高质量发展、消费者满意之间的逻辑关系

数字经济在供给侧推动产业的融合创新发展、经济结构的优化、产品质量的提升，进一步提升生产效能，是推动供给侧高质量发展的重要手段。同时，数字经济在需求侧是以服务形态存在，数字经济服务是数字经济作用于需求侧的主要形式，数字经济对高质量发展起到推动作用，同时使消费者在数字经济下共享高质量发展成果。高质量发展、数字经济和消费者满意是经济高质量发展的主体、路径和最终目标的关系。企业是高质量发展的主体，高质量发展的目标就是要推动我国经济持续健康发展，更好地满足人民群众多样化、多层次、多方面的需求（消费者满意），数字经济则是实现高质量发展的重要路径。

（一）数字经济在供给侧带动产业结构升级，推动经济高质量发展

数字经济凭借着覆盖性、渗透性和跨界融合、智能共享等特性，带动了信息技术与传统产业的深度融合，数字经济所带来的新动能，重构产业体系以及赋能传统产业，为经济增长培育新动力开辟新空间。数字技术赋能传统产业，有助于驱动产业效率提升、推动产业跨界融合、重构产业组织的竞争模式以及产业升级，通过降本、提效、创新路径实现传统产业业绩提升目标。互联网技术对传统企业的改造，提高生产效率，有助于提升企业的供给能力，实现经济高质量发展。

（二）数字经济是消费增长的重要引擎，是实现人民美好生活的必然路径

数字经济时代，人民的消费水平得到巨大提升，从单一的物质消费转变为物质和精神的双重需求，成为消费增长的重要引擎。数字经济背景下，数字技术凭借透明、共享和去中介化等优势，使得生产者与消费者之间的信息不对称逐渐减弱，服务业运

行更加透明，数字技术融合应用显著降低了交易成本，激活了交易的效率。企业可利用大数据探求个性化的需求，并且更加精准匹配用户消费需求，提供更加个性化、差异化的服务，有效提高服务效率。高质量的消费是实现人民美好生活需要和人的全面而自由发展的重要内容和内在要求。

三、数字经济服务中企业与消费者之间的逻辑关系

（一）企业数字化建设推进产业数字化转型，提升数字经济服务供给能力

1. 企业数字化建设，推进信息管理智能化

（1）帮助企业整合信息资源，促进企业智能化

通过应用大数据技术将使企业管理信息化推进到数字化、智能化的新阶段。对于企业来说，运用大数据技术对大量可整合利用的数据进行优化分析得到有价值的信息，提升企业价值创造能力，增强企业竞争优势。

随着企业信息化程度的不断提高，必然会产生大量的数据。以数据仓库技术为代表的大数据信息处理技术近年来在互联网行业已有了深入的实践，能够帮助企业抽取挖掘各类信息系统中产生的数据，并辅助工程师对数据进行分析、规范、统一和整合，将企业信息系统推动到智能化的阶段。

（2）提高企业的决策能力和服务水平

在大数据时代，企业能用大数据技术不断收集和挖掘各种信息、数据，如产品开发前的调研数据、产品销售数据、产品质量数据等，通过对这些信息数据的整合、汇总、分析，为相应的决策人员实时提供具有参考价值的信息，提高企业决策能力。另外，对外企业还可以建立起网络化的服务平台，通过大数据技术评估企业服务绩效，有针对性地提供令消费者更为满意的服务，使企业与消费者之间的联系更加紧密，提高企业服务水平。

2. 信息化管理，推进企业数字化转型

（1）打破信息孤岛，实现数据融合

数字化转型的基础是数据。这需要企业推进系统深度数字化，打通各个信息孤岛，实现数据融合，建立先进的管理平台。信息化建设以系统规模化处理的优势在分析顾客结构、推动业务发展方面展现了强大的生命力，实现各业务系统的深度集成，减少重复填报工作。通过重点建设综合项目管理系统、统一数据平台、智慧工地集成平台，

提高数据的准确性，挖掘数据价值，实现数据通、管理通，推进业财一体化、系统数字化和深度数字化工作。

（2）信息化发展助力数字化转型

努力实现企业数字化转型，概括起来包括这些条件：一是企业数字化转型的软硬件条件和数字化环境；二是企业必须具备全员、全专业的信息化能力，拥有熟练的信息化基本技能，例如在人事上进行科学的人员信息化培养，为公司的数字化转型提供人力支持；三是企业要拥有足够的数据资源以及数据资源应用深度，企业在研发设计、生产制造等环节建立完善的信息管理收集数据。

企业信息化与数字化管理相结合，将是提高中国企业市场适应力和国际竞争力的战略选择，是引领和改造传统企业实现跨越式发展的强大推动力。

3. 产业数字化，提升供给能力

移动互联网转向产业互联网，万物都赋予智能化，智能空间、智能数据、智能产品、智能服务等都成为生产的一部分。当大数据变成企业的服务和产品的时候，服务的数字化转型既是服务生产过程的需要，也是服务管理过程的需要，已成为数字化服务时代的突出特征。万物互联时代，智能服务根据大数据预测客户的消费意愿，根据预测结果，调整生产策略和服务策略，真正实现为消费者按需提供、高质量提供。

（二）消费者的评价对于衡量数字经济服务质量意义重大

1. 消费者作为服务的终点，对于衡量数字经济服务满意度有重要意义

无论什么形式的数字经济，最终用户都是消费者，数字经济的推广也首先来自消费者。从消费者的角度出发，挖掘数字经济服务的薄弱环节及其影响因素，可以更好地为消费者服务，促进数字经济的进一步发展。

2. 消费作为经济发展根本性动力之一，对于衡量数字经济服务满意度有重要意义

“十三五”以来，我国居民消费规模增大，支出结构优化调整，消费升级成为我国经济稳步增长的重要驱动力。据统计，2019 年上半年消费对国民经济的拉动作用超过了 60%。因此利用大数据、云计算以及互联网技术等数字技术扩大消费，优化消费环境在一定程度上能够丰富数字要素，促进数字经济高质量发展。

3. 消费需求的反馈，对衡量数字经济服务质量有重要意义

在数字经济的时代背景下，互联网、大数据等新技术的发展也引发了消费者需求

的多样性，而消费者需求的反馈也被收集起来作为产品是否研发的依据。消费者在客观上也参与了产品的生产，在一定程度上，生产者通过获得消费者需求的相关信息，并结合生产要素的组织过程，促进了生产方式与数字技术的结合，使得数字经济服务更符合消费者需求。例如：网约车的出现缩短了乘客等车的时间。

（三）数字经济服务的供给与需求

1. 企业利用消费者行为生成的大数据，精准匹配用户消费需求，从而使供给与需求逐步实现匹配

当前，国家大力推行的供给侧改革、市场上随处可见的产品滞销均表明，许多企业生产的产品与市场需求完全脱节。大数据的应用使普通消费者能够通过数据的方式参与研发，成为企业之间主要的竞争力。企业要充分获取和利用消费者行为生成的大数据，形成消费者的精准画像，提炼消费者的意见，参与产品构思、测试和改进等所有环节，从而使供给与需求逐步实现匹配。

大数据能够对消费群体进行精准分类，通过划分不同的市场、不同的消费量等使企业能够对复杂多变的市场趋势和需求变动进行更准确的判断，从而提高研发预测的准确性，使得需求量与企业生产相一致。因此，在企业产品开发过程中引入消费者参与，通过与消费者的交流来获取消费者的偏好信息，从消费者的视角去解决消费者的需求问题，使得企业供需平衡。

2. 数字经济作为一种赋能方式，在需求侧和供给侧应用是对市场“看不见的手”的功能的强化，用于解决市场失灵问题

从需求方面，加速推动消费模式与商业模式的线上线下融合发展。鼓励传统的线下购物向线上转移，培育新的经济增长点，如在线游戏、智能诊疗、在线教育和网络订餐等新兴商业模式的发展。通过消费与商业模式的数字化转型，扩大网络消费规模，推动消费结构的均衡发展，从需求侧刺激消费。

从供给方面，加速推动企业的数字化、网络化、智能化转型。在一些高技术产业和能源化工等工业行业中，对生产设备和工艺流程进行数字化、网络化、智能化改造，加大工业机器人的投入力度，推动智慧工厂建设，实现“停工不停产”。加快建设企业组织之间数字生态共同体，构建产业链上下游协同互动的生产经营模式；加速推动在线办公等新技术的普及应用，推动企业组织管理模式变革，提高线上运营与管理的比重。

四、数字经济服务质量的理论内涵

（一）数字经济服务的基本特征

1. 数字经济服务的规模经济极为显著

数字经济时代，随着信息技术及互联网技术对服务行业的不断渗透，数字经济服务已经形成了如下新特征：高固定成本与低边际成本。其中，高固定成本来源于两个方面：一是产品的前期研发成本，包括因开发新产品投入的费用、人力、物资等；二是为吸引用户而进行免费、补贴策略所耗费的成本。前者是一种沉淀成本，在投入以后几乎无法收回或者改变。后者是数字经济特性决定的，在网络外部性的作用下，数字服务企业用户规模达到临界容量后，就会触发正反馈，实现强者愈强的马太效应，为数字服务企业带来更多收益。固定成本与边际成本的特性使得数字服务行业平均成本逐渐降低，这一过程实际上形成了规模经济，规模经济又明显地促进了数字服务企业供给能力的增加。

2. 数字经济服务的范围经济极为显著

国内外案例显示，一个数字经济服务巨型服务业务平台形成后，可以销售多种产品和服务，并且以品牌优势不断拓展新的产品和服务。对消费者来说，登录一个平台就会应有尽有，对数字经济服务的参与企业来说能最大化地利用平台资产，降低成本提高效率。

因此，数字经济时代的服务业发展开创了自身产品之外的伴生利润来源，之所以能实现这种盈利模式，是因为其将范围经济发挥到了极致。传统的范围经济指由厂商的范围而非规模带来的经济，也即是当同时生产两种或多种产品的费用低于分别生产每种产品所需成本的总和时，所存在的状况。而数字经济可以依靠在某一种主营业务积累起来的用户，低成本地开展多样化的业务，获得更多的利润来源。目前典型的互联网企业均具有多样的产品，如腾讯的主营服务业务为网络通信，但其同时有邮件、新闻、游戏等多种衍生服务业务，后者均基于主营服务业务平台，因此具有较低的成本，同时，企业积累的大量用户资源也使新业务易于传播和被用户接受。

3. 数字经济服务的长尾效应极为显著

数字经济服务的规模经济，描述的是数字经济服务产量与平均成本的关系，数字经济服务的范围经济，描述的是数字经济服务产品种类与平均成本的关系。可以发现，数字经济服务的形态是两种不同范畴效应的融合。数字经济服务的规模经济是产量大幅增加，导致大型企业出现；数字经济服务的范围经济又可以使行业中出现多种业务或产品，满足不同需求，由此又形成了数字经济消费端的“长尾效应”。“长尾效应”是数字经济时代专有的学术名词，似乎可以归类为范围经济，但有其鲜明的网络特点（克里斯·安德森，2006）。所谓长尾效应，是指当产品和服务多样化的成本足够低时，那些个性化强、需求不旺、销量很低的产品和服务仍然能够“上架”，这些“小众”“冷僻”的需求汇聚而成的市场份额，可以和那些少数热销产品所占据的市场份额相匹敌甚至更大。

（二）数字经济服务优化经济发展的运行环境

规模经济、范围经济及长尾效应构成了数字经济服务的主要经济环境。说明服务业市场多样化的需求被激发出来，但规模扩大与产品种类的逐渐多样产生了更为丰富的信息，信息冗余使服务业系统变得更加复杂，带来新的服务匹配问题。而互联网、云计算、大数据等新兴数字经济服务又为经济运行的服务环境提供了优化路径。随着移动互联网、大数据、云计算等技术的深化应用，数字经济服务促进传统经济的高质量发展成了数字经济服务的新特征。

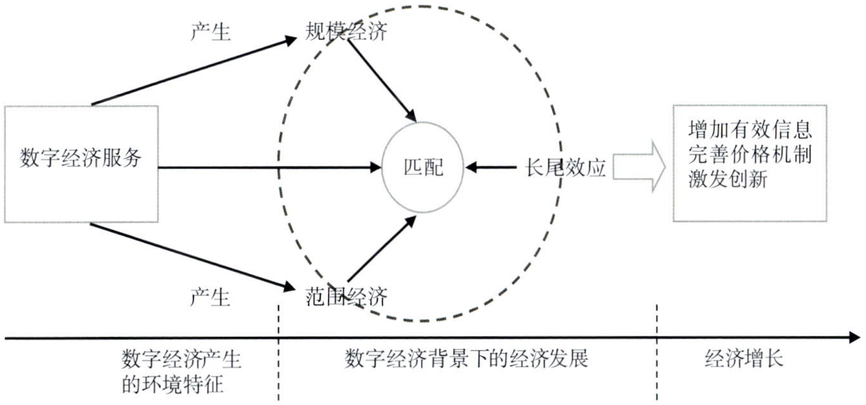

图 6-1　数字经济服务影响经济高质量增长的理论机理

数字经济服务作为一种新兴的服务经济形态对传统服务经济产生影响，这点在消费部门表现得最为明显，网络零售额占社会消费品零售总额比重逐年上升；随着融合程度的不断加深，传统经济的服务模式、技术形态不断创新突破，如在 B2B 领域，借助大数据、云计算，电子商务企业实现了“产业链 + 供应链金融”的服务模式，提高了贸易达成率。数字经济服务优化经济发展的运行环境，促使微观主体应用互联网等技术从事相关经济服务活动，越来越多的企业开始使用互联网服务改进业务流程，具体而言，数字经济服务优化经济发展的运行环境主要体现在以下三个方面。

1. 数字经济服务增加了信息的有效性

数字经济时代个人数据、交易数据等各类数据激增，而互联网技术的联通功能使数据流动起来，真正将生产者与消费者、生产者之间信息互通，使凌乱的数据成为真正的有效信息，即互联网技术提高了信息的有效使用效率。数字经济服务依托互联网等技术自身具备的联通功能，如平台经济、共享经济等新模式的出现，可以很好地匹配供需双方，将烦琐的数据转化成有用的交易信息，降低供需缺口，提高匹配效率。

2. 数字经济服务产生了新的价格机制

在传统经济市场中,生产者与消费者是相对独立的,其决策需要依靠价格予以协调。价格的功能之一在于传递生产者与消费者之间的供需信息，如前文所述，数字经济服务依托互联网等新兴技术可以更好地提炼有效信息，从而在制定价格方面更为精准。一个典型的例子是网约车采取的动态定价策略——当用车的需求超过供给时，会自动抬高价格。通过这种溢价算法，可以很好地调节打车市场的供需均衡。从交易成本的角度看，这两条路径也减少了因信息不对称、机会主义、有限理性等造成的搜寻信息成本、议价成本、决策成本等。可以认定，数字经济服务既为企业满足消费者多样性需求提供了动力，也为消费者获得多样化服务或产品提供了可能性。

3. 数字经济服务加快创新驱动的步伐

数字经济时代的到来，不仅是技术创新引领的经济增长，也是模式转变、结构升级引致的经济增长，是一种高质量的增长，这种增长方式与党的十九大报告提出的现代化经济体系相适应。数字经济服务的发展拓展了消费者的多样需求，消费者多样性的需求进一步扩展了市场边界，使市场不易饱和，为中小型企业和个体经营者的创新提供了生存空间。由于数字经济服务的固有属性，为中小型企业提供了基础平台，因此，中小型企业创新可能来源于商业模式、组织关系的创新。生存环境为整个产业提供了充足的创新力量。经济发展的驱动方式一般来讲会有三个阶段，由低至高依次为要素驱动、效率驱动、创新驱动。从总体上看，数字经济服务依托互联网等技术的发展，加快整体经济发展由效率驱动逐渐向更高层次的创新驱动转变。

（三）数字经济服务以新的要素属性助力经济增长

传统经济主要依托劳动等属地属性较强的生产要素，结合资本形成生产中心，通过产品的流动实现要素流动，改善资源配置效率，促进经济增长。数字经济时代，一般劳动的可替代性不断上升，从原物质资本和技术中抽象出另外一个生产要素数字信息在生产中扮演越来越重要的角色，数字经济服务本身就是生产要素，生产过程轻资产化成为趋势。

数字经济时代，一些前沿的经济学家认为传统的经济增长理论的很多元素被赋予了新含义（杨汝岱等，2018）。Y=AF（K，L）的增长核算框架已经在发生变化，数字经济服务本身成了生产要素，即 Y=AF（D，K，L），数字经济服务 D 直接进入生产函数，这一生产要素是指企业所掌握的服务于生产行为的有关市场需求与供给方面的信息，这一要素很可能没有明确的产权属性，至少不是完全属于企业所有，但很好地体现了数字经济服务竞争与共享并存的特点。

数字经济服务助力经济增长的一个要点，在于资源配置效率的改善。随着我国经济步入中高速发展阶段，越来越多的学者意识到资源配置效率的改善是经济可持续增长的关键，而基于信息交流的要素流动又是资源配置效率改善的基础，要素、技术和信息的组合构成现代经济增长的源泉。在信息流动和完善的基础上，要素开始流动，与特定的技术结合，形成最终产出。三者互动合作，互相促进和加强，缺一不可。在数字经济服务的精准匹配下，对中小企业而言，进入市场相对容易，由此产生了一些新的商业模式，如共享经济、O2O 等。这些商业模式不仅创造了新需求，也更精准地匹配了供需两端，促进了经济增长。互联网、大数据、云计算等技术的联通，运算作用又使得要素更容易靠近潜在产出水平，实现经济长期高质量增长。

数字经济服务作为一种新的生产要素，具有两方面的要素属性——信息性和时间性。数字经济服务的信息性体现在，数字经济服务使得企业对外围市场供给和需求的信息可得性大大提高，企业能根据这些信息进行更为精准的市场定位，创造更高的效益。企业掌握的关于其他企业的供给方信息，能够使企业更好地进行错位竞争，也能够更为迅速地了解其他企业的相关产品和技术信息，获得溢出效应。此外，企业掌握的关于消费者的信息，使得企业能够更好地进行产品定位，实行价格歧视，提高利润率。

数字经济服务的时间性体现在，能够加快企业自我识别的过程，加快资源流通速度，提高资源配置效率，促进企业成长与经济发展。企业进入市场和决定是否继续生产是基于对现有市场盈利状况及自身生产率水平的判断。相对于传统经济发展规律，数字经济服务能够使得企业更快更完整地获得市场信息，也能更快地对自身生产率水平作出识别，以作出合适的生产决策。

（四）数字经济服务质量的内涵界定

数字经济是指以使用数字化的知识和信息作为关键生产要素、以现代信息网络作为重要载体、以信息通信技术的有效使用作为效率提升和经济结构优化的重要推动力的一系列经济活动。数字经济服务是数字经济的产物，是指依托互联网和数字技术，以“数据服务”为驱动力来满足人们各种需要的过程，是一种新经济服务形态。

本课题组认为，数字经济要实现高质量发展，不仅要在外部环境的竞争中不断激发企业自身优势，还要激发消费者在数字经济中参与的深度、广度和力度，同时要不断营造和完善有利的保护环境，最终实现让广大消费者共享高质量的数字经济成果。因此，数字经济服务质量需要从数字经济提供服务的主体企业角度和数字经济服务的最终用户消费者的评价角度来综合衡量。

第七章　数字经济服务质量综合评价指标体系的构建与研究调查

一、数字经济服务质量消费者满意度指标体系的分层和构建

（一）国内外消费者数字经济服务质量满意度测度指标体系的评价及启示

当前国内外对数字经济的统计和测度主要有两种思路，一种是基于计量经济学的方法，统计或估算一定区域内数字经济的规模体量；另一种是基于多个维度的指标，对不同区域或不同时期数字经济发展情况进行量化分析。总的来说，目前对于数字经济的评价，大都是统计区域内数字经济的规模体量，或者基于多个维度的指标对不同地区间的数字经济发展情况进行对比。而这些统计评价都是基于宏观层面的，很难反映出消费者针对数字经济产品或服务的真实感受。当前，国内对数字经济服务发展评价还没有一个统一的标准，缺乏客观、全面、系统的量化研究方法和研究成果，已有的研究不管是从增加值角度直接测算数字经济服务还是从综合指标来间接衡量数字经济服务，都具有一定的局限性，并不能够全面地反映数字经济服务的发展状况。

在我国，数字经济已成为落实重大战略布局的关键力量。而作为经济发展根本性动力之一的居民消费，也深刻地受到促进互联网、大数据、人工智能与实体经济深度融合数字经济的影响，从消费者的角度来评价数字经济服务质量是不可或缺的，这样不仅能够评价我国在发展数字经济方面的表现，同时能够更好地挖掘数字经济服务中存在的问题，从而更好地为消费者服务，为数字经济技术、产品或服务质量的提升带来更重要的现实意义和应用价值。因此，本项目针对消费者展开对数字经济服务质量满意度调查，评价数字经济在服务消费者方面的表现。

（二）消费者数字经济服务质量满意度评价指标体系的构建

结合现有理论成果，并广泛查阅资料及专家讨论后，设计合成一套科学化、规范化、可行性强的数字经济服务质量满意度评价指标体系。

1. 构建原则

（1）科学性原则。各指标体系的设计及评价指标的选择必须以科学性为前提，能

客观反映数字经济服务质量的现状、特点，真实全面地反映出各指标之间的相关关系，为数字经济服务质量满意度研究奠定基础，提高结果的说服力。课题组在与专家多次讨论并改进后，力图保证指标构建的准确性、科学性。

（2）系统性原则。系统性原则要求在数字经济服务质量满意度指数构建中坚持全局意识、层次观念，自上而下、从宏观到微观逐步深入，旨在系统地反映出消费者、企业、不同业态、不同城市、数字经济平台、数字经济本身等所构成的数字经济闭环。因此，必须把数字经济服务的研究视为一个系统问题，并基于多因素来进行综合评估。

（3）典型性原则。大数据时代下数据、指标都是海量的，同时，鉴于我们测度综合评价指数时涉及多个城市数据，特别是日后还要进行长期的可持续性评价，指标体系能够反映真实水平即可，力求方便简洁，不宜过于复杂。如何从海量指标中选择出有一定典型代表性的指标是十分重要的。经过课题组前期分析比较发现，采用庞大数据构建的指标体系测算出的结果与采用一些关键数据测算出的结果，并无本质差异。因此，指标遴选强调数量适宜，每个一级指标下的测度指标控制在 3 至 6 个。

（4）综合性原则。企业—消费者—数字经济的有效循环和互动“共赢”，是数字经济服务研究的最终目标。数字经济服务质量满意度评价指标体系，除了考虑数字经济时代自发的市场行为、政府的调控监督、企业的数字化建设，还应将数字经济服务的安全性、厚度性、便利性、时代性纳入考虑范围，分析数字经济服务的规模效应、价值效应、长尾效应、社会效应等。

2. 指标的选取与确定

在上述原则和本课题组所界定的数字经济服务内涵的基础上，参考以往指标体系，调研并听取有关部门意见，邀请来自北京师范大学、中央财经大学、对外经济贸易大学、首都经济贸易大学、江西财经大学、东北财经大学、中国消费者协会、中国移动通信有限公司、华为技术有限公司、腾讯科技有限公司、滴滴出行、阿里云等相关研究领域的多位专家，以专家论证会的形式对指标体系及调查问卷进行了优化调整，通过讨论得出：应从数字经济服务的竞争性、参与性、保护性、共享性 4 个层面选取相关指标，最终形成了 2020 年数字经济服务质量满意度指标体系（如表 7-1 所示），指标体系由 4 个一级指标，14 个二级指标，31 个三级指标组成。

表 7-1 数字经济服务质量满意度指数评价指标体系

一级指标	二级指标	三级指标
竞争	基础设施	网络覆盖
		宽带速率
		消费设施
	业态管理	服务数量
		服务质量
	技术与创新	研发支出
	人力资本	人员素质
	费用管理	额外费用
		费用收取
参与	深度	使用数量
		评论留言
	广度	促进就业
	力度	使用频率
		使用年限
保护	安全性	交易安全
		法律保障
	隐私性	个人隐私
	信任度	维权渠道
		维权效率
		售后保障
		信任程度
	自我意识	自主选择
		消费知情
		服务感知
		价格感知
		信息全面
共享	生活需求	生活方便
		高效快捷
		生活幸福
	普及程度	发展水平
		传播效果

一级指标竞争性对应数字经济服务竞争指数，表明数字经济服务要在外部环境的竞争中不断发展自身优势。用以体现不同城市、不同业态的数字经济服务综合竞争力，其中包括基础设施指数、业态管理指数、技术与创新指数、人力资本指数、费用管理指数 5 个二级指标，旨在通过调查和分析反映目标地区或业态的网络覆盖、宽带速率、消费设施、服务数量、服务质量、研发支出、人员素质、额外费用、费用收取的管理现状。

一级指标参与性对应数字经济服务参与指数，包括参与深度、参与广度、参与力度 3 个二级指标，表明在参与的基础上要进一步激发消费者在数字经济中的参与的深度、广度、力度。通过调查分析目标地区或业态的数字经济服务使用数量、评论留言、促进就业使用频率、使用年限等，反映数字经济服务参与度的情况。

一级指标保护性对应数字经济服务保护指数，表明高质量的数字经济服务还需要不断营造和完善有利的保护环境，故设立了安全性、隐私性、信任度、自我意识 4 个二级指标。旨在通过调查分析不同城市或业态的数字经济服务交易安全状况、法律保障状况、个人隐私保护、维权渠道、维权效率、售后保障，以及消费者对数字经济服务的自主选择、消费知情、服务感知、价格感知和信息感知状况，衡量消费者在数字经济中的权益是否得到保护。

一级指标共享性对应数字经济服务共享指数，旨在反映最终实现可供广大消费者共享的高质量的数字经济成果，主要包括生活需求、普及程度 2 个二级指标。旨在通过调查分析不同城市或业态的数字经济生活方便性、高效快捷性、生活幸福状况，以及数字经济服务发展水平状况、传播效果来衡量数字经济发展的共享特征。

（三）消费者数字经济服务质量满意度综合评价方法的确定

1. 权重确定

为了保证评价结果的客观性和科学性，本报告采用德尔菲法和层次分析法相结合的方式，从定性和定量的综合角度进行指标权重的确定，能够较好地量化全面评估过程。

层次分析法（AHP）是一种系统分析与决策的综合评价方法，它较合理地解决了定性问题定量化的处理过程。AHP 的主要特点是通过建立递阶层次结构，把人们的判断转化为若干因素两两之间的重要性比较，从而把难以量化的定性判断转化为可操作的定量判断。其本质是这样的一种思维方式：把复杂问题分解成多个组成因素，又将这些因素按支配关系分别形成递阶层次结构，通过两两比较的方法确定决策方案相对重要度的总的排序。

AHP 的基本原理是将总评价目标相关的因素分解为三个层次：目标层、准则层和评价指标层。在所构建的层次分析模型中，通过调查判断，形成判断矩阵。当检验判定矩阵通过一致性检验时，则可以接受判断矩阵，并直接得出各指标的权重值；若该一致性检验未通过，则意味着需对判断矩阵中的元素值加以调整，直至通过一致性检验为止。具体而言，AHP 的计算过程如下。

第一步：建立层次结构模型。通过对数字经济服务质量和消费者满意度的深入分析，将有关各因素按从属关系分解成若干层次，最上层为目标层即一级指标，最下层为具体的指标即三级指标，中间层等级为准则层即二级指标。

第二步：构建判断矩阵。根据 19 位专家对两两指标间重要性的判断情况，综合汇总得到多个判断矩阵。

表 7-2　判断矩阵构建说明

判断值	具体含义
1	表示两个因素相比，具有同等重要性
3	表示两个因素相比，一个比另一个稍微重要
5	表示两个因素相比，一个比另一个明显重要
7	表示两个因素相比，一个比另一个强烈重要
9	表示两个因素相比，一个比另一个极端重要
2、4、6、8	表示上述两个相邻判断的中值
倒数	表示两因素 i 与 j 比较得判断 aij，则因素 j 与 i 比较得判断：aji=1/aij

第三步：计算判断矩阵的最大特征值及其特征向量。在运用判断矩阵确定各指标权重时，实际上是构造判断矩阵的特征向量。通过解正互反矩阵的最大特征值，可求得相应的特征向量，经归一化后即为权重向量。

$$CW = \lambda_{max} W \tag{1}$$

第四步：一致性检验。

首先，计算该 n 阶判断矩阵的一致性指标值 CI：

$$CI = \frac{\lambda_{max} - n}{n-1} \tag{2}$$

其次，计算平均随机一致性指标 RI。首先，从 1—9 及其倒数中随机抽取数字构成 n 阶正互反矩阵，计算其最大特征值。其次，重复 1000 次得到 1000 个随机正互反矩阵的最大特征值，再计算 1000 个最大特征值的均值 k。接着，计算平均随机一致性指标 RI。

$$RI=\frac{k-n}{n-1} \tag{3}$$

最后，计算一致性比率 CR 并验证是否一致。

$$CR=\frac{CI}{RI} \tag{4}$$

当 $CR<0.1$ 时，一般认为矩阵 A 的不一致程度在容许范围之内，可以用其特征向量作为权向量。否则需对判断矩阵进行修正，直至 CR 小于 0.1 为止。

通过计算，本次调查各判断矩阵的一致性检验值 CR 均小于临界值 0.1，故都通过一致性检验，表明判断矩阵具有满意一致性，即权重分配合理。

第五步：计算权重向量。将通过一致性检验的判断矩阵最大特征值所对应的特征向量进行归一化即可得到该层各因素对上层因素的权重大小。

表 7-3 消费者数字经济服务质量满意度指数各级指标权重

一级指标	一级权重	二级指标	二级权重	三级指标	三级权重
竞争	0.31	基础设施	0.41	网络覆盖	0.63
				宽带速率	0.285
				消费设施	0.085
		业态管理	0.19	服务数量	0.77
				服务质量	0.23
		技术与创新	0.24	研发支出	1.00
		人力资本	0.10	人员素质	1.00
		费用管理	0.06	额外费用	0.80
				费用收取	0.20
参与	0.11	深度	0.70	使用数量	0.72
				评论留言	0.28
		广度	0.15	促进就业	1.00
		力度	0.15	使用频率	0.80
				使用年限	0.20

续表

一级指标	一级权重	二级指标	二级权重	三级指标	三级权重
保护	0.32	安全性	0.50	交易安全	0.73
				法律保障	0.27
		隐私性	0.30	个人隐私	1.00
		信任度	0.11	维权渠道	0.26
				维权效率	0.44
				售后保障	0.13
				信任程度	0.17
		自我意识	0.09	自主选择	0.36
				消费知情	0.27
				服务感知	0.16
				价格感知	0.14
				信息全面	0.07
共享	0.26	生活需求	0.675	生活方便	0.64
				高效快捷	0.24
				生活幸福	0.12
		普及程度	0.325	发展水平	0.85
				传播效果	0.15

2. 指数合成

（1）三级指标指数

三级指标满意指数 =100 × ① % ＋ 87.5 × ② %+75 × ③ %+62.5 × ④ %+50 × ⑤ %（5）

其中，① %、② %、③ %、④ %、⑤ % 分别表示被访者在回答某一问题时，选择“非常好”“比较好”“一般”“比较差”“非常差”的人数比例。

选择某选项的人数比例 = 选择该选项人数 ÷ 该题有效样本数 ×100%（6）

某问题有效样本数 = 该题答题总人数 –“跳过”的人数（7）

（2）二级指标指数

二级指标满意指数 = ∑三级指标满意指数 × 三级权重 （8）

（3）一级指标指数

一级指标满意指数 = ∑二级指标满意指数 × 二级权重 （9）

（4）总指数

数字经济服务质量满意度指数 = ∑一级指标满意指数 × 一级权重 （10）

二、数字经济服务质量企业数字化建设程度指标体系的分层和构建

（一）国内外企业数字化建设程度测度指标体系的评价及启示

从目前学术研究的成果来看，虽然对于“企业数字化水平测度”的研究报道几乎没有，但是国内外学术界对与之相关的问题进行了研究。国外的研究主要是基于数字化环境的大背景，以制造企业为研究对象，研究在数字化技术的影响下，企业通过何种技术手段来提高其自身的制造能力和竞争力。国内学者主要是对企业的信息化能力和智能制造能力进行评价，是通过建立评价指标体系来评价企业的智能制造能力、信息化水平和数字化水平等，且多集中于制造业行业。以制造业为研究对象来衡量我国企业的数字化具有一定的局限性，各行业因其行业背景不同而具有不同的特征，对数字化的需求以及数字化技术的采用也不同，因此要充分考虑各种企业的实际情况，考虑各企业间统计指标的差异，分行业对企业数字化进行研究是很有必要的。

（二）企业数字化建设程度评价指标体系的构建

在广泛查阅资料及专家讨论后，设计并计算出一套完整的、可行性强、可持续观察的企业数字化建设程度综合评价指标体系。

1. 构建原则

（1）简明科学性原则。大数据时代可资利用的数据是海量的，但因我们测度综合评价指数时涉及多个行业数据，特别是日后还要进行长期的可持续性评价，指标体系能够反映真实水平即可，力求方便简洁，不宜过于复杂。因此，从众多指标中遴选出具有典型代表性的指标，每个一级指标下的测度指标控制在 1 至 4 个。

（2）系统性原则。系统性原则要求在数字经济服务质量满意度指数构建中坚持全局意识、整体观念，旨在要求各指标之间有一定的逻辑关系，所以本次企业数字化建

设程度指标的选择中各指标间相互独立，又彼此联系，构成了一个有机统一体，形成了一个不可分割的关系。

（3）综合性原则。企业数字化建设程度综合评价指标体系，除了考虑数字经济时代自发的市场行为，政府的调控监督，还需要考虑数字经济建设的规模效应、范围效应、长尾效应等诸多因素，并进行综合分析和评价。

2. 指标的选取与确定

在上述原则和本课题组所界定的企业数字经济建设程度的基础上，调研并听取有关部门意见和建议，同时邀请对外经济贸易大学、首都经济贸易大学、中央财经大学、中国消费者协会、中国质量协会、中国移动通信有限公司、华为技术有限公司、腾讯科技有限公司、滴滴出行、阿里云等相关研究领域的多位专家，以专家论证会的形式对指标体系及调查问卷进行了优化调整，通过讨论得出：应从企业数字经济建设中的企业管理、数字化创新、信息保护 3 个层面选取相关指标，最终形成了 2020 年企业数字化建设程度指标体系（如表 7-4 所示），指标体系由 3 个一级指标，7 个二级指标组成。

表 7-4　企业数字化建设程度指标体系

一级指标	二级指标
企业管理	数字化程度
	推动方式
	执行效果
	人才培养
数字化创新	投入程度
	创新效果
信息保护	隐私程度

（三）企业数字化建设程度综合评价方法的确定

1. 权重确定

权重是综合评价中的一个重要的指标体系，为了保证评价结果的客观性和科学性，采用熵值法、德尔菲法和层次分析法，主客观结合的方式进行指标权重的确定，能够较好地量化全面评估过程。

熵值法是一种客观赋权法，其根据各项指标观测值所提供的信息的大小来确定指标权重。根据熵的特性，可以据此判断出一个事件的随机性以及无序程度，也可以基于熵值判断某个指标的离散程度。离散程度越大，即信息量越大，不确定性就越小，熵也就越小；信息量越小，不确定性越大，熵也越大。基于该思想，熵值法只考虑数据内部的信息量大小，有效地避免了人为主观因素的影响。具体而言，熵值法的计算过程如下：

（1）数据的非负化处理；

（2）计算第 j 项指标下第 i 个方案占该指标的比重；

（3）计算第 j 项指标的熵值；

（4）计算第 j 项指标的差异系数（对于第 j 项指标，指标值的差异越大，对方案评价的作用越大，熵值就越小）；

（5）求权数：保证权重之和为 1；

（6）计算各方案的得分。

同时利用层次分析法（AHP）计算权重向量。将通过一致性检验的判断矩阵最大特征值所对应的特征向量进行归一化即可得到该层各因素对上层因素的权重大小。

表 7-5　企业数字化建设满意度指数各级指标权重

一级指标	权重	二级指标	权重
企业管理	0.67	数字化程度	0.29
		推动方式	0.12
		执行效果	0.26
		人才培养	0.33
数字化创新	0.09	投入程度	0.37
		创新效果	0.63
信息保护	0.24	隐私程度	1

2. 指数合成

（1）二级指标指数

二级指标满意指数 =100 × ① %+75 × ② %+50 × ③ %+25 × ④ %+0 × ⑤ %　（11）

其中，① %、② %、③ %、④ %、⑤ % 分别表示被访者在回答某一问题时，选择“非常好”“比较好”“一般”“比较差”“非常差”的人数比例。

选择某选项的人数比例 = 选择该选项人数 ÷ 该题有效样本数 ×100%　　（12）

某问题有效样本数 = 该题答题总人数 - 选择“不清楚”选项的人数

注：根据本年度二级指标满意指数的最低得分，进行了数据制度变换，把原始得分映射到“初始最低分 -100 分”区间。

（2）一级指标指数

一级指标满意指数 = ∑二级指标满意指数 × 二级权重　　（13）

（3）总指数

企业数字化建设指数 = ∑一级指标满意指数 × 一级权重　　（14）

（4）调查结果的使用

指数值的经济含义：企业数字化建设程度指数的取值介于 0 至 100 之间，50 为企业数字化建设程度强弱的临界点，表示企业数字化建设呈一般状态。指数大于 50 时，表示企业数字化建设程度偏强，指数值越接近 100，表示企业数字化建设程度越强；反之，指数小于 50 时，表示企业数字化建设程度偏弱，越接近 0，表示企业数字化建设程度越弱。

三、调查对象的选择和样本抽样设计

（一）消费者数字经济服务质量满意度调查对象的选择和抽样设计

1. 城市的选择

本次调查结合《数字中国指数报告（2019）》《中国“互联网 +”指数报告（2018）》《中国城市数字经济指数白皮书（2018）（2019）》和《2019 新一线城市排名（第一财经）》等报告初步拟选北京、上海、深圳、广州、杭州、成都、苏州、重庆、武汉、西安等 13 个互联网产业发展迅猛的城市进行。为了保证调查的有效性和可比性，根据不同城市人口规模占调查城市总人口比例确定各城市样本量，从而使所有城市以相同的概率入样本，同时按照抽样误差和设计效应对部分城市的样本量进行调整，样本总量为 3795 人。此外，数字经济是一种以互联网为依托的新经济形态，所以此次调查主要采取电话和网络调查的方式，并在部分重点城市进行面访。

选择北京作为调查试点城市的原因在于，北京是我国的首都，是全国政治中心、文化中心、国际交往中心、科技创新中心，数字经济服务发展水平较高。数字资源具有得天独厚的优势，按照国家《数字经济产业统计分类标准（征求意见稿）》统计口径，

2019年北京市数字经济增加值超1.3万亿元，众多数字技术企业云集为北京数字经济服务的发展奠定了非常坚实的基础，高层次创新人才资源也为北京数字经济服务发展提供了充足的人才保障，以电子信息传输服务、数字技术服务两大领域为主的数字经济引领着社会经济的快速发展。

选择成都作为调查试点城市的原因在于，成都地处欧亚大陆中心，是我国“一带一路”和长江经济带的战略交汇点，是面向亚欧大陆腹地最近的超大城市，是国家重要的高新技术产业基地。近年来，成都在数字经济领域频频发力，推动软件服务、集成电路、新型显示、数字娱乐等高技术领域形成了较强的竞争优势，通过“数字产业化”和“产业数字化”的双轮驱动，打造数字经济发展新引擎。

选择广州作为调查试点城市的原因在于，广州是我国著名的商贸城市，拥有非常多元化的商业形态，尤其在制造业和商贸流通业等领域。这些产业涵盖金融、通信、物流等方方面面，在商贸交易中将产生大量的数据资产，而这些正是构成数字经济的核心要素；此外，广州充分依托各大创新平台和重大工程项目，持续引进高层次顶尖人才，推动广州数字经济服务更好的发展。

选择贵阳作为调查试点城市的原因在于，近几年，贵阳市聚焦创新驱动，加快推进“中国数谷”建设，全力发展数字经济。培育软件和信息技术服务业产业链，加快推进腾讯、浪潮、优必选等重点企业项目建设，实现数字经济与实体经济的融合，为推动“一带一路”沿线国家和地区普及和应用大数据，加快发展数字经济，走高质量发展之路，创造了有利条件。

选择哈尔滨作为调查试点城市的原因在于，哈尔滨是中国东北部最大的政治、经济、文化中心，是国家重要的工业基地，为科技发展奠定了一定的基础。哈尔滨立足得天独厚的区位优势和产业优势，规划“一核——轴—四区”的数字经济产业发展格局，打造数字经济新的增长点。

选择杭州作为调查试点城市的原因在于，杭州有阿里巴巴旗下的支付宝、网商银行、淘宝和天猫等数字经济服务品牌，是中国全面发展数字经济最早的城市，而且也是开展智慧城市最早的城市。杭州不仅在全国最早实现公交地铁“扫码乘车”、电子社保卡就医，还拥有全国首家跨境电子商务综合试验区。目前，杭州聚焦了全国1/3的互联网公司，数字经济已连续19个季度保持2位数增长，在电子商务、互联网金融、共享经济等领域不断涌现出新业态、新模式，引领并带动了全国数字经济发展。

选择南宁作为调查试点城市的原因在于，2019 年，“新西部陆海走廊”诞生，南宁成为连接四川和重庆腹地与东盟外线的桥头堡，是自由贸易的新渠道，经济得到了有效的发展。南宁市紧紧围绕“数字广西”“数字南宁”建设总目标，以中国—东盟信息港南宁核心基地为主线，统筹推进首府数字经济、数字政府、智慧城市建设发展，成效逐步显现。累计筹建数字经济类项目达 103 个，打造了“爱南宁”App，让一码通城成为可能，更是让幸福生活变得触手可及。

选择上海作为调查试点城市的原因在于，为满足上海国际经济中心、金融中心、贸易中心、航运中心和科技创新中心的建设，上海在国内较早建设了大数据和云计算中心。在城市数字经济服务方面，上海在医疗、政务、教育等方面数字经济的发展水平较高；在城市数字化治理方面，上海建设了较完善的公共安全、环境治理监管体系，综合管理方面数字化技术的应用也较为深入；在数字经济产业融合方面，除“互联网＋农业”之外，其他领域数字经济均得到了良好发展。

选择深圳作为调查试点城市的原因在于，深圳作为我国“最互联网的城市”，坐拥腾讯、华为等科技与数字经济巨头企业，数字经济已成为深圳引领区域经济发展的重要推动力。统计显示，2019 年深圳市数字经济产业规模达到 27828.6 亿元，位居全国大中城市首位。在深圳对新基建的大力支持推动之下，5G、工业互联网、人工智能、云计算、大数据等数字经济产业相关业态持续发展壮大，新业态、新应用已经深入千行百业。在稳就业、稳投资、化解疫情对经济的短期影响，推动产业数字化转型和智能化升级等方面发挥出重要作用，为深圳人的生产生活带来颠覆性改变。

选择苏州作为调查试点城市的原因在于，苏州是江苏省经济最发达、现代化程度最高的城市之一，是拥有 3 万多亿元工业总产值的现代化工业城市。许多为数字经济服务提供终端设备的公司坐落于苏州，与其他城市不同，依托良好的现代化工业基础，苏州的未来不是消费互联网，而是工业互联网。低端制造业到高端制造业的转型势在必行，我国也逐年加码推动工业互联网的发展，苏州抓住这一机会，必将描绘苏州数字经济发展新蓝图。

选择武汉作为调查试点城市的原因在于，武汉是我国中部地区的中心城市，全国重要的工业基地、科教基地和综合交通枢纽城市。作为国家级智慧城市试点之一，武汉在医疗、教育、社保领域内的数字化应用相当普遍，此外以电子政务形式服务于政府、企业、社区和居民生活的智慧社区也给民众生活带来极大的便利。在新冠肺炎疫情冲击下，加速了数字经济与传统产业的融合创新，武汉催生出众多新业态和新商业模式，为行业发展、经济增长提供新的推动力量。

选择西安作为调查试点城市的原因在于，西安是著名历史古都城市，是西部经济中心、丝路科创中心、对外交往中心，是丝路文化高地、内陆开放高地。西安的高等教育、人才和科研等优势在全国仅次于北京、上海。京东航天数字经济示范园在西安落户后，推动了西安大数据产业发展，形成了数字产业带动效应，对我国西北地区的发展有重要的辐射作用。

选择重庆作为调查试点城市的原因在于，重庆是我国中西部唯一直辖市，是著名的消费城市，国家中心城市。重庆大力实施以大数据智能化为引领的创新驱动发展战略，着力推动互联网、大数据、人工智能同实体经济的深度融合，改造提升传统制造业。在数字经济服务方面，重庆具有区位、政策、产业基础等优势，阿里巴巴、腾讯、百度、浪潮、科大讯飞等互联网“巨头”纷纷落户重庆，有力带动了重庆智能产业发展和传统产业转型。

2. 业态的选择

近年来，由于我国积极布局信息技术，推动数字服务与社会经济融合发展，借助国内庞大的市场体量和网民数量，我国数字经济服务发展规模迅速扩张。本次调查的重点是我国消费者对数字经济服务质量的满意度情况，故最初选取了网络购物、餐饮外卖、共享单车、在线教育、移动支付、即时通信、网络社交媒体、网约车出行、知识付费、互联网医疗、影视听娱乐、线上办公、线上直播、短视频平台、共享住宿、旅游平台和其他 17 项常见业态作为甄别问卷问题进行调查。其中，通过消费者对“近三个月最常使用的数字经济服务”的选择，发现网络购物、移动支付、餐饮外卖、共享单车、短视频平台、即时通信、网络社交媒体、在线教育 8 个业态最受消费者青睐，8 个业态总共入选的比例达 79% 左右。因此，最终确定对这 8 个与消费者生活密切相关的业态进行量化评价分析。

网络购物是最早的数字经济服务之一，在中国消费者的支持下，中国网络购物的市场规模快速增长、创新成果迅速普及，带动了中国互联网企业及其商业模式竞争力进一步增强。此外，近几年新兴的“网络直播购物”新形式，更为网络购物的发展注入活力。截至 2019 年底，中国网络购物用户规模达 7 亿；新冠肺炎疫情防控期间，网络零售激活了农村消费，进一步释放了市场消费潜力。与中国网络购物快速扩张相对应的是中国消费者对于网络购物品质要求的不断提高，各大电商也不断规范各自平台的商业行为，为满足人民日益增长的高品质消费需求提供助力。

移动支付的崛起，得益于我国消费者对移动支付的认可，是最具有典型特征的数字经济服务。中国支付清算协会的统计数据显示，2018 年商业银行移动支付交易笔数 605 亿笔，交易规模 277 万亿元；非银支付机构移动支付笔数 4723 亿笔，交易规模 168 万亿元。移动支付行业发展非常迅速，市场规模迅速扩大。移动支付的快速发展，提高了支付结算速度和实体经济资金使用效率，在促进传统产业升级的同时，也培育了共享经济等新的数字经济增长点，促进数字经济与实体产业实现融合发展。

在“互联网 +”的浪潮下，多种生活服务业态发生着颠覆性的变化，“懒人经济”成了一种经济现象。随着互联网以及餐饮业的不断发展，外卖已经成为人们的主流生活方式之一，近年来中国外卖产业链逐步完善，餐饮外卖市场逐步成熟。持续扩大的网民规模为 O2O 餐饮外卖提供了用户基础，也对餐饮外卖提出了新需求，“数字化 + 生态圈”已经成为餐饮外卖行业竞争新维度。打通不同场景的数据，进行资源整合配置，以数字化营销为手段，全面推动本地生活服务行业的数字化升级，通过数字化赋能商户、数字化革新供应链等方式，餐饮外卖逐渐实现了从传统经济向数字经济的转型。

共享单车依托数字经济发展，以其无桩、智能、支付便捷等优势在我国各大中小城市快速发展，逐步取代传统定桩公共自行车，成为城市综合交通系统的重要组成部分。共享单车对城市交通的主要影响有两个方面，一是城市绿色出行的重要组成部分，有利于节能环保；二是优化城市公共交通出行链，形成步行短距离接驳、共享单车中等距离接驳、地面公交长距离接驳的居民出行方式，是一种绿色高质量的数字经济服务业态。

短视频平台是随互联网蓬勃兴起的一种新型业态，作为一种新颖的信息传播媒介，短视频凭借自身内容的多样性和移动的便捷性，发展势如破竹。它以互联网为载体，主要依托于移动智能终端实现快速拍摄和美化编辑，通过种类各异的新鲜内容与各大平台的高频推送占据人们的视野，满足了当代人“快餐式”浏览需求；它融合了文字、语音和视频，可以更加直观、立体地满足用户的表达需要，满足人们之间展示与分享的诉求。2018 年，我国短视频用户规模已达 6.48 亿，市场规模约为 113.3 亿元，真正形成了“行业产业链”，成为数字经济发展的新牵引力。

即时通信技术的发展是现代数字经济服务的基础，现阶段越来越多的数字经济服务依靠移动终端完成交易。即时通信能力的好坏、效率的高低，直接关系到消费者对移动支付、网络购物等的主观感受，进而影响消费者的数字经济服务质量满意度。

网络社交媒体作为人们彼此之间用来分享意见、见解、经验、观点的工具和平台，在互联网的沃土上蓬勃发展，爆发出令人炫目的能量，其传播的信息已成为人们浏览互联网的重要内容。网络社交媒体推动了企业信息的透明化，提升了产品质量，丰富了个人生活，是人们日常生活不可或缺的一部分，也是数字经济发展的关键一环。

在线教育在 2020 年新冠肺炎疫情期间取得长足发展的业态，在在线教育背景下，网络具备了三大新型能力，一是人成为网络中的内生要素，同时是内容的生产者与消费者，在教育层面引发出相互学习；二是异构网络，利用互联网增加学习娱乐性、激发学习主动性；三是数字化能力，网络能够支持泛在连接，产生海量的关系数据，进一步开发中国的教育红利、智慧红利。正所谓“数字经济新业态与在线教育新未来”，数字经济与在线教育在发展过程中相互促进，共同助力中国互联网经济的发展。

（二）企业数字化建设程度调查对象的选择和抽样设计

本次调查结合《关于加快推进国有企业数字化转型工作的通知》《传统企业数字化转型的模式和路径》《“十三五”国家信息化规划》和《国家信息化发展战略纲要》等报告初步拟选金融业、交通运输业、信息技术服务业、建筑业、制造业、服务业 6 个数字经济化转型发展迅猛的行业进行。为了保证调查的有效性和可比性，本次调查所选行业及样本数量均根据研究员研究要求进行选取。根据判断抽样法，按照一定的标准对各行业主观选择样本。判断的意图在于选择更能具有代表性的样本。

选择金融业作为调查试点行业的原因在于，2020 年新冠肺炎疫情防控期间，金融机构纷纷及时推出线上“非接触”金融服务，正是源于数字化金融服务能力的持续创新和不断积累。2019 年央行发布《金融科技（FinTech）发展规划（2019—2021 年）》，大力推动引导金融行业与科技的深度融合，并且金融行业内已经掀起了数字经济化转型的浪潮，所以通过对金融行业的调研能够更进一步地了解传统企业在转型中遇到的问题。

选择交通运输业作为调查试点行业的原因在于，2019 年以来，“新基建”成为社会各界关注的焦点，特别是以 5G、物联网、大数据中心等为代表的“数字基建”的快速发展，不仅会为数字经济注入新动力，也会成为促进新旧动能转换的重要杠杆，进一步推进中国经济高质量的发展。过去40年，我国交通行业实现了“跨越式”发展，由“交通大国”逐步向“交通强国”迈进。交通运输部的数据显示，中国高速铁路、高速公路里程以及港口万吨级泊位数量等均位居世界第一，机场数量和管道里程位居世界前列。在此背景下，随着云计算、大数据、物联网、人工智能、5G、卫星通信、区块链等新兴信息技术的飞速发展，以及以数字技术为核心的“新基建”交通数字经济化转型，也将很快惠及全行业。交通“新基建”通过高铁、轨道交通、机场等建设可提供高速泛在的强连接能力，通过大数据中心、人工智能平台建设则可补足信息技术短板，通过自动驾驶、新能源汽车及充电桩建设则可强化关键核心的牵引力，进一步确立我国“交通强国”的发展优势。

选择信息技术服务业作为调查试点行业的原因在于，随着数字经济的崛起，中国数字经济正加速成为经济发展的主体。相关数据显示，2019年，中国数字经济规模达到35.8万亿元，占GDP比重超过三分之一，达到36.2%。而在目前数字经济的建设中，一个新的数字产业集群正在兴起，其中软件与信息技术服务企业作为新集群中不可或缺的一员，正在发挥重要作用。

选择建筑业作为调查试点行业的原因在于，经过20多年的高速增长，建筑业已经发展成为年产值超过24万亿元的国民经济支柱产业，但是，高速增长并没有实现“量变到质变”，长期存在监管不到位、市场不规范、企业效率低、信用不健全等痛点问题，亟待解决。因此，政府通过政策鼓励等手段加快企业应用“互联网+”构建平台化商业模式，因此，通过对该行业的调研，能够更加了解建筑业目前在数字化转型过程中遇到的问题。

选择制造业作为调查试点行业的原因在于，2020年的新冠肺炎疫情将世界经济从正常增长轨道拖往崎岖之路。在经济活动大面积骤然收缩的背景下，数字经济无疑成为一股积极向上的重要力量。作为一种新的经济形态，数字经济突破时空边界和产业局限，改变了传统资源配置方式，在新冠肺炎疫情中展现了极强的发展韧性。我国是全球第一大制造国，2018年中国制造业占全球比重29.4%。制造业是国民经济的主体，是立国之本、兴国之器、强国之基。没有强大的制造业，就没有国家和民族的强盛。面对新冠肺炎疫情，制造业企业既要复工复产谋求生存，更要寻求业务的战略突破，制造业数字化转型在疫后经济重建过程中具有现实意义。推动疫后数字经济创新发展，理应把重点放在制造业，聚焦制造业数字化转型这一主攻方向。

选择服务业作为调查试点行业的原因在于，近年来，生活服务业加速了数字化步伐，为日常生活带来新体验，也为经济发展注入新动能。《中国生活服务业数字化发展报告（2020 年）》显示，2019 年，我国服务业数字经济占行业增加值比重已达 38%，在三次产业中数字化水平最高、转型速度最快。

四、信效度检验

（一）信度检验

信度（Reliability）即可靠性，它是指采用同样的方法对同一对象重复测量时所得结果的一致性程度。目前，国内外采用问卷进行的调查，通常是对问卷的内部一致性信度进行分析，其中克隆巴赫系数（Cronbach' s alpha）的应用最为广泛。

表 7-6　消费者克隆巴赫系数的度量标准

克隆巴赫系数	内部一致性
$\alpha \geqslant 0.9$	Excellent（非常好）
$0.9 > \alpha \geqslant 0.8$	Good（较好）
$0.8 > \alpha \geqslant 0.7$	Acceptable（可接受）
$0.7 > \alpha \geqslant 0.6$	Questionable（存在质疑）
$0.6 > \alpha \geqslant 0.5$	Poor（较差）
$0.5 > \alpha$	Unacceptable（不可接受）

对消费者数字经济服务质量满意度清洗后的数据进行信度检验得到的克隆巴赫系数为 0.825，对企业数字化建设程度清洗后的数据进行信度检验得到克隆巴赫系数为 0.891，说明调查的结果具有较高的可靠性。

（二）效度检验

效度（Validity）即有效性，它是指测量工具或手段能够准确测出所需测量的事物的程度。测量结果与要考察的内容越吻合，则效度越高，反之，则效度越低。在市场调查中，效度分析主要是对问卷的结构效度进行测量。而结构效度测量最常用的方法就是因子分析模型的 KMO 检验和 Bartlett 球形检验。在统计学上，KMO 值越接近于 1，意味着变量间的相关性越强，原有变量越适合作因子分析。

表 7-7 KMO 和 Bartlett 球形检验的度量标准

	范围	适合情况
KMO 值	大于 0.9	非常适合
	0.8—0.9	很适合
	0.7—0.8	适合
	0.6—0.7	不太适合
	0.5—0.6	勉强适合
	小于 0.5	不适合
Bartlett 球形检验的 Sig. 值	≤ 0.05	适合

对消费者数字经济服务质量满意度清洗后的数据进行结构效度检验的结果如下，KMO 值为 0.954，Bartlett 球形检验的 Sig. 值小于 0.05，说明该问卷的调查结构具有良好的结构效度。对企业数字化建设程度清洗后的数据进行结构效度检验的结果如下，KMO 值为 0.868，Bartlett 球形检验的 Sig. 值小于 0.05，说明该问卷的调查结构具有良好的结构效度。

第八章 数字经济服务质量总体指数与关键指标统计结果

一、消费者满意度总体指数与关键指标统计结果

（一）总体指数统计结果

当前我国数字经济服务取得了显著成效，且较 2019 年有较大的提升，但仍面临一些制约瓶颈。一方面，存在供给侧数字化基础薄弱、保护机制不完善、费用收取标准不明确等问题；另一方面，存在需求侧消费者参与度不足、消费传播渠道不广泛等问题。

总体来说，数字经济服务质量满意度表现良好（77.70）。数字经济服务质量满意度指数包含竞争指数、参与指数、保护指数、共享指数 4 个一级指标，各维度表现参差不齐，其中，共享维度得分最高（82.10）；竞争维度（79.55）得分高于总体表现，但仍有较大发展空间；参与维度（74.92）和保护维度（73.31）表现不佳，数字经济服务质量满意度的短板主要来自消费者参与不足、消费者保护机制不够完善。

对于二级指标，总体上看，共享维度下普及程度的得分最高为 84.43，其次为生活需求（80.97），说明消费者对于数字经济服务所带来的生活方便、高效快捷和生活中幸福感的提升有较高的认可度，且会向周边人推荐。而保护维度下隐私性的得分最低为 65.52，此外参与维度下的参与深度得分（74.24）、参与力度得分（72.95），也相对较低，均不及 75 分。这些主要体现在消费者对当前个人隐私（65.52）和法律保障（67.60）的保护满意度相对不高、对数字经济服务的使用数量（74.13）、使用频率（73.39）和使用年限（71.17）参与度不够。

竞争维度下各二级指标的表现相对均衡，基础设施（79.94）、业态管理（79.71）、技术与创新（79.91）、人力资本（78.75）等竞争性指标表现乐观，费用管理（76.30）仍有提升空间。参与广度（79.88）的得分相对较高，在一定程度上提高了参与指数得分，但仍难以抵消参与深度、力度两方面不足所带来的相对消极影响。除隐私性（65.52）得分较低外，安全性（76.29）、信任度（76.38）和自我意识（78.99）等保护性指标的表现尚可，但仍有较大提升空间，特别是法律保障（67.60）、维权渠道（74.91）、维权效率（75.42）三方面。普及程度（84.43）的提升会推进数字经济服务的进一步共享，

尤其是经济发展水平（85.48）方面要成为促进数字经济服务共享的着力点，即需要着力推动地区经济发展水平，以经济社会大环境的可持续发展来带动数字经济服务的高质量共享。数字经济服务满意度指数及各级指标得分，如表 8–1 所示。

表 8–1　数字经济服务满意度指数及各级指标得分

总指数	一级指标	一级指标得分	二级指标	二级指标得分	三级指标	三级指标得分
77.70	竞争	79.55	基础设施	79.94	网络覆盖	80.49
					宽带速率	78.76
					消费设施	79.84
			业态管理	79.71	服务数量	79.77
					服务质量	79.51
			技术与创新	79.91	研发支出	79.91
			人力资本	78.75	人员素质	78.75
			费用管理	76.30	额外费用	78.81
					费用收取	66.13
	参与	74.92	深度	74.24	使用数量	74.13
					评论留言	74.54
			广度	79.88	促进就业	79.88
			力度	72.95	使用频率	73.39
					使用年限	71.17
	保护	73.31	安全性	76.29	交易安全	79.51
					法律保障	67.60
			隐私性	65.52	个人隐私	65.52
			信任度	76.38	维权渠道	74.91
					维权效率	75.42
					售后保障	78.36
					信任程度	79.60

续表

总指数	一级指标	一级指标得分	二级指标	二级指标得分	三级指标	三级指标得分
			自我意识	78.99	自主选择	79.98
					消费知情	76.75
					服务感知	80.30
					价格感知	79.31
					信息全面	79.01
	共享	82.10	生活需求	80.97	生活方便	80.81
					高效快捷	81.65
					生活幸福	80.53
			普及程度	84.43	发展水平	85.48
					传播效果	78.63

（二）不同区域统计结果

通过对不同城市的数字经济服务质量满意度指数进行比较，得到各城市的排名，如图 8-1 所示。杭州（79.20）、上海（78.94）、北京（78.93）处于数字经济服务质量满意度的第一梯队，消费者对当地数字经济服务的总体满意程度较高，具有良好的数字经济服务发展基础。武汉（78.79）、苏州（78.41）、深圳（77.99）、广州（77.98）、成都（77.71）、重庆（77.63）处于数字经济服务质量满意度的第二梯队。这些城市在数字经济服务质量满意度得分上各有千秋，其中，上海在数字经济服务竞争指数上排名第一，北京在数字经济服务参与指数上排名第一，苏州在数字经济服务保护指数上排名第一，杭州在数字经济服务共享指数上排名第一。贵阳（76.73）、西安（76.40）、南宁（75.38）、哈尔滨（75.14）处于数字经济服务质量满意度的第三梯队，虽然数字经济服务质量发展水平不错，但与第一梯队和第二梯队的城市相比还存在显著差异。

从所调查城市的地理分布来看，杭州、上海、苏州处于长三角地区，得益于数字经济起步较早，数字经济基础设施完善，重视数字经济生态圈建设，重视“以人为本、信息共享”的数字化治理模式，是我国数字经济服务质量满意度得分较高的地区。2020 年，由于新冠肺炎疫情的影响，武汉地区大多线下消费、办公活动转移至线上，

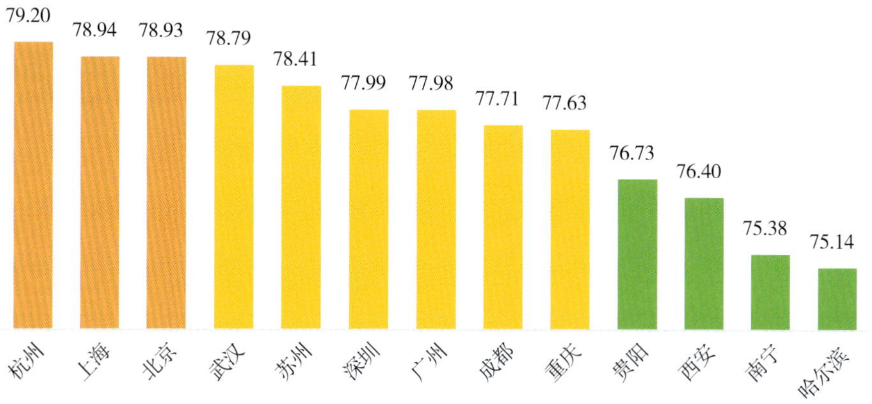

图 8-1　不同城市数字经济服务质量满意指数

摆脱空间限制的数字经济领域消费模式尽显优势，数字经济利用其灵活性及技术驱动动力，为新冠肺炎疫情期间商户开张难、经营难问题提供了解决新思路，为居民日常生活、办公、教育提供了便利。广州、深圳所在的珠三角地区，经济活跃、技术扎实，互联网企业数量多、规模大、底子厚，在数字经济发展水平方面占据优势。近几年，成都、重庆在双城“共建国家数字经济创新发展试验区”的引领下，在研发支出、人口素质等方面有了一定的进步，但由于底子薄、发展时间较短，成都、重庆的数字经济“双城记”仍有较长的路要走。贵阳、西安、南宁、哈尔滨所在的地区经济发展较落后，由于与数字经济发达地区存在地理距离的鸿沟，在宽带速率、网络覆盖、服务数量、传播效果等方面还存在差距，竞争和共享水平相对较差。

表 8-2　不同城市数字经济服务满意度指数及四项分指数排名

城市	总满意度	竞争	参与	保护	共享
杭州	1	3	4	6	1
上海	2	1	3	5	6
北京	3	5	1	10	4
武汉	4	8	2	2	5
苏州	5	7	5	1	10
深圳	6	2	13	8	3
广州	7	4	12	7	2
成都	8	11	6	3	8
重庆	9	6	7	11	7

续表

城市	总满意度	竞争	参与	保护	共享
贵阳	10	10	8	4	11
西安	11	9	11	12	9
南宁	12	12	9	13	12
哈尔滨	13	13	10	9	13

在数字经济服务质量满意度总得分上，处于第二梯队的武汉、苏州、深圳、广州、成都、重庆6个城市与处于第一梯队的杭州、上海及北京相比，主要差距体现在数字经济服务的参与性得分（平均差距为5.49）和竞争性得分（平均差距为1.47）上。第二梯队的城市应着重在数字经济服务的基础设施建设方面下功夫，深化网络、基础设备、服务质量等的建设，以此来发展消费者使用数字经济服务的深度、广度、力度，形成有自身城市特色的数字经济服务发展模式。同时，处于第二梯队的武汉、苏州、深圳、广州、成都、重庆6个城市需加强数字经济服务的共享性，提高数字经济服务的普及能力，进一步满足消费者的生活需求。

处于第三梯队的贵阳、西安、南宁、哈尔滨4个城市与处于第一梯队和第二梯队的城市相比，在共享性得分（与第二梯队差距为2.85）和保护得分（与第二梯队平均差距为2.10）方面差距明显。本次调查认为导致这种情况的原因主要有两方面：一方面由于贵阳、西安、南宁、哈尔滨4个城市处于我国的内陆和经济欠发达地区，城市综合竞争力较第一梯队和第二梯队的城市低，消费体量和消费者需求相对薄弱；另一方面，4个城市的数字经济服务起步较晚，缺乏大型数字经济服务平台和超大型互联网企业的落地，对数字经济的保护未形成有效的体制机制。基于此，第三梯队城市要缩小与第一、第二梯队城市的差距，需进一步提高数字经济服务满足消费者生活需求的能力，同时加大对消费者的保护力度。

（三）关键业态统计结果

通过对关键业态的数字经济服务质量指数进行比较，得到各业态的排名，如图8-2所示。不同业态的数字经济服务质量满意度总体得分均在75分以上，其中移动支付（78.68）和网络社交媒体（78.58）的满意度指数最高；即时通信（77.80）、短视频平台（77.70）、餐饮外卖（77.46）、网络购物（77.44）的满意度指数分列第三到六位；

得分较低的是共享单车（77.10）和在线教育（76.75）。不同业态的数字经济服务质量满意度差距不大且各有亮点，整体上仍有较大发展空间。

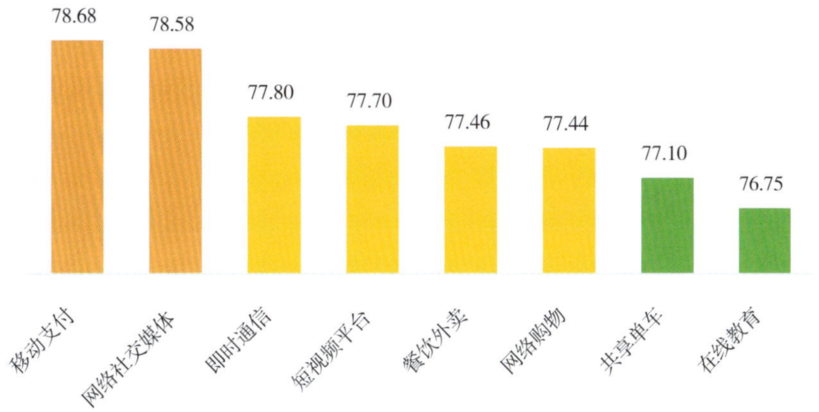

图 8-2　不同业态数字经济服务质量满意指数

排在第一位的是移动支付的满意度指数。数据显示，2011 年至 2020 年，我国移动支付用户规模逐年增长，移动支付已成为中国消费者支付的主要方式，以刷脸支付为代表的新支付模式通过进一步提高用户支付效率和安全保障，正从生活场景中快速铺开。此外，随着各大第三方支付平台对业务应用场景不断扩展延伸，目前移动支付已经渗透中国消费者的主要生活场景，移动支付交易频次和总体交易量呈现高速增长态势，中国消费者对移动支付的热情和满意度也在不断提高。

排在第二位的是网络社交媒体的满意度指数。以微博、论坛、微信、社交网站为代表的网络社交媒体都在不断地创新发展，从文字信息，到图像、声音，再到视频，给用户的直观感受逐渐变强，提升了用户使用的便捷性与趣味性。此外，随着“直播”这一新的社交方式的出现，用户与服务方可实现信息传递的极度实时性，使得网络社交媒体获得极大发展，形成了一个未来可期的“小气候”，在推动经济发展，提升人们生活幸福感方面具有重要意义。

排在第三位的是即时通信的满意度指数。得益于 4G 的普及和 5G 技术的全球领先，中国在即时通信领域多方开花，微信、QQ、陌陌、新浪微博、YY 语音、阿里旺旺等一大批即时通信 App 对中国网民的渗透率不断提高，成为大部分人每天都会使用的软件，即时通信在参与深度和参与力度方面优势巨大。

排在第四位的是短视频平台的满意度指数。顺应已落实、可预期的 5G 应用，短视频进入蓬勃发展阶段，适应移动社交媒体碎片化传播的特点，有力地助推数字经济发展。

一方面，短视频是社会问题、舆论监督的重要手段；另一方面，疫情期间休闲娱乐活动的单一化，短视频平台以其海量的内容、简短的展示方式、随时分享的特点，使得用户能够足不出户掌握更多信息，达到了解社会现状、实现休闲娱乐的目的，用户对短视频平台的参与度和满意度不断提升。

排在第五位的是外卖行业的满意度指数。中国快速发展的外卖餐饮行业给消费者的生活带来便利，尤其受到年轻人的追捧，新冠肺炎疫情期间外卖行业更显示出其独有的优越性和不可替代性，得到了人们的认可。但外卖行业仍然存在平台管理缺陷、商家粗放经营、责任不分明等突出问题，食品安全、商品损坏、配送超时的现象时常发生，影响了外卖行业满意度指数的得分。

排在第六位的是网络购物满意度指数。网络购物虽方便了消费者的生活，但一直以来，消费者对网络购物可谓是爱恨交加。一方面网络购物的便捷性、广泛性使得消费者愿意使用网络购买商品；另一方面，网络购物中虚假宣传、店大欺客等问题使得消费者对网络购物的满意度有所降低。

排在第七位的是共享单车满意度指数。随着共享单车市场“野蛮生长”，不少地方投放量趋于饱和，服务质量问题也逐渐凸显。公共停放点不足、解锁定位等相关技术尚不完善，导致单车乱停乱放、扰乱交通秩序。由于使用时间久、强度大，车辆损坏率直线上升。因为维修成本较高，且部分企业退市、倒闭，大量单车被扔到荒草丛中、高架桥下等偏僻之处，严重影响了消费者对共享单车的看法，导致满意度指数较低。

排在最后的是在线教育满意度指数。在线教育中各种教育资源跨越空间距离的限制，使得消费者实现优势资源的利用，一定程度上便利了生活。但是在线教育存在着诸多问题，受基础设施建设的影响，东部发达地区在线教育开展的深度和广度上优于西部欠发达地区，导致教育发展不均衡。在线教育行业人才紧缺，既懂网络技术，又有较强教学素质的人才较少，影响教育的质量。教学交互性差，无法实现有效的互动，学习效率较低。某些在线教育课程存在乱收费现象，课程内容与宣传内容不符，课程质量低，规范程序差。这都极大地影响了用户对在线教育的体验感和满意度。

从 8 个关键业态来看，数字经济服务质量满意度得分中共享性得分是最高的，不同业态的得分都在 80 分以上，其次是竞争性得分均在 75 分以上，参与性和保护性方面的服务质量满意度相对较低。从数字经济服务不同业态的调查结果分析可知，移动支付在参与性、保护性、共享性得分上具有优势，在竞争性得分上优势并不明显；网络社交媒体在竞争性、保护性、共享性上优势较明显，而参与性仍待提升；即时通信在竞争性、参与性、共享性得分上具有优势，在保护性得分上相对薄弱；短视频平台在参与性、保护性得分上较为落后，餐饮外卖、网络购物在竞争性上相对薄弱，共享单车和在线教育在参与性、共享性方面仍待改善。

表 8-3 不同业态数字经济服务满意度指数及四项分指数排名

业态	总满意度	竞争	参与	保护	共享
移动支付	1	6	1	1	2
网络社交媒体	2	1	4	2	1
即时通信	3	2	3	8	4
短视频平台	4	3	6	5	3
餐饮外卖	5	7	5	3	6
网络购物	6	8	2	4	5
共享单车	7	5	7	6	7
在线教育	8	4	8	7	8

（四）四大维度统计结果

1. 竞争维度

数字经济服务竞争指数，表明数字经济服务要在外部环境的竞争中不断发展自身优势，包括基础设施指数、业态管理指数、技术与创新指数、人力资本指数、费用管理指数 5 个二级指标，用以反映目标地区的网络覆盖、宽带速率、消费设施、服务数量、服务质量、研发支出、人员素质、额外费用、费用收取等数字经济服务质量相关领域的发展水平。

（1）整体发展水平

就竞争维度整体而言，随着我国 5G 技术应用的推广和基站数量的不断增多，数字经济发展的基础设施不断完善，网络覆盖率较高，自主消费设施较便捷，使得消费者对基础设施水平（79.94）有最高的满意度。同时需肯定的是，消费者对当前数字经济服务的业态管理水平（79.71）、技术创新水平（79.91）较为认可，我国在数字经济发展方面，新技术、新产品、新业态层出不穷，实现了数字技术与应用从跟跑向并跑和部分领跑迈进的新格局。因此，消费者在服务数量、质量和技术水平方面有较高的满意度。需关注竞争维度的费用管理二级指标，得分较低，为 76.30，加大对费用制定、费用收取的关注是提升数字经济服务竞争能力的关键。此外，提高从业人员各方面的素质和技能也是今后数字经济服务质量改进的着力点。

表 8-4 数字经济服务竞争指数得分情况

一级指标	一级指标得分	二级指标	二级指标得分	三级指标	三级指标得分
竞争	79.55	基础设施	79.94	网络覆盖	80.49
				宽带速率	78.76
				消费设施	79.84
		业态管理	79.71	服务数量	79.77
				服务质量	79.51
		技术与创新	79.91	研发支出	79.91
		人力资本	78.75	人员素质	78.75
		费用管理	76.30	额外费用	78.81
				费用收取	66.13

（2）城市间比较

在数字经济服务竞争指数得分的排名中，上海、深圳、杭州处于第一梯队，得分超过 81.00。广州、北京、重庆、苏州、武汉、西安处于第二梯队，得分超过 78.00。贵阳、成都、南宁、哈尔滨处于第三梯队。第一梯队中，3 个城市均在基础设施、业态管理、技术与创新、人力资本方面的表现均衡，而费用管理方面的满意度得分较低，且同其他 4 个指标的分值差距明显。第二梯队中，广州、北京在基础设施方面的表现较优，重庆、苏州、武汉在技术创新方面表现更好，西安在 5 个方面的表现相对均衡。第三梯队中，除了成都在技术创新方面的满意度得分相对稍高，各城市在其他方面的表现均相差无几。

上海在数字经济服务质量竞争指数排名中处于领先地位，总得分为 81.63。其中业态管理指数（82.07）、技术创新指数（82.34）和费用管理指数（78.55）的得分均位于首位，基础设施指数（81.69）和人力资本指数（80.77）的得分位居第三。

深圳在数字经济服务质量竞争指数排名中处于第二位，总得分为 81.57。深圳在基础设施指数（82.53）中排名第一，在业态管理指数（81.75）、人力资本指数（80.78）、费用管理指数（78.42）得分中排名第二，在技术创新指数（80.92）中排名第四，加大数字经济自主创新水平是深圳现代化发展的重要抓手。

杭州在数字经济服务质量竞争指数排名中处于第三位，总得分为 81.05。杭州在基础设施（81.74）方面表现较好，排名第二；技术创新指数（81.01）与费用管理指数（78.26）得分分列第三、四位，在业态管理指数（81.01）、人力资本指数（80.03）中排名第五。

对数字经济服务竞争指数得分的分析发现，处于第二梯队的广州、北京、重庆、苏州、武汉、西安 6 个城市与处于第一梯队的上海、深圳、杭州相比，主要差距体现在基础设施得分（平均差距为 1.80）和费用管理得分（平均差距为 2.56）上。处于第二梯队的城市应当着重加强数字经济服务的基础设施建设水平，提升网络覆盖率和宽带速率，做好数字经济服务的价格制定和费用管理工作，建立良好的费用管理秩序。

处于第三梯队的贵阳、成都、南宁、哈尔滨 4 个城市与处于第一梯队和第二梯队的城市相比，在业态管理得分（与第二梯队平均差距为 2.74）和技术与创新得分（与第二梯队差距为 2.71）方面差距明显，应当着重加强数字经济服务的业态管理水平，提高数字经济服务数量和质量，加快技术与创新的步伐，培育更多的互联网独角兽企业，增强城市创新能力。

表 8-5　不同城市数字经济服务竞争指数

城市	竞争	基础设施	业态管理	技术创新	人力资本	费用管理
上海	81.63	81.69	82.07	82.34	80.77	78.55
深圳	81.57	82.53	81.75	80.92	80.78	78.42
杭州	81.05	81.74	81.01	81.01	80.03	78.26
广州	80.98	81.51	81.07	80.47	81.49	78.32
北京	80.98	81.57	81.12	80.82	80.74	77.53
重庆	79.87	80.50	79.32	80.78	78.50	76.04
苏州	79.50	79.02	80.73	81.05	78.52	74.51
武汉	78.99	79.45	79.34	80.77	76.96	71.18
西安	78.68	79.06	79.01	78.43	77.78	77.55
贵阳	77.83	77.86	77.87	78.17	77.81	76.22
成都	77.59	77.09	78.27	79.00	77.00	74.42
南宁	77.53	77.99	77.02	77.95	76.94	75.42
哈尔滨	76.63	77.97	76.29	75.61	75.23	74.87

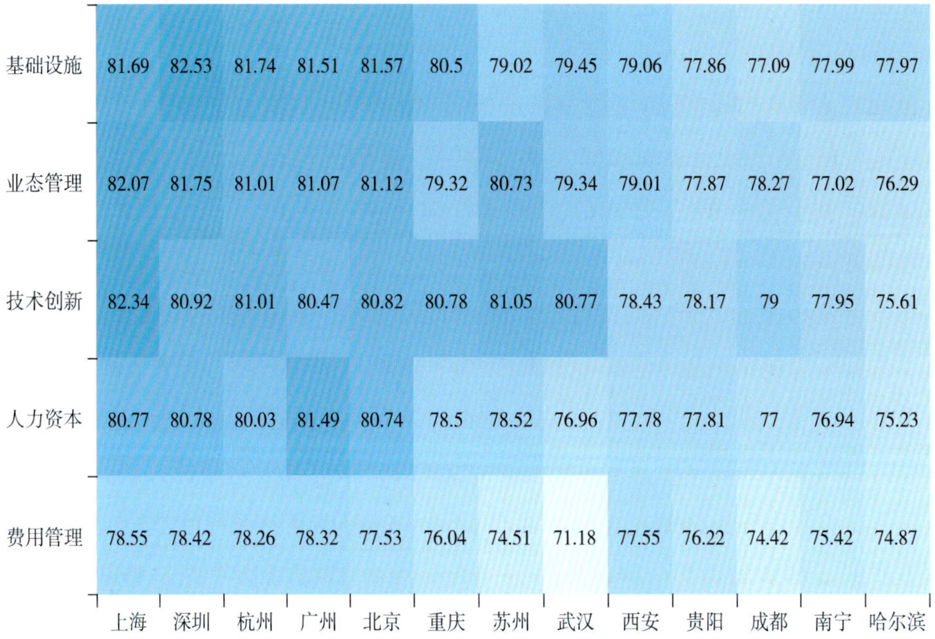

图 8-3　竞争指数下不同城市各二级指标表现

（3）业态间比较

从总体上看，不同业态数字经济服务竞争指数平均得分为 79.65，在总体满意度指数得分中排名第二，低于共享性得分。不同业态数字经济服务竞争指数在基础设施（平均得分为 79.98）和业态管理（平均得分为 79.94）方面的得分较高，在费用管理（平均得分为 76.45）方面的得分较低。具体地，在基础设施和业态管理方面，网络社交媒体的得分均最高，网络购物的得分均最低；在技术创新方面，短视频平台的得分最高，而在线教育的表现相对较弱；在人力资本方面，共享单车得分较高，网络购物的得分再次成为最低；在费用管理方面，即时通信得分最优，而移动支付表现不佳。

网络社交媒体在不同业态数字经济服务质量竞争指数排名中处于领先地位，总得分为 81.02，在基础设施指数（81.30）、业态管理指数（82.16）得分中排名第一，在技术与创新指数（80.81）、人力资本指数（80.87）得分中排名第二，在费用管理指数（76.65）得分中排名第四。网络社交媒体主要需在费用管理方面进一步改进。

即时通信在不同业态数字经济服务质量竞争指数排名中排名第二，总得分为 80.66，在费用管理指数（78.49）得分中排名第一，在基础设施指数（81.20）、业态管理指数（81.19）得分中排名第二，技术与创新指数（80.69）和人力资本指数（78.70）

得分分列第三、第五位。即时通信在费用管理方面表现较好，在人力资本方面需进一步改进。

短视频平台在不同业态数字经济服务质量竞争指数排名中排名第三，总得分为79.66，在技术创新指数（80.96）得分中排名第一，费用管理指数（76.72）和人力资本指数（79.39）得分分列第三、四位，在基础设施指数（79.69）和业态管理指数（79.06）得分中均排名第六。短视频平台在技术与创新方面表现较好，在基础设施、业态管理方面较弱，短视频平台需要制定严格的管理、准入准则，淘汰内容、质量低下的视频，提升治理能力。

在线教育在不同业态数字经济服务质量竞争指数排名中排名第四，总得分为79.54，在线教育在基础设施指数（79.86）、业态管理指数（80.28）、人力资本指数（80.26）得分中处于领先，在技术创新和费用管理方面较弱，需要进一步加快改革的步伐，促进管理水平和自主创新能力的提高。

共享单车在不同业态数字经济服务质量竞争指数排名中排名第五，总得分为79.44，在人力资本指数（80.97）和费用管理指数（76.79）得分中处于领先，分列第一、二位；在基础设施方面得分较弱，共享单车需要进一步完善基础设施、消费设施的建设，加强单车管理，为消费者提供更好的使用体验。

移动支付在不同业态数字经济服务质量竞争指数排名中排名第六，总得分为79.41，在基础设施指数（79.79）、业态管理指数（79.91）、技术创新指数（79.78）得分中表现较好，均排名第四；在人力资本、费用管理方面得分较弱。

餐饮外卖、网络购物在不同业态数字经济服务质量竞争指数排名中排名第七、第八位。基础设施、业态管理、技术与创新、人力资本、费用管理5个指数得分都偏弱，餐饮外卖作为近几年蓬勃发展的新兴数字经济服务形式，在政策制定、骑手管理、产品质量等维度仍有较多方面需要改善。而网络购物作为最早也是最基础的数字经济服务，各大平台商业模式相似，造成同质化严重，并且国内国际各大电商平台格局初步稳定，中小型平台很难抢占市场，竞争性偏弱。

表 8-6　不同业态数字经济服务竞争指数

业态	竞争	基础设施	业态管理	技术创新	人力资本	费用管理
网络社交媒体	81.02	81.30	82.16	80.81	80.87	76.65
即时通信	80.66	81.20	81.19	80.69	78.70	78.49

续表

业态	竞争	基础设施	业态管理	技术创新	人力资本	费用管理
短视频平台	79.66	79.69	79.06	80.96	79.39	76.72
在线教育	79.54	79.86	80.28	78.85	80.26	76.65
共享单车	79.44	79.22	79.68	79.71	80.97	76.79
移动支付	79.41	79.79	79.91	79.78	78.60	75.16
餐饮外卖	79.03	79.77	79.00	78.98	78.06	75.91
网络购物	78.46	79.02	78.24	79.12	76.97	75.20

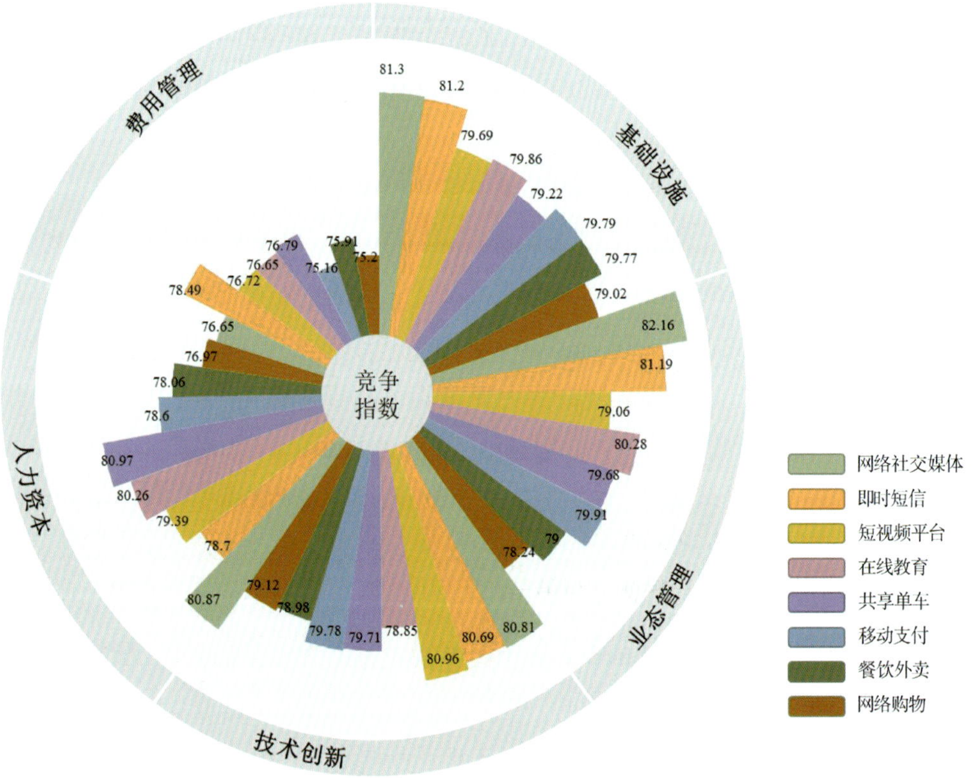

图 8-4 竞争指数下不同业态各二级指标表现

2. 参与维度

数字经济服务参与指数，表明在竞争的基础上要进一步激发消费者在数字经济中的参与深度、广度和力度，包括参与深度指数、参与广度指数、参与力度指数 3 个二级指标。通过调查目标地区数字经济服务使用数量、评论留言、使用频率、使用年限及其对个人就业的拉动程度，反映数字经济服务参与度的情况。

（1）整体发展水平

就参与维度整体而言，参与广度（79.88）方面表现良好，说明数字经济本身拉动就业的作用显著，尤其是服务业，是吸纳就业的主要力量。参与深度（74.24）和力度（72.95）的表现不尽如人意：参与力度中使用年限方面得分最低，为71.17。说明大多数消费者使用数字经济服务的年限并不长，对自己常用的数字经济服务未形成“忠诚度”，这也与数字经济服务的发展年限较短，新型数字经济服务层出不穷有关，相关数字经济服务供给方应提供更为优质的数字经济服务，提升使用者的参与黏性。

表 8-7　数字经济服务参与指数得分情况

一级指标	一级指标得分	二级指标	二级指标得分	三级指标	三级指标得分
参与	74.92	深度	74.24	使用数量	74.13
				评论留言	74.54
		广度	79.88	促进就业	79.88
		力度	72.95	使用频率	73.39
				使用年限	71.17

（2）城市间比较

在数字经济服务参与指数得分的排名中，北京、武汉、上海、杭州处于第一梯队，得分超过78.00；苏州、成都、重庆、贵阳、南宁处于第二梯队，得分超过73.00；哈尔滨、西安、广州、深圳处于第三梯队，与第一、二梯队相比，差距较为明显。第一梯队中，北京参与深度、参与广度的满意度均最高，上海参与力度的满意度最高。第二梯队中，5个城市在参与深度和参与力度方面均差距不大，其中成都在这两方面的表现较好，而苏州较其他城市在参与广度方面得分最高且差距明显。第三梯队中，哈尔滨在参与力度上表现较差；西安、广州、深圳在参与深度上表现较差，排名列倒数第三位，相较于参与深度，这3个城市的参与广度和参与力度均表现出了较大的优势和潜力。

北京在数字经济服务参与指数排名中处于领先地位，总得分为80.61。其中参与深度指数（81.75）、参与广度指数（82.41）的得分排名第一；但参与力度指数（73.24）的得分排名第七，处于中游。综合来看，北京数字经济服务的参与深度、广度发展良好，但参与力度的提升空间较大。

武汉在数字经济服务参与指数排名中处于第二位，总得分为 78.91。其中参与深度指数（79.91）的得分排名第二；而参与广度和参与力度指数均排名中游。这主要受新冠肺炎疫情的影响，武汉封城使得武汉市民大部分生产生活活动只能通过互联网进行，这极大地提升了用户数字经济的使用数量和评论数量，但多数企业的停工停产也导致用户对就业拉动这一点的信心指数较低。

上海在数字经济服务参与指数排名中处于第三位，总得分为 78.78。其中参与力度指数（75.06）的得分排名第一；参与深度指数（78.85）和参与广度指数（82.03）的得分均排名第四，参与深度弱于北京、杭州、武汉，参与广度弱于北京、杭州和广州。上海数字经济服务的参与力度发展良好，但参与深度和参与广度还有待进一步加强。

杭州在数字经济服务参与指数排名中处于第四位，总得分为 78.74。其中参与力度指数（78.99）、参与广度指数（82.08）和参与力度指数（74.01）均排名第三，发展较为均衡。由于阿里巴巴、网易等大规模互联网公司在杭州的蓬勃发展，杭州在数字经济服务参与度的表现上是比较可观的。

对数字经济服务参与指数得分的分析发现，处于第二梯队的苏州、成都、重庆、贵阳、南宁 5 个城市与处于第一梯队的北京、武汉、上海、杭州相比，主要差距体现在参与深度得分（平均差距为 6.13）上，数字经济服务的使用数量和评论留言数量没有第一梯队高。处于第二梯队的城市应当进一步发挥区域消费中心城市的作用，引导地区数字经济消费升级，增加数字经济服务的使用数量。

处于第三梯队的哈尔滨、西安、广州、深圳 4 个城市与处于第一梯队和第二梯队的城市相比，主要差距也体现在参与深度得分（与第二梯队平均差距为 4.88）上，而参与广度和参与力度的表现反而略优于第二梯队。处于第三梯队的城市应当增加数字经济的发展规模和数字经济服务的使用数量，形成规模经济和范围经济，同时也要继续发挥在参与广度和参与力度方面的优势，吸引更多的劳动力从事外卖、教育、电商等行业，把握数字经济带来的就业红利。

表 8-8　不同城市数字经济服务参与指数

城市	参与	深度	广度	力度
北京	80.61	81.75	82.41	73.24
武汉	78.91	79.91	80.14	72.87
上海	78.78	78.85	82.03	75.06

续表

城市	参与	深度	广度	力度
杭州	78.74	78.99	82.08	74.01
苏州	75.40	74.62	81.56	72.70
成都	75.21	74.76	79.09	73.30
重庆	74.18	73.95	77.86	71.44
贵阳	73.47	72.80	78.47	71.45
南宁	73.20	72.61	77.75	71.27
哈尔滨	72.46	72.83	73.42	69.70
西安	72.10	69.98	79.92	73.97
广州	70.32	66.84	82.17	74.52
深圳	69.25	65.83	80.39	73.89

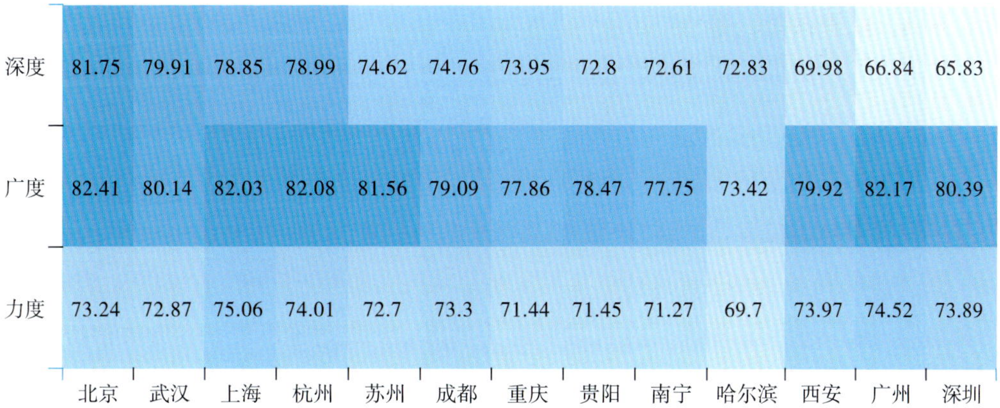

图 8-5　参与指数下不同城市各二级指标表现

（3）业态间比较

从总体上看，不同业态数字经济服务参与指数平均得分为 74.78，在总体满意度指数得分中排名第三，低于共享指数和竞争指数得分。具体到参与指数，不同业态数字经济服务参与指数在参与广度的得分较高，多数集中在 80 分左右；在参与深度的总体得分较低，半数业态得分不足 75 分。各业态在参与力度层面的得分值跨度较大，在 60 至 80 分之间。具体地，在参与深度方面，网络购物的得分最高，在线教育的得分最低；在参与广度方面，即时通信的得分最高，共享单车的得分最低，各业态的得分相差不大，且都比较可观；在参与力度方面，即时通信的得分最高且和其他业态差距较大。

移动支付在不同业态数字经济服务参与指数排名中处于领先地位，总得分为77.80。在参与深度指数（77.25）和参与力度指数（78.25）得分中排名第二，在参与广度指数（79.88）得分中排名第四。移动支付在参与深度和参与力度方面表现较好，在参与广度方面需进一步提升。

网络购物在不同业态数字经济服务参与指数得分中排名第二，总得分为76.25。在参与深度指数（77.30）得分中排名第一，而在参与广度和参与力度指数得分中排名较为靠后。网络购物作为最早的基础性数字经济服务，在发展初期为经济增长、就业拉动起到了举足轻重的作用，但随着发展年限的增长，用户不断趋于饱和，质量问题、虚假宣传等都使得网络购物的发展进入“瓶颈期”，用户的参与感下降。

即时通信在不同业态数字经济服务参与指数得分中排名第三，总得分为76.03。在参与广度指数（83.34）、参与力度指数（80.45）得分中均排名第一，在参与深度指数（73.49）得分中排名第四。即时通信在参与深度方面需进一步提升，需要用户更多的评论留言来反映问题、解决问题。

网络社交媒体在不同业态数字经济服务参与指数得分中排名第四，总得分为75.05。在参与广度指数（81.12）和参与力度指数（77.55）得分中排名分别为第二和第三，在参与深度指数（73.19）得分中排名第五。网络社交媒体在参与深度方面需加以优化，提升用户的参与积极性，了解用户的情感倾向。

餐饮外卖和短视频平台分别在参与深度（74.91）和参与广度（80.04）上表现较好，均排名第三位；而共享单车、在线教育在3个指标上均表现不佳，提升数字经济服务的参与指数是共享单车和在线教育两个业态应重点关注的内容。

表8-9　不同业态数字经济服务参与指数

业态	参与	深度	广度	力度
移动支付	77.80	77.25	79.88	78.25
网络购物	76.25	77.30	79.70	67.67
即时通信	76.03	73.49	83.34	80.45
网络社交媒体	75.05	73.19	81.12	77.55
餐饮外卖	74.87	74.91	79.73	69.59
短视频平台	73.33	71.81	80.04	73.55
共享单车	72.50	71.52	77.04	72.44
在线教育	72.39	71.17	79.49	70.75

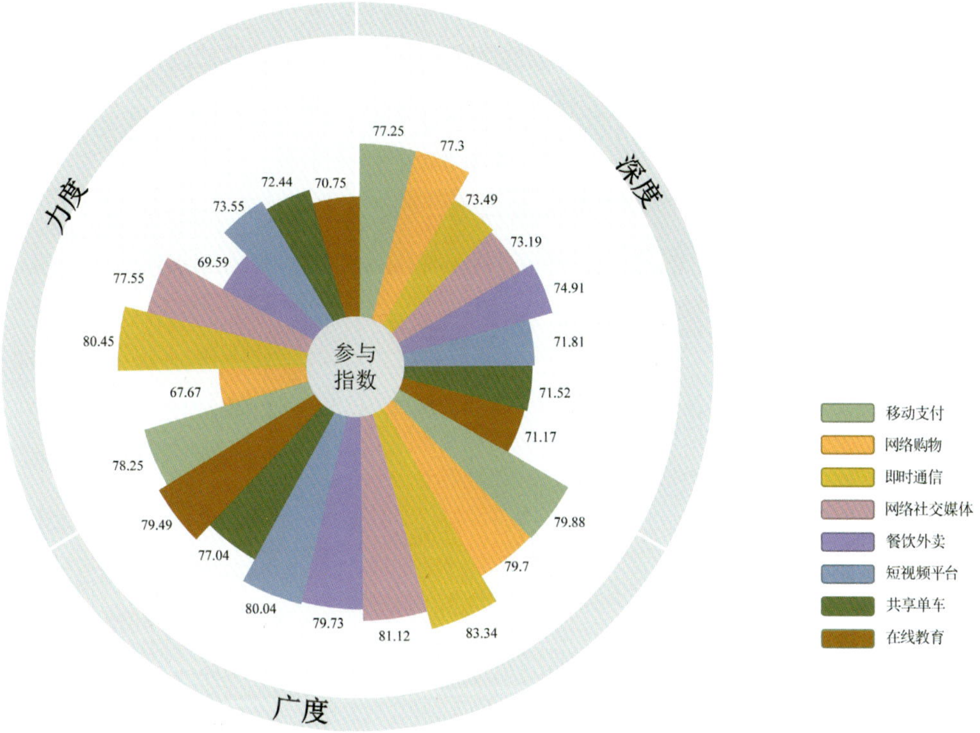

图 8-6　参与指数下不同业态各二级指标表现

3. 保护维度

数字经济服务保护指数，表明高质量的数字经济服务还需要不断营造和完善有利的保护环境，包括安全性指数、隐私性指数、信任度指数和自我意识指数 4 个二级指标。通过调查目标城市的数字经济服务交易安全状况、法律保障状况、个人隐私保护、消费维权状况、售后保障状况、信任程度，以及消费者对数字经济服务的自主选择、消费知情、服务感知、价格感知、信息感知状况，衡量消费者在数字经济中的权益是否得到有效保护。

（1）整体发展水平

就保护维度整体而言，各二级指标、三级指标得分存在一定的波动性，分数在 65 至 81 分区间内波动。其中个人隐私（65.52）、法律保障（67.60）、维权渠道（74.91）的得分低于 75 分，这也是数字经济服务保护指数得分较低的关键原因。数字经济的迅速发展为消费者提供了方便、快捷的服务，但同时也加剧了消费者个人信息泄露的风险，技术水平低下、技术滥用、监管不足、法律法规不健全等原因均对消费者个人信息的保护造成威胁。此外，数字经济服务中消费维权也面临多重挑战，售后猫腻、消费套路、侵害隐私、带货乱象、霸王条款、炒作价格等损害消费者权益的情况时有发生，给消费维权带来大量的挑战。

表 8-10　数字经济服务保护指数得分情况

一级指标	一级指标得分	二级指标	二级指标得分	三级指标	三级指标得分
保护	73.31	安全性	76.29	交易安全	79.51
				法律保障	67.60
		隐私性	65.52	个人隐私	65.52
		信任度	76.38	维权渠道	74.91
				维权效率	75.42
				售后保障	78.36
				信任程度	79.60
		自我意识	78.99	自主选择	79.98
				消费知情	76.75
				服务感知	80.30
				价格感知	79.31
				信息全面	79.01

（2）城市间比较

在数字经济服务保护指数得分的排名中，苏州、武汉、成都处于第一梯队，得分均超过 74.00，苏州数字经济服务保护指数得分最高，武汉、成都的差距不大。贵阳、上海、杭州、广州、深圳、哈尔滨处于第二梯队，得分均超过 73.00。北京、重庆、西安、南宁处于第三梯队，特别是西安、南宁的保护指数得分，与第一、二梯队相比，差距较为明显。第一梯队中，3 个城市在安全性、隐私性方面的得分差距不大，在信任度和自我意识方面，杭州的表现较为突出，成都的表现不太乐观。第二梯队中，6 个城市在安全性、隐私性、自我意识方面的表现差距不大；在信任度方面，深圳得分最高且在 13 个城市中得分也是最高，哈尔滨得分最低且在 13 个城市中得分也排名最后。第三梯队中，4 个城市在隐私性方面差距不大，北京、重庆在安全性和自我意识方面优势较明显，而南宁则较为落后。

苏州在数字经济服务保护指数排名中处于领先地位，总得分为 76.03。其中安全性指数（78.62）的得分排名第一，隐私性指数（70.99）的得分排名第三，而信任度指数和自我意识指数排名中游，仍待提升。

武汉在数字经济服务保护指数排名中处于第二位，总得分为 75.19。其中隐私性指数（71.77）的得分排名居首，安全性指数（77.24）的得分排名第二，弱于苏州；而信任度指数（73.74）和自我意识指数（77.02）排名处于下游，武汉居民对数字经济的信任程度、服务感知、价格感知、信息感知的满意度较低。

成都在数字经济服务保护指数排名中处于第三位，总得分为 74.85，其中隐私性指数（71.54）的得分排名第二，弱于武汉；安全性指数（77.12）的得分排名第四。成都在信任度指数（71.82）和自我意识指数（76.91）得分中的排名偏低，拉低了数字经济服务保护指数的分数。

对数字经济服务保护指数得分的分析发现，处于第二梯队的贵阳、上海、杭州、广州、深圳、哈尔滨 6 个城市与处于第一梯队的苏州、武汉、成都相比，主要差距体现在安全性得分（平均差距为 1.07）与隐私性得分（平均差距为 7.53）上。通过调查发现，第二梯队的城市消费者认为其所在城市数字经济服务的法律保障和个人隐私保护方面相对薄弱，对数字经济服务交易安全等的信心不足。此外，第二梯队城市信任度指数平均比第一梯队高 4.75 分，自我意识指数高 2.09 分，说明第二梯队城市的消费者认可数字经济服务能够为其提供全面、准确的信息，满足其相关需求，对数字经济服务的消费维权、售后保障、自主选择、消费知情、服务感知、价格感知等方面是相对满意的，因而信任度较高。

处于第三梯队的北京、重庆、西安、南宁与第一梯队的城市相比，主要差距体现在安全性得分（与第一梯队平均差距为 2.88）和隐私性得分（与第一梯队平均差距为 7.87）上，而信任度指数和自我意识指数得分也呈现出高于第一梯队的现象，平均比第一梯队城市高 2.56 分和 0.59 分。与第二梯队城市相比，主要差距体现在安全性得分（与第二梯队平均差距为 1.81）和信任度得分（与第二梯队平均差距为 2.16）上。在所有调查的目标城市中，重庆、西安、南宁在安全性方面的得分是最低的，一方面，体现了这 3 个城市消费者对安全性保护的注重；另一方面，可能存在消费者信心不足的情况，从而导致消费者对数字经济服务的消极态度。因此，第三梯队城市应当进一步提高数字经济服务基础设施建设，完善保护制度，增强消费者信心。

表 8-11　不同城市数字经济服务保护指数

城市	保护	安全性	隐私性	信任度	自我意识
苏州	76.03	78.62	70.99	75.30	79.36
武汉	75.19	77.24	71.77	73.74	77.02
成都	74.85	77.12	71.54	71.82	76.91
贵阳	73.45	77.23	64.15	76.93	79.27
上海	73.31	76.67	63.90	78.00	80.38
杭州	73.27	76.56	62.85	80.66	80.82
广州	73.26	76.66	62.56	80.62	81.17
深圳	73.17	76.37	62.65	81.09	80.96
哈尔滨	73.13	76.03	67.35	72.89	76.52
北京	72.92	76.20	63.55	77.64	80.24
重庆	72.76	75.97	63.56	77.00	80.45
西安	71.12	73.97	62.82	76.13	76.92
南宁	70.74	72.96	64.34	74.07	75.78

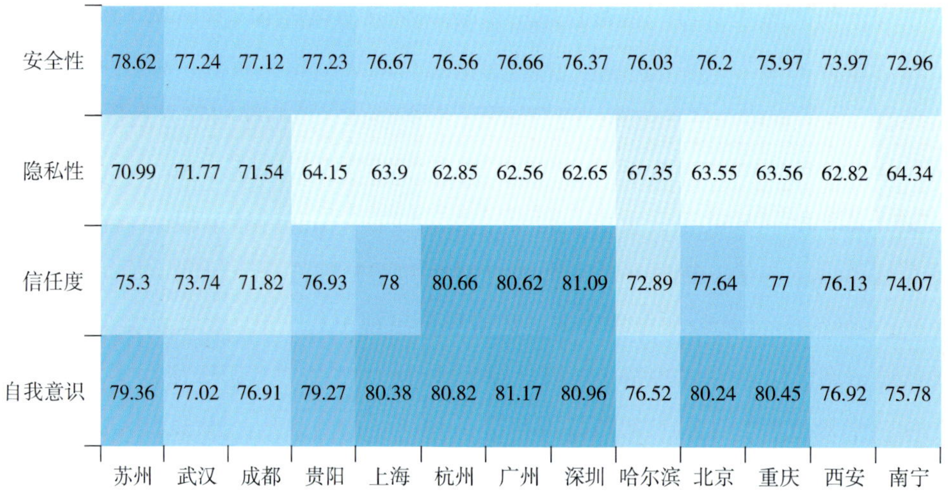

图 8-7　保护指数下不同城市各二级指标表现

（3）业态间比较

从总体上看，不同业态数字经济服务保护指数平均得分为 73.15，在总体满意度指数得分中排名第四，低于共享指数、竞争指数和参与指数得分。具体到保护指数，不同业态数字经济服务保护指数在安全性、信任度和自我意识方面的得分较高，隐私性方面的总体得分较低。调查研究显示，消费者认为数字经济服务在交易安全、法律保障以及消费者对服务的自主选择、服务感知方面值得肯定，但是对于数字经济服务对个人隐私的保护方面疑虑较大。具体来说，在安全性保护方面，网络社交媒体的得分最高，在线教育的得分最低，且各业态在这方面的得分差距不大，得分也相对可观，均高于 75.00。在隐私性保护方面，移动支付的得分最高，即时通信的得分最低，各业态的得分都不太可观，均低于 70.00。在信任度和自我意识方面，均是网络社交媒体的表现较优，网络购物的得分最低，但自我意识指数的总体可观程度优于信任度指数。

移动支付在不同业态数字经济服务保护指数排名中处于领先地位，总得分为 74.67。其中隐私性指数（68.52）的得分排名第一，表现较为突出。安全性指数（77.39）得分排名第二，仅次于网络社交媒体。但信任度指数（75.82）和自我意识指数（78.69）排名靠后，消费者对移动支付的信任程度和消费知情、自我感知的满意度较低，是移动支付应着力解决的方向。

网络社交媒体在数字经济服务保护指数得分中排名第二，总得分为 73.67。其中安全性指数（77.44）、信任度指数（80.05）、自我意识指数（81.07）的得分均排名第一；隐私性指数（62.88）排名第六。网络社交媒体在安全性、信任度、自我意识感知方面表现较好，但消费者对其个人隐私的保护仍存质疑。

餐饮外卖在数字经济服务保护指数得分中排名第三，总得分为 73.45。其中安全性指数（76.00）得分排名第四，隐私性指数（66.59）得分排名第三。而信任度指数（76.25）和自我意识指数（78.80）得分均排名第六。

网络购物在数字经济服务保护指数得分中排名第四，总得分为 73.37。消费者认为网络购物在安全性、隐私性方面表现较好，但是消费者对网络购物的信任度和自我意识满意度较低，其得分分别为 73.35 和 77.02，均排在最后一位，严重影响了网络购物的保护指数得分。

短视频平台在数字经济服务保护指数得分中排名第五，总得分为 73.36。在安全性指数（76.65）和信任度指数（79.31）得分中分列第三和第二名，表现较好。在隐私性和自我意识得分中排名第五。无法保证个人信息的安全性、易导致隐私泄露是影响短视频平台保护指数的重要因素。

共享单车、在线教育、即时通信在数字经济服务保护指数得分中排名靠后，总得分分别为72.80、71.92、71.92，这3个业态的信任度指数和自我意识指数得分排名较靠前，而安全性和隐私性指数得分较低。结合前文的分析可知，随着共享单车、在线教育、即时通信渗透进消费者生活的方方面面，信息泄露事件的发生率不断增加，消费者认为数字经济服务过程中个人信息有泄露的风险，从而对业态的安全性和隐私性存在很大的质疑，因此，保护性满意度得分较低。

表 8-12　不同业态数字经济服务保护指数

业态	保护	安全性	隐私性	信任度	自我意识
移动支付	74.67	77.39	68.52	75.82	78.69
网络社交媒体	73.67	77.44	62.88	80.05	81.07
餐饮外卖	73.45	76.00	66.59	76.25	78.80
网络购物	73.37	75.80	68.23	73.35	77.02
短视频平台	73.36	76.65	64.01	79.31	79.18
共享单车	72.80	75.73	64.19	77.73	79.34
在线教育	71.92	75.49	61.95	76.76	79.53
即时通信	71.92	75.49	61.82	76.53	80.16

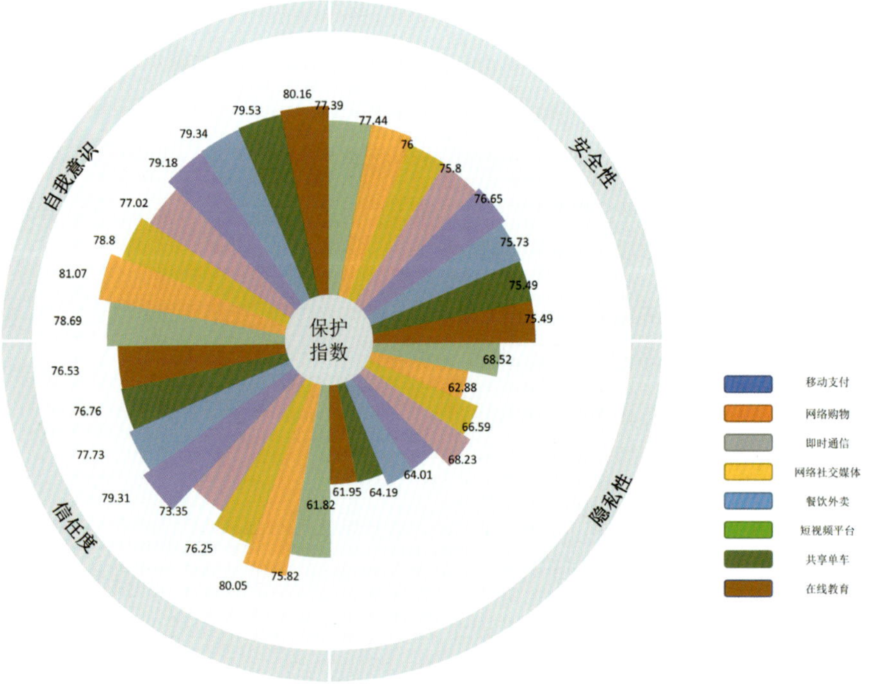

图 8-8　保护指数下不同业态各二级指标表现

4. 共享维度

数字经济服务共享指数，旨在反映最终实现可供广大消费者共享的高质量的数字经济成果，包括生活需求指数、普及指数两个二级指标，通过调查目标城市的数字经济生活方便性、高效快捷性、生活幸福状况，以及数字经济服务发展水平状况、传播效果来衡量数字经济发展的共享特征。

（1）整体发展水平

就共享维度而言，生活需求（80.97）和普及程度（84.43）均表现乐观，特别是在普及程度层面，消费者对当地数字经济整体发展水平（85.48）的认知和感受是相对可观的。然而，普及程度层面中数字经济服务传播效果的表现相对不佳（78.63），说明消费者并不会特别积极地去推广数字经济服务。的确，从消费层面上看，数字经济服务为消费者提供了更加便捷、舒适的消费体验，提升了消费者的生活幸福感，引领我国消费结构转型升级，但数字经济服务的自传播模式还有较大的发展空间，这一模式会助推数字经济服务的深度共享。

表 8-13　数字经济服务共享指数得分情况

一级指标	一级指标得分	二级指标	二级指标得分	三级指标	三级指标得分
共享	82.10	生活需求	80.97	生活方便	80.81
				高效快捷	81.65
				生活幸福	80.53
		普及程度	84.43	发展水平	85.48
				传播效果	78.63

（2）城市间比较

在数字经济服务共享指数得分的排名中，杭州、广州、深圳、北京处于第一梯队，得分均超过 83.00。武汉、上海、重庆、成都、西安处于第二梯队，得分均超过 82.00，且 5 个城市的差距不大。苏州、贵阳、南宁、哈尔滨处于第三梯队，南宁、哈尔滨的指数得分最低，与第一、二梯队相比，差距较为明显。第一梯队 4 个城市中，普及程度得分远高于生活需求得分。第二梯队中，武汉在生活需求方面表现出了更高的满意度，上海、重庆、成都、西安在普及程度上的满意度更优。在第三梯队中，苏州普及程度表现优异，贵阳、南宁、哈尔滨在两个指数上的得分差距不大，均表现不佳。

杭州在数字经济服务共享指数排名中处于领先地位，总得分为 84.52，其中普及程度指数得分为 88.24，排名第二，弱于广州；生活需求指数得分为 82.73，弱于武汉。广州在数字经济服务共享指数排名中处于第二位，总得分为 83.56，其中生活需求指数得分为 81.22，排名中下游；普及程度指数得分为 88.44，排名第一，广州数字经济服务在便捷人民生活、增强人民生活幸福感方面，仍有较大的提升空间。

深圳在数字经济服务共享指数排名中处于第三位，总得分为 83.44，其中生活需求指数得分为 81.23，排名中游；普及程度指数得分为 88.02，排名第三，弱于广州和杭州。北京在数字经济服务共享指数排名中处于第四位，总得分为 83.18，生活需求指数（81.81）和普及程度指数（86.01）得分列第四、五位，表现相近。

对数字经济服务共享指数得分的分析发现，处于第二梯队的武汉、上海、重庆、成都、西安与处于第一梯队的杭州、广州、深圳、北京相比，主要差距体现在普及程度得分（平均差距为 3.83）上。通过调查发现，消费者对数字经济发展的主观感受上反映出，第二梯队的城市数字经济服务总体发展水平较第一梯队还存在差距。处于第三梯队的苏州、贵阳、南宁、哈尔滨与第一、二梯队城市相比，差距体现在生活需求得分（与第二梯队平均差距为 3.00）上，第三梯队城市需完善城市数字经济服务的基础建设，为消费者提供更便捷、高效的数字经济服务，以此提升消费者生活幸福感和满意度。

值得注意的是，武汉的生活需求指数得分为 84.07，排名第一，但普及程度指数得分为 80.56，排名倒数，拉低了武汉数字经济服务共享指数的得分，武汉市需要着力加强数字经济的普及程度。

表 8-14　不同城市数字经济服务共享指数

城市	共享	生活需求	普及程度
杭州	84.52	82.73	88.24
广州	83.56	81.22	88.44
深圳	83.44	81.23	88.02
北京	83.18	81.81	86.01
武汉	82.93	84.07	80.56
上海	82.72	80.21	87.92
重庆	82.47	81.74	84.00
成都	82.47	82.03	83.37

续表

城市	共享	生活需求	普及程度
西安	82.07	81.43	83.41
苏州	81.35	79.55	85.10
贵阳	80.88	80.91	80.83
南宁	79.46	79.50	79.39
哈尔滨	76.98	75.61	79.82

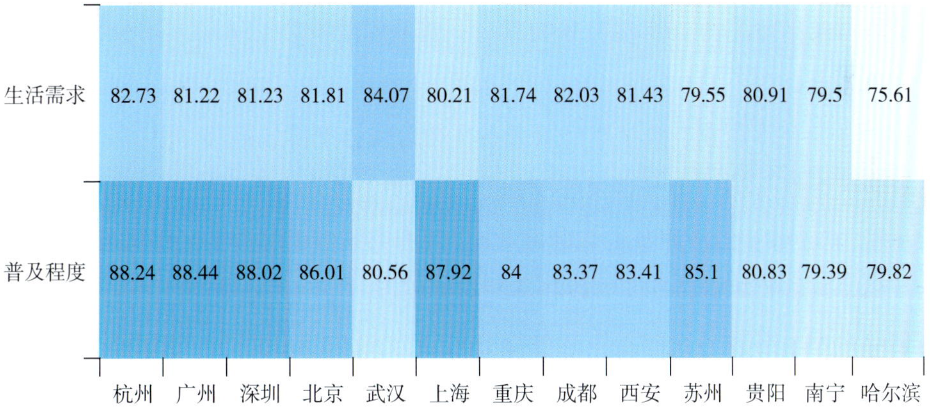

图 8-9　保护指数下不同城市各二级指标表现

（3）业态间比较

总体来看，不同业态数字经济服务共享指数平均得分为 82.22，在总体满意度指数得分中排名第一，高于保护指数、竞争指数和参与指数得分。具体到共享指数，不同业态数字经济服务共享性得分中普及程度指数得分大于生活需求指数得分。调查发现，消费者认为所在地区不同业态的数字经济服务的发展水平较好，便捷了日常生活，会向周边人推荐自己认为有效的数字经济服务。

具体来说，在生活需求方面，移动支付的得分最高，在线教育的得分最低，且各业态在这方面的得分差距不大；在普及程度方面，共享单车得分最高，网络购物的得分最低，各业态的得分都比较乐观，均在 80 分以上。

网络社交媒体在不同业态数字经济服务共享指数得分中处于领先地位，总得分为 83.27。其中生活需求指数（81.91）得分与普及程度指数（86.07）得分分列第二位和第四位。网络社交媒体扩展了消费者的交往圈，积累了人脉，便利了人与人之间的联系，普及程度较高，融入消费者生活的方方面面，消费者对其共享性的满意程度较高。

移动支付在不同业态数字经济服务共享指数得分中排名第二，总得分为 83.14。其中生活需求指数（83.04）得分最高，位于首位；普及程度指数（83.35）得分排名较靠后。移动支付作为数字经济服务的基础性业态，使得金钱交易超越了时间和空间的局限，省去了诸多烦琐的步骤，因此，生活需求指数的满意度得分较高。但与此同时，移动支付的使用逐渐趋于饱和，如何推出更为新颖、有效的服务形态，提高用户的推荐度，是移动支付今后应思考的方向。

短视频平台在不同业态数字经济服务共享指数得分中排名第三，总得分为 82.61。其中生活需求指数（80.76）得分较为靠后；普及程度指数（86.46）得分排名第二，仅弱于共享单车。

即时通信在不同业态数字经济服务共享指数得分中排名第四，总得分为 82.40。其中生活需求指数（80.91）和普及程度指数（85.50）得分均位于第五，即时通信与移动支付一样，均是数字经济服务的基础性业态，两者共同搭建起数字经济服务的交易框架，因此，即时通信的共享满意度指数和移动支付相近。

网络购物、餐饮外卖的共享指数得分分别为 81.78 和 81.66，分列第五、六位，二者的生活需求指数得分排名均优于普及程度指数得分。共享单车、在线教育的共享指数得分分别为 81.61 和 81.27，分列第七位、第八位，与网络购物、餐饮外卖相反，共享单车和在线教育的普及程度指数表现优于生活需求指数，普及程度指数分列第一位和第三位，而生活需求指数位于倒数。

表 8-15　不同业态数字经济服务共享指数

业态	共享	生活需求	普及程度
网络社交媒体	83.27	81.91	86.07
移动支付	83.14	83.04	83.35
短视频平台	82.61	80.76	86.46
即时通信	82.40	80.91	85.50
网络购物	81.78	81.85	81.62
餐饮外卖	81.66	81.00	83.01
共享单车	81.61	79.22	86.57
在线教育	81.27	78.94	86.10

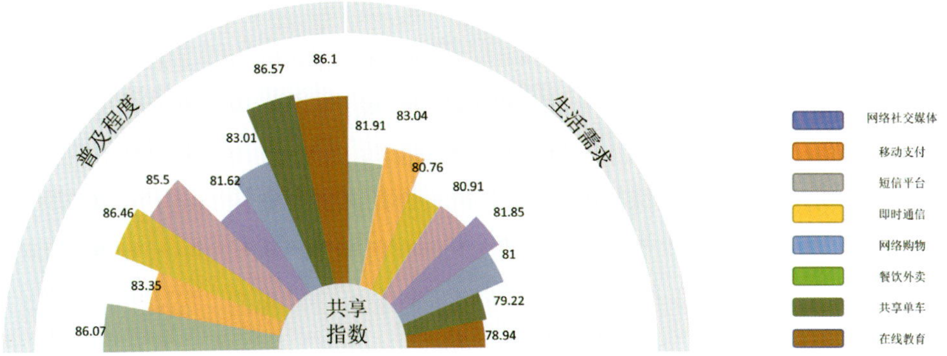

图 8-10　共享指数下不同业态各二级指标表现

（五）2020 年与 2019 年数字经济服务质量满意度统计结果对比

1. 整体发展水平

从总指数来看，2019 年数字经济服务质量总体满意度指数为 72.12，2020 年数字经济服务质量总体满意度指数为 77.70，同比增长 7.74%，总的来看，数字经济服务质量整体有所改进，但短板仍来自消费者参与性不高、消费者保护程度不够深入。具体到竞争、参与、保护、共享 4 个一级指标，得分较去年均呈现出上升的特点，其中，共享、竞争两个一级指标仍排名前两位且得分较可观，参与、保护两个指标排名较 2019 年有所变动，但差距不大。

从竞争维度来看，2020 年人员素质满意度较 2019 年提升幅度较大，增长 9.18%。随着我国科教兴国、人才强国、创新驱动发展战略的深入实施，产学研合作新高地的进一步构建，计算机科学、软件工程等学科建设取得了较好的发展，拥有较强数字技能的专业人才和具备数字技术与行业经验的跨界人才不断增加，为数字经济服务提供了人力支持，因此人员素质的满意度也较为可观。此外，2020 年在竞争维度新增加了费用管理二级指标，费用管理包括消费者对数字经济服务费用收取、额外费用花销的认知，以此来反映数字经济服务在价格制定、服务管理上的问题与优势。费用管理得分为 76.30，在竞争维度中得分处于下游，说明费用管理指标的加入是十分有必要的，目前我国的数字经济服务存在着费用收取不合理、定价过高等现象，数字经济服务应制定合理的价格机制，顺应供给与需求的变动，使得大多数人能够负担得起自己需要的数字经济服务，享受数字经济服务的红利。

从参与维度来看，参与深度较 2019 年提升幅度较大，从 69.42 分提升到 74.92 分，同比增长 7.92%。2020 年受新冠肺炎疫情影响，线上经济得到了一定的发展，数字经济服务的使用数量呈现上升趋势，如外卖软件、教育软件的使用等，一定程度上拉动了数字经济服务参与指数的提升。而参与广度、参与力度较去年也有所提升，但提升幅度相对平稳。

从保护维度来看，我国数字经济服务在消费者消费安全保护、个人隐私保护、消费维权建设、售后服务保障方面，相较 2019 年有所提升。工信部、公安部、市场监管总局开展的 App 专项整治工作和《个人金融信息保护技术规范》等法律法规的出台，均对消费者数字经济的消费行为起到了保护作用。但是总的来看，保护指数得分仍相对较低，发展潜力较大。

从共享维度来看，生活需求指数从 2019 年的 81.34 分下降至 2020 年的 80.97 分，但下降幅度较小；普及程度指数从 2019 年的 78.40 分上升至 2020 年的 84.43 分，上升幅度为 7.70%，说明消费者对我国数字经济发展的整体水平呈比较乐观的态度，享受到了数字经济服务带来的益处，向周边人推荐的意愿较高。

	总指数				竞争					参与			保护				共享	
	竞争	参与	保护	共享	基础设施	业态管理	研发支出	人员素质	费用收取	深度	广度	力度	安全性	隐私性	信任度	自我意识	生活需求	普及程度
2019年	75.17	69.42	69.49	80.6	75.54	76.85	76.21	72.13	0	64.55	78.36	69.97	72.82	64.22	66.03	73.19	81.34	78.4
2020年	79.55	74.92	73.31	82.1	79.94	79.71	79.91	78.75	76.3	74.24	79.88	72.95	76.29	65.52	76.38	78.99	80.97	84.43

图 8-11　2019 年及 2020 年指数对比

2. 城市发展水平

通过对不同城市 2019 年与 2020 年的数字经济服务质量满意度指数进行对比，可以发现，整体上，各城市的数字经济服务质量满意度指数较 2019 年均呈现出上涨的趋势，其中成都、重庆的增幅较高，分别为 10.26% 和 10.21%；此外西安（9.05%）、武汉（8.97%）的增幅也较大。杭州、上海的数字经济服务发展水平处在较高水平，发展趋于饱和，增幅较低，分别为 6.31% 和 6.50%。排名上，除了武汉由 2019 年的第五名超越苏州跃居第四名外，其余城市排名未发生明显变化。经历新冠肺炎疫情冲击的武汉，在抗疫过程中实现了数字经济的建设与发展，大数据追踪溯源、健康码智能识别、无接触服务、数字化线上办公等数字经济在助力武汉新冠肺炎疫情防控的同时，也为武汉疫后重振、高质量发展注入强劲动力，武汉数字经济服务整体的满意度水平增长较乐观。

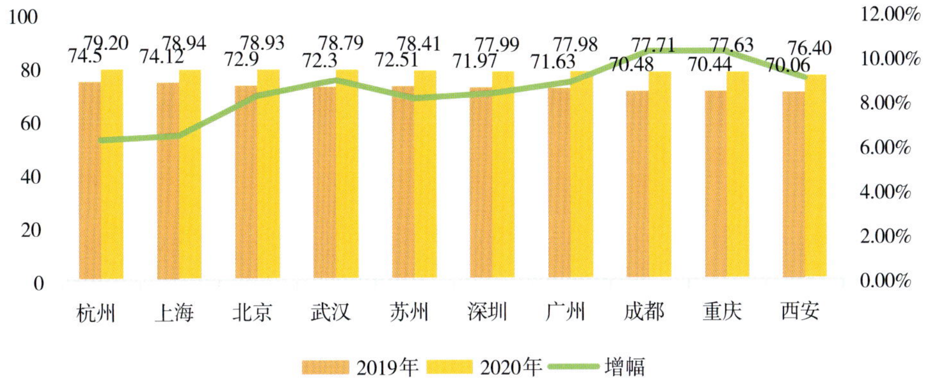

图 8-12 2019 年及 2020 年城市指数对比

从竞争维度看，较 2019 年，2020 年上海、深圳、杭州、西安的竞争排名呈现上升趋势，其中深圳、杭州分别提升了 6 位、4 位，数字经济服务竞争指数向好趋势明显。深圳基础设施指数（较 2019 年提升 7 位）、业态管理指数（较 2019 年提升 6 位）、人力资本指数（较 2019 年提升 7 位）的上升提升了整体竞争指数；杭州基础设施指数、技术创新指数的上升提升了杭州的竞争指数。北京、武汉两城市较 2019 年竞争指数排名下降明显，均下降 4 位。技术创新与人力资本发展不足是导致两市竞争总排名下降的原因，借助 5G 发展的基础，持续推动数字新基建，实现高质量网络覆盖和千兆宽带覆盖，推动自主创新与技术进步，发挥先进城市的带动作用，是推动数字经济发展的有利对策。

表 8-16 不同城市数字经济服务竞争指数排名变动（以 2019 年为基期）

城市	竞争	基础设施	业态管理	技术与创新	人力资本
上海	2	–1	2	2	1
深圳	6	7	6	4	7
杭州	4	4	1	3	2
广州	–2	–2	–2	–6	0

续表

城市	竞争	基础设施	业态管理	技术与创新	人力资本
北京	-4	-3	-2	-4	-2
重庆	-1	1	-4	-2	-2
苏州	-1	-4	-1	5	-3
武汉	-4	-3	0	-2	-4
西安	1	2	1	-1	2
成都	-1	-1	-1	1	-1

从参与维度看，较 2019 年，武汉、上海的参与排名呈现上升趋势，分别增长 6 位、1 位，数字经济服务参与指数向好趋势明显。武汉参与深度指数（较 2019 年提升 6 名）、参与广度指数（较 2019 年提升 1 位）的上升提升了整体参与指数，同样地，上海也呈现相同特点。武汉受新冠肺炎疫情冲击影响，线上 App 的使用量呈现了增长趋势，拉动了参与深度指数的提高。此外，成都（较 2019 年下降 6 位）、广州（较 2019 年上升 8 位）的参与广度指数，苏州（较 2019 年下降 7 位）、广州（较 2019 年上升 7 位）的参与力度指数变化幅度较大。

表 8-17　不同城市数字经济服务参与指数排名变动（以 2019 年为基期）

城市	参与	深度	广度	力度
北京	0	0	3	-4
武汉	6	6	1	-1
上海	1	1	2	0
杭州	-2	0	-2	1
苏州	-2	-4	-3	-7
成都	-1	-1	-6	-1
重庆	-1	0	-5	-2
西安	-1	-2	-1	2
广州	0	0	8	7
深圳	0	0	3	5

从保护维度看，较 2019 年，苏州、武汉、成都、广州的保护排名呈现上升趋势，其中武汉、成都、苏州分别增长 8 位、6 位、5 位，数字经济服务保护指数变优趋势明显。这 3 个城市安全性指数、隐私性指数的大幅提升是拉动保护指数增长的重要因素。深圳、西安两城市较 2019 年保护指数排名下降明显，均下降 5 位，同样地，两市安全性、隐私性指数的下降引致了保护指数的下降。由调研可看出，安全性、隐私性是影响保护指数变动的主要因素，建立完善有效的数字经济消费保护的法律法规体系，保障消费者的交易安全和个人隐私，避免由于隐私泄露导致消费者消费权益、财产权益受损是提升保护指数的关键。

表 8-18　不同城市数字经济服务保护指数排名变动（以 2019 年为基期）

城市	保护	安全性	隐私性	信任度	自我意识
苏州	5	5	7	−5	−5
武汉	8	8	7	−1	2
成都	6	6	7	−3	−5
上海	−3	−3	−1	−3	−4
杭州	−2	−4	−1	3	0
广州	1	2	−3	6	5
深圳	−5	−4	−5	1	2
北京	−4	−4	−4	−1	2
重庆	−1	−1	0	4	3
西安	−5	−5	−7	−1	0

从共享维度看，较 2019 年，杭州、广州的共享排名呈现上升趋势，且上升幅度较大（均上升 6 位）。杭州、广州生活需求指数的排名变化不显著，普及程度指数排名分别提升 8 位和 6 位。武汉较 2019 年共享指数排名下降明显，下降 4 位，其中普及程度指数下降 9 位。由此可见，普及程度重点影响各城市的共享指数，应注重地区数字经济总体发展水平的建设，依托城市自身特点和优势，推动智慧城市发展。

表 8-19　不同城市数字经济服务共享指数排名变动（以 2019 年为基期）

城市	共享	生活需求	普及程度
杭州	6	–1	8
广州	6	1	6
深圳	0	–3	1
北京	–2	–2	–3
武汉	–4	2	–9
上海	–2	–4	–1
重庆	–2	1	–2
成都	–2	4	–3
西安	0	2	1
苏州	0	0	2

3. 业态发展水平

在关键业态选择上，2019 年选择 6 个关键业态涵盖消费者 89% 的选择，2020 年选择 8 个关键业态涵盖消费者 79% 的选择，这在一定程度上说明 2020 年消费者使用的数字经济服务种类较 2019 年更加丰富，以此来满足自身多元需求，数字经济服务的发展确实取得了一定成绩。

从整体上看，各业态的满意度指数较 2019 年增长明显，移动支付满意度指数较 2019 年增长 7.99%，即时通信满意度指数较 2019 年增长 7.44%，餐饮外卖满意度指数较 2019 年增长 7.24%，网络购物满意度指数较 2019 年增长 9.02%，共享单车满意度指数较 2019 年增长 7.12%。从具体业态来看，消费者对移动支付、即时通信、餐饮外卖的使用满意度仍保持在较高的水平，对网络购物和共享单车的满意度仍待提升。此外，2020 年较 2019 年，消费者对网络社交媒体、短视频平台、在线教育的使用量和关注度上升，抖音、快手等短视频平台的发展和网络覆盖的不断普及，为消费者使用短视频平台提供了基础；疫情期间“停课不停学”政策，线上课程渐成系统，推动了在线教育的发展，但在线教育的发展仍在初期，存在着教学模式单一、互动性差、学习效率无法保证等问题，满意度指数较低。

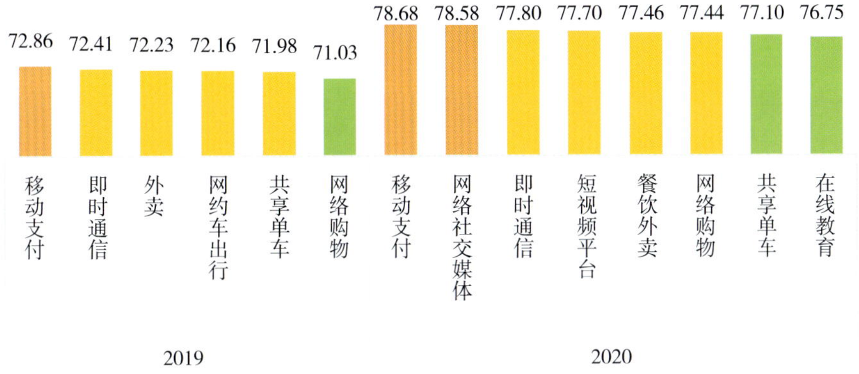

图 8-13　2019 年和 2020 年关键业态总指数对比

对比分析 2019 年和 2020 年共有的业态，总体来看，各业态的竞争、参与、保护、竞争 4 个一级指标的指数均较 2019 年呈上升趋势。其中移动支付的参与指数（较 2019 年增长 8.87%）、即时通信的竞争指数（较 2019 年增长 7.65%）、餐饮外卖的参与指数（较 2019 年增长 9.41%）、网络购物的参与指数（较 2019 年增长 13.40%）、共享单车的竞争指数与参与指数（均较 2019 年增长 5.72%）在各业态 4 个一级指标指数中增幅最大。综合调研结果，说明基础设施建设的完善，网络覆盖、宽带速率的改进，参与深度、力度、广度的深化，是各业态数字经济服务满意度总指数上升的重要原因。

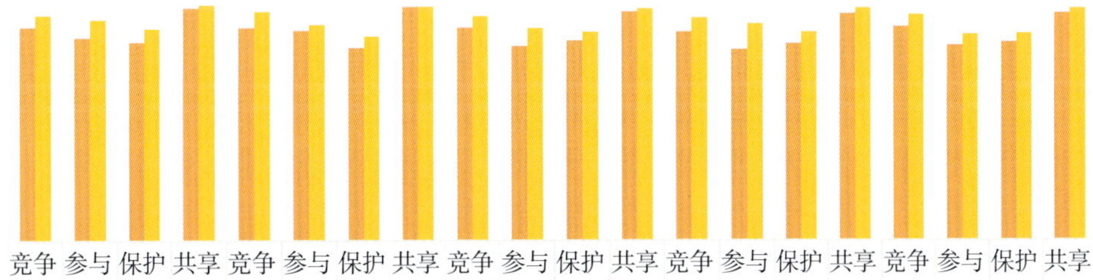

	移动支付				即时通信				餐饮外卖				网络购物				共享单车			
	竞争	参与	保护	共享	竞争	参与	保护	共享	竞争	参与	保护	共享	竞争	参与	保护	共享	竞争	参与	保护	共享
2019 年	75.1	71.4	69.9	81.9	74.9	73.9	67.8	82.2	74.9	68.4	70.3	80.5	73.4	67.2	69.2	79.7	75.1	68.5	69.7	79.9
2020 年	79.4	77.8	74.6	83.1	80.6	76.0	71.9	82.4	79.0	74.8	73.4	81.6	78.4	76.2	73.3	81.7	79.4	72.5	72.8	81.6

2019 年　2020 年

图 8-14　2019 年及 2020 年关键业态各指数对比

二、企业数字化建设总体指数与关键指标统计结果

（一）总体指数统计结果

当前我国企业在数字化建设中有一些规划，但是整体仍面临较多的问题。其中，既存在企业管理侧数字化意识薄弱、执行效果和人才培养不佳的问题，也存在企业数字化创新方向企业投入及创新参与度不足的问题。企业对于数字经济建设的认识与投入还有待更进一步的深入。

总体来说，企业数字化建设程度总体表现一般（70.78），各维度表现差异较小。企业数字化建设程度指数包含企业管理、数字化创新、信息保护 3 个一级指标。其中，信息保护维度得分最高（74.61），企业管理维度（70.86）和数字化创新维度（60.03），在一定程度上表明企业数字化建设程度目前还不够完善，有很大的进步空间。

对于二级指标，企业管理下推动方式的得分最高，为 87.30，且只有这一项二级指标得分大于 80 分，说明企业对于数字化建设的推动是一直在提升的。而投入程度的得分最低，为 58.01，这说明目前在数字化建设中，企业还需要更进一步地加大投入。另外，人才培养得分（62.50）、创新效果得分（61.22）和执行效果得分（67.95）相对较低，均不及 70 分，这些体现出企业已经对数字化建设有了一定的思考，但是对于数字化建设并没有太大的投入，并且没有过多地去尝试对企业进行数字化的创新实践。企业数字化建设程度指数及各级指标得分，如表 8-20 所示。

表 8-20　企业数字化建设程度指数及各级指标得分表

总指数	一级指标	一级指标得分	二级指标	二级指标得分
70.78	企业管理	70.86	数字化程度	76.17
			推动方式	87.30
			执行效果	67.95
			人才培养	62.50
	数字化创新	60.03	投入程度	58.01
			创新效果	61.22
	信息保护	74.61	隐私程度	74.61

（二）各维度统计结果

1. 企业管理维度

企业管理指数，表明企业数字化建设要在内部环境的建设中不断发展企业自身优势，包括数字化程度指数、推动方式指数、执行效果指数、人才培养指数 4 个二级指标，用以反映企业管理中数字化的发展水平。

（1）整体建设程度

就企业管理维度整体而言，推动方式二级指标的得分为 87.30，可见企业管理数字化建设中项目的推动方式是关键。另外在数字化程度方面虽表现尚可，但从执行效果（67.95）和人才培养（62.5）仍可以看出目前在企业中对于数字化的认识及作用有着较大的成长空间，需成为今后企业管理数字化发展的着力点。一直以来，我国在企业管理的数字化建设方面落后于国外的发展步伐，在当下社会高速发展的新时代，企业只有加强学习，紧跟时代步伐，才能使得企业获得更好的发展。

表 8-21　企业管理维度指标得分表

一级指标	得分	二级指标	得分
企业管理	70.86	数字化程度	76.17
		推动方式	87.30
		执行效果	67.95
		人才培养	62.50

（2）企业性质间比较

在企业数字化建设企业管理指数得分中，党政机关得分超过 70.0；国企和国内私企得分超过 65.0。其中，党政机关在执行效果和人才培养方面的表现均衡，而数字化程度方面的满意度得分较低，且同其他三项指标的分值差距明显。国内私企在推动方式上得分最高。

表 8-22　不同企业性质企业管理指标得分表

企业性质	企业管理	数字化程度	推动方式	执行效果	人才培养
党政机关	72.18	55.00	100.00	81.25	70.00
国企	66.49	61.27	89.08	78.57	53.34
国内私企	65.54	55.56	92.22	84.09	50.00

（3）行业间比较

在企业数字化建设企业管理指数得分的排名中，交通运输业和信息技术服务业得分均超过 70，建筑业得分超过 60，制造业和服务业得分稍低。交通运输业和信息技术服务业在数字化程度、推动方式和执行效果方面的表现均衡，而人才培养方面得分差异较大，且同其他三项指标的分值差距明显。建筑业在推动方式方面的表现较优，其他方面都相对均衡。制造业在推动方式方面的得分相对稍高。

表 8-23　不同行业企业管理指标得分表

行业性质	企业管理	数字化程度	推动方式	执行效果	人才培养
交通运输业	77.09	70.83	91.67	80.00	75.00
信息技术服务业	74.05	75.00	92.86	81.25	60.71
建筑业	67.45	62.88	91.67	71.00	59.85
其他	61.98	55.56	77.78	70.00	55.56
制造业	59.68	54.58	92.50	63.57	49.17
服务业	52.79	52.08	85.42	50.00	43.75

2. 数字化创新维度

数字化创新维度指数，表明企业数字化建设要在内部环境的建设中不断创新，提高自身对于数字经济建设的技能需求，从而发展企业自身优势，包括投入程度指数和创新效果指数两个二级指标，用以反映企业数字化创新的发展水平。

（1）整体建设程度

就数字化创新维度整体而言，创新效果二级指标的得分为 61.22，可见当下企业的数字化建设中整体的创新较少，效果不佳。其次投入程度（58.01）方面表现较差，可以看出目前在企业中对于数字经济的投入及创新方面有着较大的成长空间。

表 8-24　数字创新维度指标得分表

一级指标	得分	二级指标	得分
数字化创新	60.03	投入程度	58.01
		创新效果	61.22

（2）企业性质间比较

在不同企业性质数字化创新维度指数得分中，国企得分超过 60，国内私企得分不足 50。国企和党政机关数字化创新投入程度较高，创新效果仍需加强。而国内私企数字化创新投入程度和创新效果得分均不足 50，与国企和党政机关均有一定差距，因此，可以看出不同的企业性质对于数字化创新的重视程度差异较大。

表 8-25 不同企业性质数字化创新维度指标得分表

企业性质	数字化创新	投入程度	创新效果
国企	60.05	63.38	58.10
党政机关	58.70	65.00	55.00
国内私企	47.39	48.89	46.51

（3）行业间比较

在不同行业数字化创新维度指数得分的排名中，交通运输业得分超过 70；信息技术服务业得分超过 60，建筑业、制造业、服务业得分不足 60。交通运输业（70.83）在创新效果和投入程度方面的表现均衡。信息技术服务业在投入程度（64.28）和创新效果（60.71）的得分比较接近。通过行业间的得分分布可以看出，目前在数字化创新中得分比较靠前的行业主要以新型行业和近几年发展较快的行业为主，而传统行业数字化创新的得分都较低。

表 8-26 不同行业数字化创新维度指标得分表

行业性质	数字化创新	投入程度	创新效果
交通运输业	70.83	70.83	70.83
信息技术服务业	62.03	64.28	60.71
建筑业	58.61	59.09	58.33
其他	58.33	58.33	58.33
制造业	51.89	55.83	49.57
服务业	48.91	54.16	45.83

3. 信息保护维度

信息保护维度指数，旨在反映企业数字化建设中企业信息安全保护的问题，在当下的发展中，只有重视企业信息保护和用户信息保护才能够得到更好的发展，信息保护维度指数包括隐私程度指数一个二级指标，用以反映企业在信息保护中对于隐私保护的重视程度。

就信息保护维度（74.61）整体而言，隐私程度二级指标的得分为74.61，可以看出企业在数字经济建设中对于企业的隐私保护还是比较重视，并且在整个过程中能够使用不同的方式方法去保护企业的数据安全。

但是不同性质的企业间对于信息隐私的重视程度有所差别。在信息保护维度指数得分中，党政机关得分60，国企和国内私企得分不足60。不同性质的企业对于信息保护的重视程度具有一定的差异性。

表8-27　不同企业性质信息保护维度指标得分表

企业性质	信息保护	隐私程度
党政机关	60.00	60.00
国企	59.86	59.86
国内私企	54.44	54.44

在不同行业信息保护维度指数得分的排名中，交通运输业的得分超过60，其余行业得分均没有超过60，通过行业间的得分分布可以看出，在信息保护中得分比较靠前的行业较少，而其他行业在企业的发展中忽视了对企业信息安全的保护。

表8-28　不同行业信息保护维度指标得分表

行业性质	信息保护	隐私程度
交通运输业	60.61	60.61
信息技术服务业	58.33	58.33
建筑业	58.33	58.33
其他	57.14	57.14
服务业	55.56	55.56
制造业	50	50

（三）推动产业数字化发展的原因分析

1. 企业实施数字化建设的核心原因

数字经济已经成为带动中国经济增长的核心动力。数字化为企业带来敏捷高效的运作方式，企业进行数字化建设能够更好地为企业带来新的发展与生机。当企业实施数字化之后可以提高工作时效性感知和掌控感，可以大幅度提高工作效率，符合数字化时代对于敏捷高效的要求。数字化的组织需要能够对整个组织的动态变化做到快速更新，以帮助企业管理层作出快速、准确的决策。通过数字化建设提高企业经济效益、降低成本、促进生产、保证安全。

通过对企业实施数字化原因分析，可以看出，企业实施数字化主要是为了提高产品服务质量，降低运营成本，提升服务效率，从而达到提高企业绩效的目的。

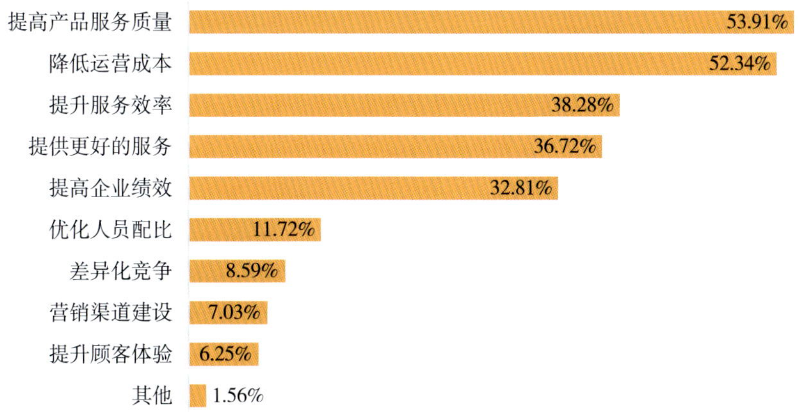

图 8-15　企业实施数字化原因分布

2. 企业实施数字化推动方式及重视程度

加快推进企业数字化转型，提升数字化转型的效率。企业通过建立对应部门，加快企业数字化建设，降低企业数字化转型风险，激活企业数字化创新积极性。

通过对不同行业不同性质企业的调研发现，目前在企业数字化建设中，已经有近68% 的企业意识到并且正在通过建设专业的数字化部门来促进企业转型。

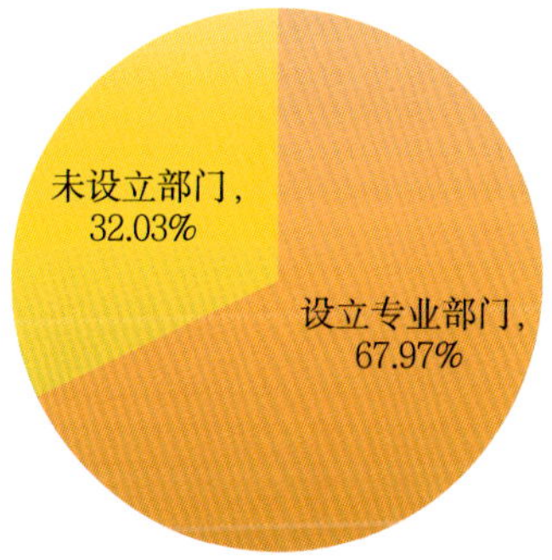

图 8-16　设立专业部门占比

3. 企业数字化建设成果

在 2020 年第十三届全国人民代表大会第三次会议上《关于 2019 年国民经济和社会发展计划执行情况与 2020 年国民经济和社会发展计划草案的报告》中专门谈到了发展数字经济的举措，其中提到“加快传统产业数字化转型”“以数字核心突破为出发点，推进自主创新产品应用”。可以看出，随着我国国力的不断提高，经济的飞速发展，企业数字化建设也要进一步发展。通过图 8-17 可以看出目前的企业数字化建设中自动化（24%）、移动技术和应用（18%）、物联网（14%）的占比超过 50%，其次人工智能（11%）也得到了较大的发展。

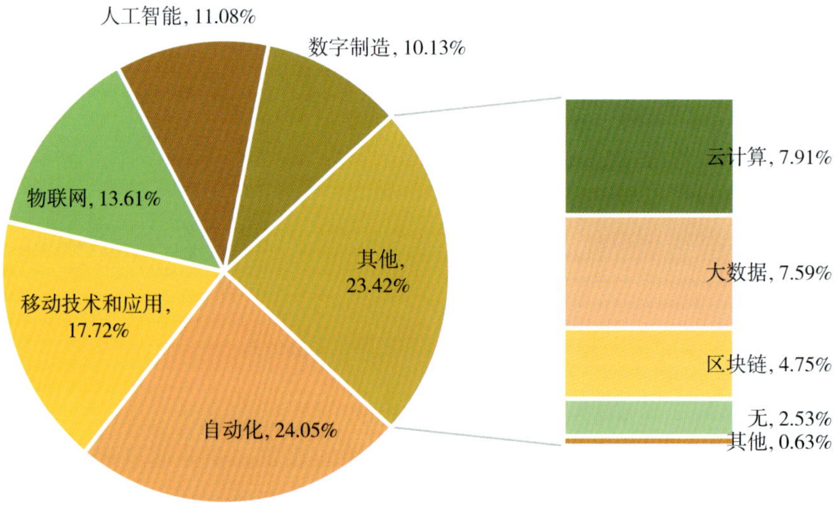

图 8-17　企业数字化建设中使用技术占比

第九章　数字经济服务质量研究结论及启示

一、数字经济服务中的薄弱环节分析及研究启示

（一）先发优势不同，数字经济服务质量区域差距持续扩大

数字经济服务的发展是一个综合性的发展测度指标，受地区经济发展水平、数字经济发展现状、数字经济发展潜力等多方面因素影响。当前，我国数字经济发展呈现自东向西逐级减弱的特点。杭州、上海、武汉、苏州等长三角及沿江城市，数字经济服务质量满意度得分最高；深圳、广州、成都、重庆的数字经济服务质量满意度紧随其后，它们或处于珠三角区域，或处于长江经济带的中心城市，或处于适宜城市规划、企业建立的平原地区，具有基础优势；贵阳、西安、南宁、哈尔滨所在的中西部、东北部地区，数字经济服务的竞争、共享能力均较差。

导致区域数字经济服务质量满意度差距的原因是多方面的：一是各地数字经济发展的基础设施建设不平衡。贵阳、哈尔滨、南宁、西安等地的网络覆盖、宽带速率满意度远落后于杭州、上海，宽带普及率和平均下载速率落后。二是新兴数字技术研发创新不平衡。为了提高创新效率，技术创新通常集中于少数发达地区，但这也导致技术生产要素向经济发达、回报率高的地区汇聚，导致地区“发展鸿沟”。三是各地数字经济发展激励政策的差异所致。上海、北京、苏州等地综合运用产业集群驱动、数字政策环境驱动、融合应用驱动、创新要素驱动、市场需求拉动等方式，充分发挥当地产业基础和资源禀赋，为数字经济发展提供广阔空间，提升了数字经济服务质量。

而另一方面，许多政府由于不能够站在顶层设计的角度宏观布局数字经济发展战略，缺乏工业互联网建设、新经济发展、数字产业化的实施路径和前进推动力，在数字经济个人隐私保护、交易安全等方面缺乏完整的法律体系和监管机制，导致数字经济的发展遭遇瓶颈。

（二）竞争性实力较弱是关键业态数字经济服务质量现存的主要短板

从数字经济服务质量整体上来看，竞争性的表现尚可，但具体到各业态，调研结果显示：相较于参与、保护、共享 3 个维度，关键业态竞争性的提升空间较大。在 8

个关键业态中，移动支付的数字经济服务质量总得分居于首位，参与、保护、共享排名列第一、二位，但竞争性排名为第六位；相似的，餐饮外卖、网络购物的竞争性指数排名也相对较低，在竞争性方面，各业态的发展潜力和发展效率有待挖掘。

具体到竞争性的各个指标，费用管理的平均得分最低，总指数表现最好的移动支付业态在人力资本、费用管理方面的表现均不佳。费用管理涉及数字经济服务的额外费用和费用收取，当前随着各业态的发展，数字经济服务中乱收费、砍头息、抬高价等现象层出不穷，严重影响消费者的使用体验，扰乱数字经济市场秩序，不利于数字经济与产业的深度融合。

在今后的发展过程中，进一步提升数字科技水平，优化从业人员素质，加快数字化步伐，在自主研发的产品中不断实践创新，实现降本增效以提升业态和企业的核心竞争力，是提高科技“人文温度”，增强消费者满意度的动力。

（三）参与性不足是束缚部分城市数字经济服务质量提升的关键因素

综合来看，在城市数字经济服务质量总得分上，处于第二梯队的武汉、苏州、深圳、广州、成都、重庆 6 个城市与处于第一梯队的杭州、上海及北京相比，主要差距体现在数字经济服务的参与指数得分（平均差距为 5.49）上。处于第三梯队的贵阳、西安、南宁、哈尔滨 4 个城市与处于第一梯队的城市相比，参与指数得分平均低 6.56。

具体到参与指数中，各城市在参与深度上的表现差距较大（波动范围在 65—82 之间），而参与广度和参与力度的差距在 5 分之内，因此，参与深度的不足是目前区域数字经济发展亟待改善的方面。参与深度满意度低意味着消费者对数字经济服务的使用数量较少，评论留言数量不足，评论留言作为消费者、企业了解数字经济服务最直观的表现方式，数量过少将阻碍消费者（数字经济服务需求方）与企业（数字经济服务供给方）间的信息获取与交流，企业无法掌握数字经济服务的现状，难以实现技术创新与产品开发。

由于不同地区经济发展基础不同，如 ICT 产业的研发部门主要集中在北京、上海、广州、浙江等，以贵阳、南宁等城市为载体的新兴高技术产业发展仍处于探索期，新兴数字产业无法得到有效发展。这就导致传统产业数字化转型不成功，生产设备数字化率较低，居民对数字经济的认知和对“互联网 +”时代的感知程度均较弱，参与积极性与参与深度不高。

（四）保护性漏洞是数字经济服务质量满意度最明显的局限因素

从不同城市的计算结果来看，13 个城市的保护指数得分均低于竞争指数得分和共享指数得分，杭州、上海、北京、武汉、程度、重庆、贵阳、西安、南宁 9 个城市的保护指数得分低于参与指数得分，保护指数在 4 个一级指标中表现最差。在数字经济服务保护指数得分的排名中，苏州、武汉、成都处于第一梯队，得分均超过 74.00，苏州数字经济服务保护指数得分最高，武汉、成都的差距不大。贵阳、上海、杭州、广州、深圳、哈尔滨处于第二梯队，得分均超过 73.00。北京、重庆、西安、南宁处于第三梯队，特别是西安、南宁的保护指数得分，与第一、第二梯队相比，差距较为明显。

从总体上看，不同业态数字经济服务保护指数平均得分为 73.15 分，在总体满意度指数得分中排名第四，低于共享指数、竞争指数和参与指数得分。具体到保护指数，不同业态数字经济服务保护指数在安全性、信任度和自我意识方面的得分较高，隐私性方面的总体得分较低。调查研究显示，消费者认为数字经济服务在交易安全、法律保障以及消费者对服务的自主选择、服务感知方面值得肯定，但是对于数字经济服务对个人隐私的保护方面疑虑较大。

当前，以信息技术和数据资源作为关键要素的数字经济蓬勃发展，并成为推动各国经济高质量增长的重要动能，我国立法机关在加强数字治理、制定完善的数字经济发展制度保障等方面投入了大量精力。但是，关于数据资源的产权保护、消费者的利益保障、鼓励数据开放应用方面的法律尚不完备，消费者数据安全与数字经济发展之间仍未实现动态平衡。人工智能、大数据对经济社会的影响是颠覆性的，只有制定完备的保护措施、创新保护制度，才能合理利用海量数据，为消费者的日常生活带去便利，为国家经济发展注入活力。

（五）生活需求满足度对数字经济服务质量满意度的推动力度待强化

数字技术已成为促进经济发展、提高经济各领域竞争力、打造新兴市场并保障全面可持续增长的关键因素之一，推动数字经济进一步发展，加强数字化领域全面合作，将为促进包容性增长、共享经济和可持续发展带来新的机遇。新冠肺炎疫情冲击下的后疫情时代，餐饮外卖、在线教育、线上直播、移动支付、短视频平台等新业态、新模式得到了十足的发展，成为推动产业结构优化、快速增长和消费方式转型的新动能。调研结果显示，总指数中共享维度得分最高，为 82.10 分，在总体满意度指数得分中排名第一，高于保护指数、竞争指数和参与指数得分。

具体到共享指数，与2019年比，共享维度的普及程度满意度有所提升（从2019年的78.4分提升至2020年的84.43分），消费者对当地数字经济的发展现状和发展较有信心，倾向于向他人推荐数字经济服务；而生活需求满意度得分从2019年的81.34分下降至2020年的80.97分，消费者对数字经济服务带来的生活便捷度、幸福感的认知度下降。这与数字经济服务发展存在的模式不规范、发展路径不清晰有关，随着某些业态的数字经济发展趋于饱和，新的技术创新和产业创新还未落实，片面追求速度，忽视了数字经济的发展质量，粗放发展、盲目发展的现象屡禁不止，在一定程度上导致了消费者的体验不佳。在今后的发展中，如何推动大数据与社会治理、民生服务深度融合，使得数字经济在服务社会民生、推进社会建设方面发挥更大的作用，是值得思考的内容。

二、企业数字化建设中的薄弱环节分析及研究启示

（一）企业数字化建设不平衡不充分处于初级阶段

2020年8月，住建部会同工信部等13个部委发布的《推动智能建造与建筑工业化协同发展的指导意见》明确指出，要“推动形成一批智能建造龙头企业，引领并带动广大中小企业向智能建造转型升级，打造‘中国建造’升级版”。总体来说就是要推动大中小企业由传统管理及生产模式向数字化、智能化发展。企业数字经济的建设是一个综合性的发展测度指标，由于现阶段制造企业的高层管理人员对数字化转型的理解不深入，没有意识到数字化转型的必要性、紧迫性和复杂性，观念还停留在部署常用的IT系统，对于数字化默认为只是对IT系统进行一个升级。实际上数字化转型不是依靠一个IT系统就能完成的，需要转型推动者的领导，需要自上向下逐步推进。

企业已经应用了诸多信息系统，但是孤岛纵横，基础数据不准确，编码体系不统一，推进数字化转型无从下手。以制造业为例，不同企业所用基础信息差异较大，无法做到信息同步、信息共享，导致企业转型无法顺利推进。中小型企业在数字化转型中也面临资金不足的问题，无法推动数字化进一步发展，并且企业投资推进数字化转型没有取得显著效果，制约了企业进一步推进数字化转型的动力。

（二）企业数字化建设中企业领导管理观念转变较慢

企业数字化转型最大的挑战是商业模式引起的组织变革，思维、商业模式到组织

机构的变革才是上层建筑的变革。企业投入了大量的人力、物力、财力，用很长的时间建立了自己的管理信息系统，或引进 MRPII、JIT、LP、AM、CIMS、ERP 等，但他们的管理思想、管理体制仍停留在原来的水平，致使新系统发挥不了应有的作用，达不到应有的效益。

企业的数字化转型不仅需要平台支撑，更需要将数字化理念融入企业发展的脉络中。首先就是要明确动机和需求，实施企业信息化要变成企业决策者的主动要求，成为企业上上下下的共识，而不是为了赶时髦；同时搞信息化建设的需求要明确，要解决哪些问题，要达到什么目的，作为建设企业必须要心中有数。通过数字化转型使得企业经营在成本、质量、服务、速度（TQCS）等关键性指标上取得显著的改进。

（三）准确及时地收集、整理数据

数据整合是当今企业数字化转型面临的最大挑战。许多公司只是简单地将数据堆积在一起，并未对不同来源的数据进行整合，忽视了不同业务对数据的需求差别。数据是数字化工程的基础，数据经过加工处理成为信息才能支持企业作出科学的决策。数据是否完整、准确、及时，直接关系到系统实施的成败。如果收集到的数据本身不正确或已过时，即使加工处理的过程再正确，输出的信息也是错误的信息，只会对企业决策起误导作用，这也正是很多企业信息系统建设失败的原因之一。因此，我们必须从全局、从整体出发，系统地掌握企业的信息流向，有针对性地开展信息的收集、整理工作，抓好数据的源头工作。

第三篇　顾客体验最佳实践案例篇

从产品营销、品牌营销、关系营销到体验营销，营销进入了“体验时代”。随着经营环境的不断变化，越来越多的企业寻找新途径，开始关注顾客体验以维持企业盈利能力。顾客体验绝不仅仅停留在提升顾客满意和美好体验层面，好的顾客体验更能够给企业带来效益，为企业创造价值。

本篇旨在将最佳实践案例为广大企业所分享，通过学习借鉴，重新思考和改进企业经营管理实践，创造符合企业自身特点和需求的最佳实践模式。

本篇入选的案例分布在快消、耐消、服务等多个领域。案例主要围绕顾客体验模式创新、顾客体验平台创建、顾客体验管理测量模型构建等方面。入选案例在实施推广过程中都得到了检验，取得了明显的经济和社会影响。

特别感谢小米科技有限责任公司、京东零售集团、首都机场集团公司北京大兴国际机场、中国电信股份有限公司武汉分公司、青岛西海岸公用事业集团有限公司、舒华体育股份有限公司、海信家电集团股份有限公司、山西建筑工程集团有限公司、山西静态交通建设运营有限公司、晶科能源有限公司和中钢集团邢台机械轧辊有限公司等企业（排名不分先后）在顾客体验实践案例上的分享。

用户深度参与的开发模式

小米科技有限责任公司

案例亮点

用户在使用产品过程中会产生各种反馈和建议，如何进行用户反馈的收集并应用在后续的产品迭代优化中，是许多公司提升用户和产品价值的主要途径。

小米社区提出了一种“用户深度参与的开发模式”，在产品的开发过程中开放节点，招募用户参与内测提供建议反馈，并且引入了一套新的反馈处理机制来实现海量反馈的高效处理。业务方基于建议和反馈可以快速进行产品迭代，改善产品使用体验和质量。用户可以在社区中参与最新的 App 内测，并且实时掌握自己所反馈的问题的处理进度，和官方保持交流。

2020 年，小米社区建立超 100 个内测项目，数百万的用户参与内测报名。超过 100 万的用户向官方提出了建议和反馈，累计互动人次超过 2500 万。

一、背景

小米的使命，是始终坚持做“感动人心、价格厚道”的好产品，让全球每个人都能享受科技带来的美好生活。2020 年是小米从创建开始的第十年，作为全球排名前四的手机厂商，拥有全球月活 3.68 亿的安卓系统 MIUI，以及覆盖人们智能生活方方面面的 MIOT 生态链产品。

如何始终保持“和用户交朋友”的初心，打造世界一流的官方交流平台，是小米社区面临的挑战，也是建设小米品牌口碑，帮助各业务部门提高产品质量的必经之路。

小米社区作为官方的米粉大本营，是小米各业务维护自己的核心粉丝和获取用户反馈的阵地。目前小米社区有超过 2000 万月活，小米公司的各个业务都在小米社区建立了自己的圈子，官方人员也会在进行官方身份认证后入驻社区。

二、策划

（一）内测机制

小米社区拥有一套完整的内测全流程管理技术，包括内测用户的管理、内测项目的管理、内测的沟通交流、内测反馈问题的管理以及功能迭代上线的管理。通过这个流程实现了新功能的快速迭代，提高了新功能质量和用户体验。

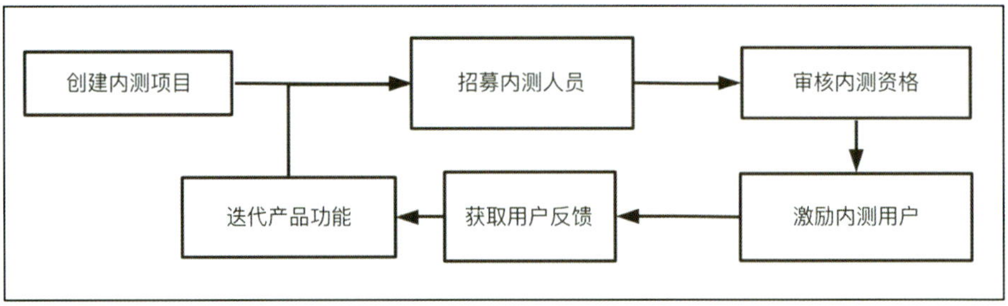

（二）高效的反馈处理流程

高效处理反馈的核心是解决反馈量大、重复反馈多的问题，同时将优质的反馈内容筛选出来提交给官方。因此，我们设计了图中的反馈处理流程，改变了传统的“用户发帖－官方处理”的模式，并提出了“提案”的概念。

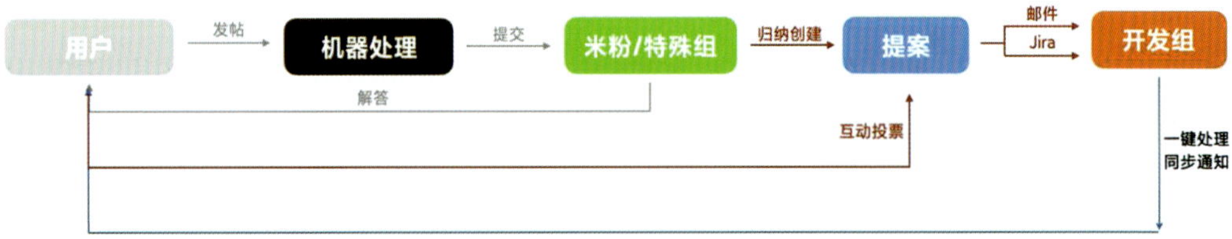

所谓提案，是一种新的内容形态，由特殊用户组将一个或多个反映相同问题的帖子聚合得到。提案的特点是命名简单清晰，能用一句话描述清楚具体的问题现象，让处理者能快速掌握信息。与此同时，官方人员在处理反馈时，能一键通知所有参与者，这样就实现了官方处理一个提案，可同时覆盖处理几百个帖子，通知上万个参与提案的用户的效果，大大提升了处理效率。

三、实施

（一）闭环内测系统

1. 选择内测项目：除了 MIUI 的系统内测项目外，小米的各个业务可以通过社区建立各种软件内测项目，用户可以选择自己感兴趣的项目进行申请。为了防止其他用户私下传播内测包导致盗版横行，我们通过 imei 和 oadi 的校验来保障私密性，仅有通过了业务设置的内测标准的用户才能完成内测包安装，体验新版本。

2. 参与答题考验：为了让业务方能够招募到符合他们用户画像的用户参与内测，我们允许业务方自己设定答题问卷，申请内测的用户必须通过参加考试并达到业务方指定的分数，才能获取内测资格。同时有了答题通过自动获得内测资格的机制，官方人员无须对用户的申请逐个处理，大大提升了处理效率。

3. 圈内和开发组互动：获得内测资格，进入内测圈子中可以更新最新的内测版本 App，和在圈中收集反馈的官方人员进行互动。

4. 提交建议反馈：发帖参与反馈或进行提案投票互动，官方采纳反馈以后进行优化更新，应用在新的内测版本中进行新一轮的内测，建立良好的闭环迭代机制。

如何保障参与到内测项目中的用户持续活跃，输出有效的反馈提供给业务方进行功能迭代优化是一个难点问题。为了让参与内测的用户持续输出反馈，我们根据用户的活跃行为，设计了一套分值系统，内测分的统计以30天的用户行为数据为基础数据，统计对象为参与到内测项目中的用户，由角色分和行为分共同计算得到。

角色分：如果用户拥有特殊身份，如在社区担任管理工作的特殊组用户或入驻社区的官方员工，可以获得更高的基础分。对于普通用户，我们根据其资料完善程度和历史记录计算得分。

行为分：通过用户的发帖、评论等互动行为，根据不同的权重计算出用户参与内测的行为得分。

基于用户的内测分机制，从而实现对优质的内测用户进行激励，对不活跃的用户采用警告或清除内测资格的方式进行优化，确保参与到内测项目中的用户可以持续活跃。

（二）高效处理的反馈流程

1. 普通反馈帖的特殊组解答流程

有能力的用户可以通过申请特殊组，在社区中获得反馈帖处理权限。面对其他用户的求助，特殊组通过在帖子中评论的方式进行解答，如果帮助其他用户成功解决了问题，用户会采纳特殊组的解答，拥有特殊的展示标志。

2. 发帖归纳提案后的反馈流程

用户发布的反馈帖将会被特殊组归纳到提案中，当有其他用户发布反馈相同内容的帖子时，特殊组会将帖子归纳到同一提案下，使得最多人反馈的问题能够被及时发现。

用户的反馈通常分为建议和求助，对于建议类型的提案，普通用户还可以通过投票表态的方式来进行参与，这种方式参与成本更低，同时能够让官方了解到对于某个功能，其他用户的看法是怎么样的。

官方对于提案的处理进度会以进度条的方式显示在提案详情页中。如果对于提案选择了采纳处理，后续的提案进度节点将会变为“已立项”“开发中”“已优化”。每当官方更新处理进度时，用户都能收到通知，了解最新的处理进度。

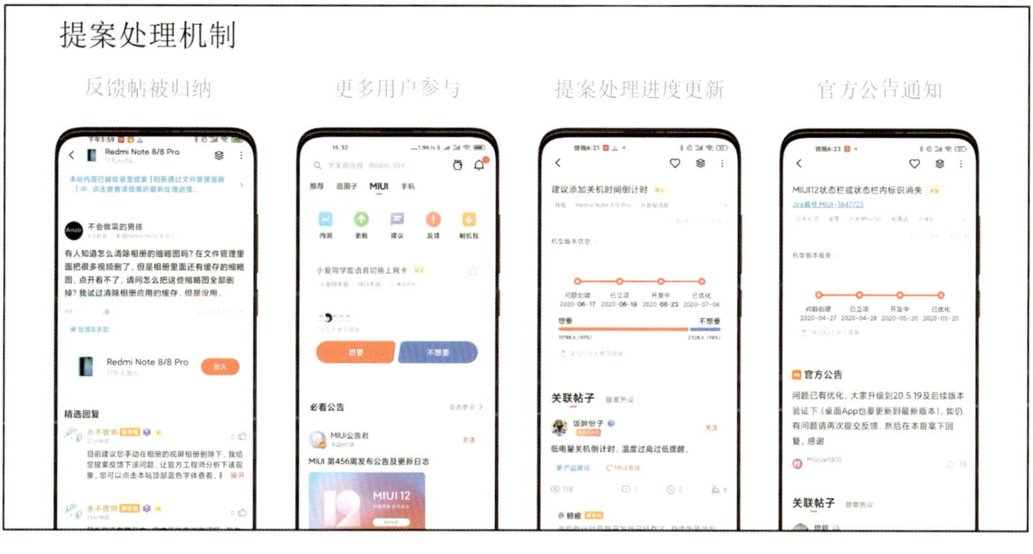

同时，为了让重要问题能在第一时间被官方受理，我们还设定了自动通知逻辑，当反馈发帖参与提案的用户数达到一定阈值后，会自动提交给对应业务的官方人员，要求立即进行处理，保证用户的使用体验。

得益于提案机制，官方不必像从前一样逐个回复所有帖子，消耗大量的时间精力，并且能更快地定位当前用户呼声最高的需求和重点问题，改善用户体验，提升产品质量。

四、成效

（一）用户深度参与，提升产品质量

基于内测系统，小米社区在 2020 年为超过 100 个项目建立了内测，数百万用户参与到内测项目中。官方人员根据用户的建议反馈，持续优化了上万个产品功能点，提升用户体验和产品质量。

（二）高效处理海量用户反馈

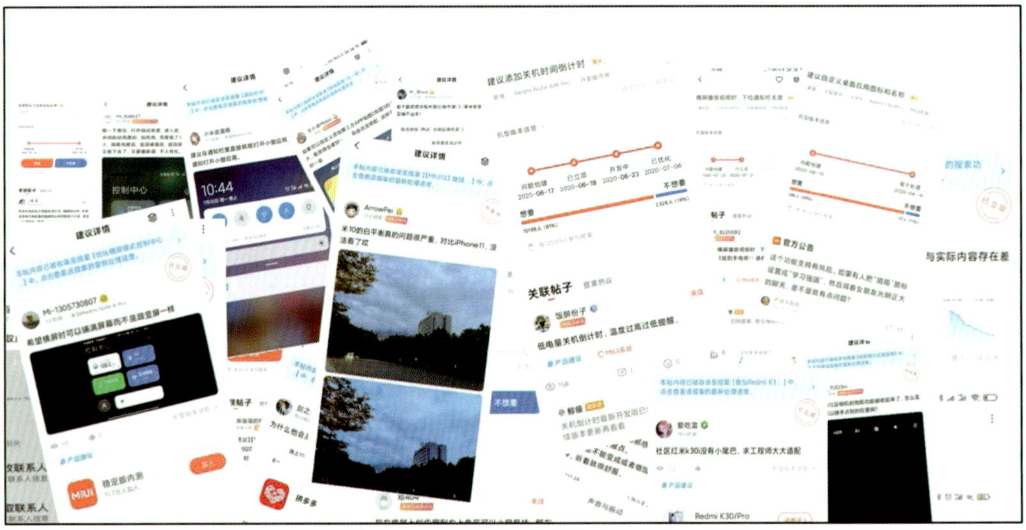

从建立之初到 2020 年，用户在小米社区共发布了超过 3 亿条的建议反馈帖。基于高效反馈的处理机制，用户发布的建议反馈帖 85% 以上都会在一周之内得到处理。

（三）来自用户的好评

从 2020 年 1 月到 2020 年 11 月，日均用户反馈数量增长达到 3 倍以上，越来越多的用户选择在社区进行反馈。同时，许多用户在外部渠道上表达了对深度参与小米的

开发模式的兴奋与感动。

小米通过多年的积累，基于开放性内测、社群管理、反馈收集、功能迭代等流程上的成熟经验，实现了深度参与的开发模式的良好运作。

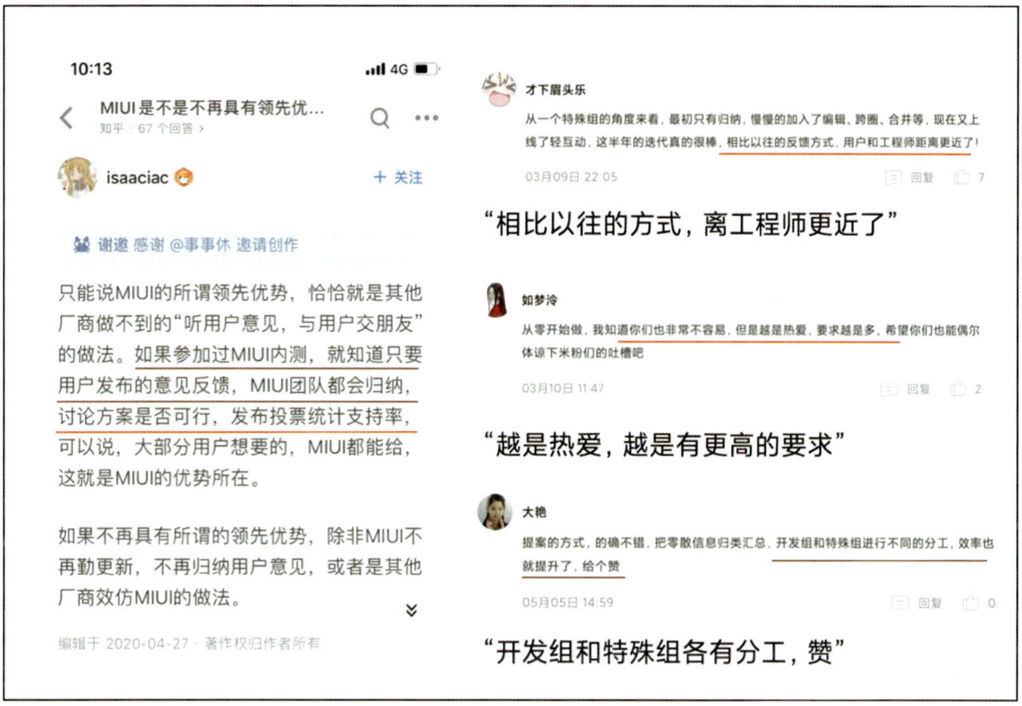

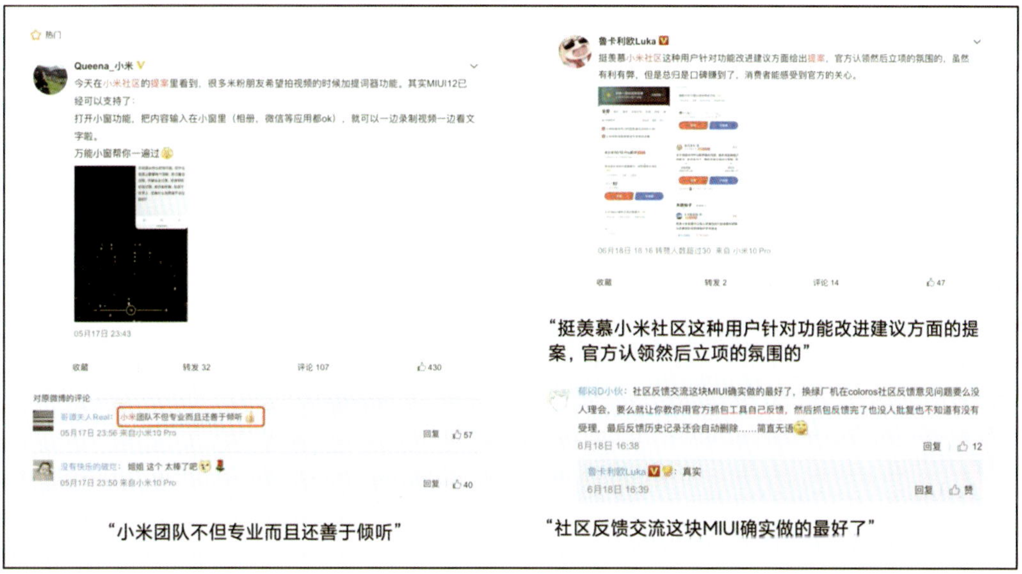

（供稿人：周龙、郭煌建）

洞察用户思维：助燃京东超市频道体验提升

京东零售集团

案例亮点

从用户研究员、交互设计师、视觉设计师的视角出发，通过需求识别、体验设计来探索京东超市频道体验的提升。

一、背景

在电商领域，无论是 PC、App、M 端，或是微信手 Q、小程序端，都有着丰富的频道矩阵和主推频道，这些频道为各业务线、品类、品牌和行业市场贡献了明显的点击 PV/UV、转化率、DAU、GMV 等。频道作为流量的承接方，既承载了用户的物质消费需求和情感诉求，也承载了业务侧的需求传达和运营策略。在实际运营中，业务侧也会从人（用户）—货（商品 / 服务）—场（场景）三个层面来思考如何平衡用户需求和业务需求，使流量的吸引和商业价值的变现最大化，当然上述目标的实现前提往往离不开用户在频道产品中行为感知的研究洞察。本文以需求识别、体验设计、体验实现为主线，记录京东超市频道体验的用研角色与设计角色的探索过程。

用研与设计探索

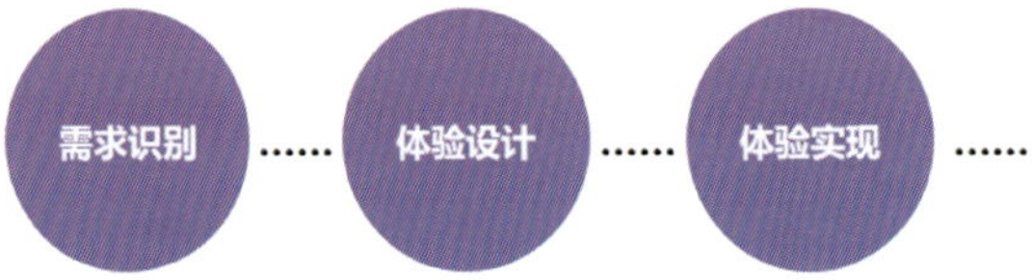

二、策划

（一）业务层面

实际上，用户洞察除了识别消费者本身的行为感知和痛点需求之外，产品业务侧的需求识别同样重要。

在业务需求识别方面，调研前期我们与京东超市的运营组会议沟通，了解京东超市目标定位、营销策略、目标人群以及发展规划等。京东超市频道目前正处在成长阶段，因此对于拉新、转化和留存的需求比较高，同时也希望能够通过合理的营销活动矩阵来提升用户吸引和购买意愿。其中搭建营销活动矩阵必不可少的承接元素就是频道资源位，尤其是能够吸引和留住用户的首页资源位，而如何合理布局首页资源位，提升业务数据是运营组目前亟待解决的问题之一。

要解决业务的需求问题，首先我们了解京东超市频道首页资源位是什么，资源位有哪些类型，以及具体在首页频道是怎么呈现的等。前期我们通过频道设计组梳理整合的京东超市线上资源位应用全景图（见图 1）来了解运营组在资源位布局方面的现状痛点。

图 1　京东超市频道首页资源位全景图

（图片来源：何鹍《设计探索：京东超市营销助力计划》）

从图1来看，我们会发现尽管频道首页的资源位类型比较多，但在一定程度上存在布局分散、形态应用单一、页面冗长等问题，使得资源位体验整体联动性差、同质化、屏效低。且从页面效果数据上看，除了首页第一、二屏的页面点击数据比较好之外，三、四屏之后数据效果仍未达到预期，所以首页资源位的布局定位待优化的空间比较大。

资源位体验问题分析

图2　京东超市频道首页资源位体验主要问题

（二）用户层面

在用户需求识别方面，我们在调研中了解到超市用户复访黏性比较低，那么影响用户复访黏性低的因素主要有哪些呢？

调研发现浏览效率依然是用户在逛京东超市频道时最核心的体验诉求，但是不同浏览场景下用户追求的“效率”是不一样的。调研中我们根据用户在频道内的浏览场景，细分了逛超市/找活动/看推荐三类用户。

- 逛超市：这类用户多为家庭消费，偏好一站式购齐家庭所需，挑选和浏览商品的自主性比较强，会自己主动找商品/找活动，他们对效率的追求是“集中购买的效率”，超市频道目前商品/活动都比较丰富和集中的特点能更好地满足这类用户的需求，目前是频道满足比较好/复访黏性也比较高的一类用户。

- 找活动：这类用户来频道最主要的场景是“找到最大力度的促销活动”，他们对效率的追求是“活动决策的效率”（想知道频道里哪里的活动最优惠），但目前频道内活动多且杂，活动定位过于“平均”，导致用户“有时间的话就点进去随便看看/没时间就不看”的情况，用户也不知道哪里最优惠，不知道什么时候最优惠，也不知道如何能更优惠，专门来“找活动”的用户反而对频道内促销活动的印象和感知最弱，频道满意度和访问黏性是最低的，是需要重点关注的一类用户。

图 3　逛超市场景下的用户特征分析

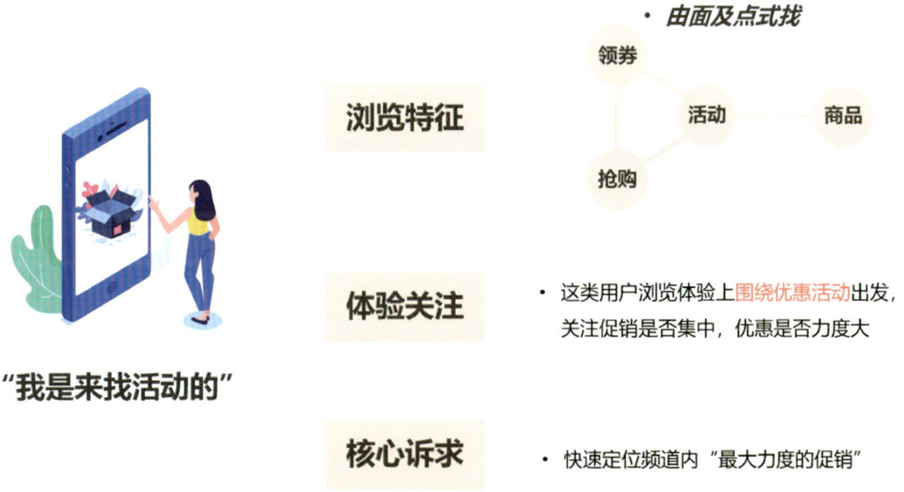

图 4　找活动场景下的用户特征分析

• 看推荐：这类用户一般购买需求比较窄，只有一两样想买的，更多的是希望在频道里获得购物推荐和决策建议，他们对效率的追求是“发现兴趣的效率”，但目前频道内辅助购买决策的功能（如分类 / 推荐 / 排行榜）等还有继续优化的空间。另外这类用户对内容导购类的信息比较关注，但调研发现，由于快消品本身强熟悉 / 短决策的购买特性，用户不需要过于冗长和专业的内容介绍，建议超市频道的内容推荐可以更多与单品推荐进行结合，不一定要增加单独的内容种草模块，提高用户的决策效率。

图 5　看推荐场景下的用户特征分析

（三）小结

总的来说，基于针对不同动机下用户的浏览特征、体验关注以及核心诉求分析，我们发现效率是这三类用户核心关注的地方，而且不同类型的用户对效率的关注方面又有所差别。比如像逛超市用户对集中购买的效率诉求高，因为他们时间精力比较充裕，买的东西也多，会自己主动找商品找活动找推荐，目前频道对于这一类用户的效率诉求满足比较好。比如像找活动的用户对活动决策的效率更看重，但目前频道内活动比较多且杂，用户不知道哪里最优惠（“是活动页还是超市抢购”），不知道什么时候最优惠（“是工作日还是周末，早上还是晚上”），不知道如何能更优惠（“凑单规则复杂，也没有一个明确的利益点”），因此快速找到频道内“最大力度的促销”是他们最大的诉求。再者像看推荐的用户则关注发现兴趣的效率，但目前频道对于兴趣商品的推荐效率比较低，无法很好地帮助用户节省选购时间、提升决策效率，因此对于这两类复访黏性低的用户我们应该要重点关注。

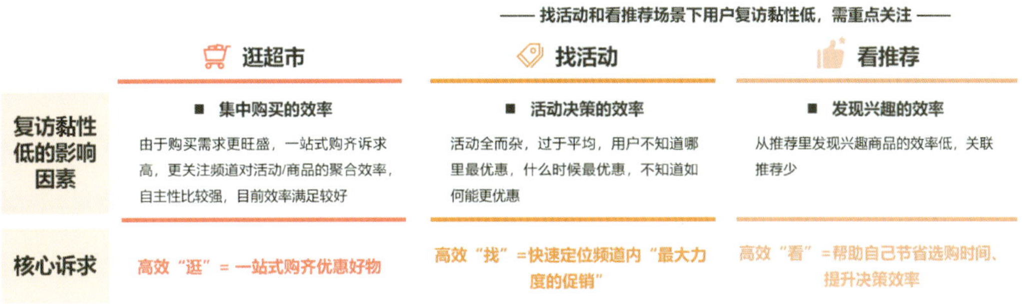

图 6　三类场景下的用户特征小结

三、实施

不管是对于业务目标诉求的识别，或是对于用户体验需求的洞察，意义都在于挖掘现状问题的本质，找到事物之间、问题之间的联系和规律，来辅助后续业务意志和用户体验需求的落地实现，而结论的落地实现往往离不开设计侧对研究结论的解析、探索和试验，因此在方案落地之前，同样要经历目标确定、方案设计、方案实现这三个阶段。

（一）确定设计目标

从前期业务侧和用户需求调研结果，了解到超市快消品更多是属于“效率决策”类的商品，用户购买行为更容易受到促销优惠和品质推荐的影响，所以更加需要通过频道资源位的整合来达到营销活动效果最大化，提升用户购买欲望。基于此，结合体验现状进行问题的解析，并确定了优化目标——提升页面效率和资源位点击转化。

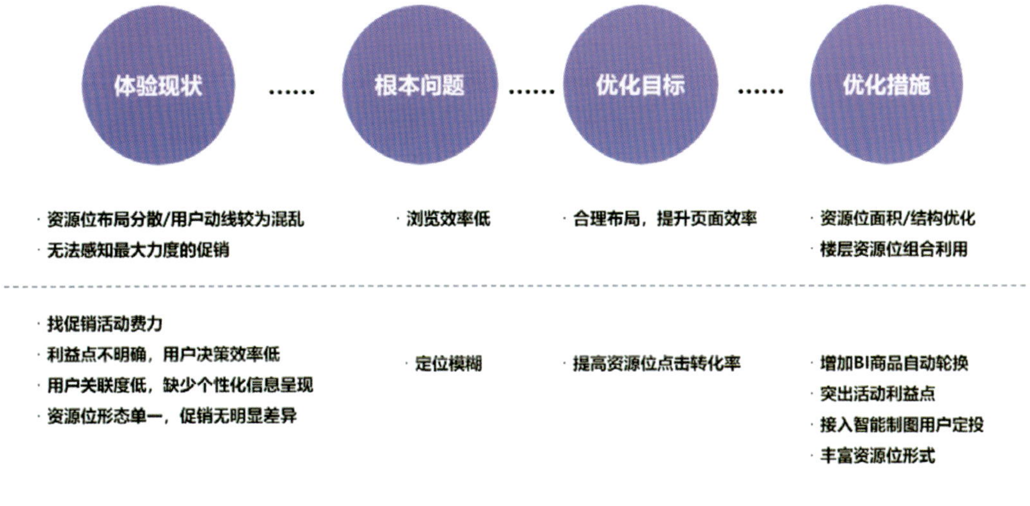

（二）方案设计与实现

针对用户浏览效率低的问题，设计侧输出两个方向的优化措施，一方面是首页资源位的布局和用户动线的优化，优化思路主要有三部分。

一是重点营销集中在头部。首屏（包括底部导航）作为最优的展现位置，可通过灵活组合资源位，集中曝光，提升营销联动能力并强化用户对最大力度的活动感知；

二是腰部各业务入口特色营销。因楼层较多，建议不要加入面积较大的资源位，可在楼层中设置机动资源位，并匹配展现楼层特色；

三是底部 Feeds 流穿插活动。Feeds 楼层目前数据较好，可结合逛买体验，适当增加资源位的展现，融入品牌 / 品类 / 场景类活动等。

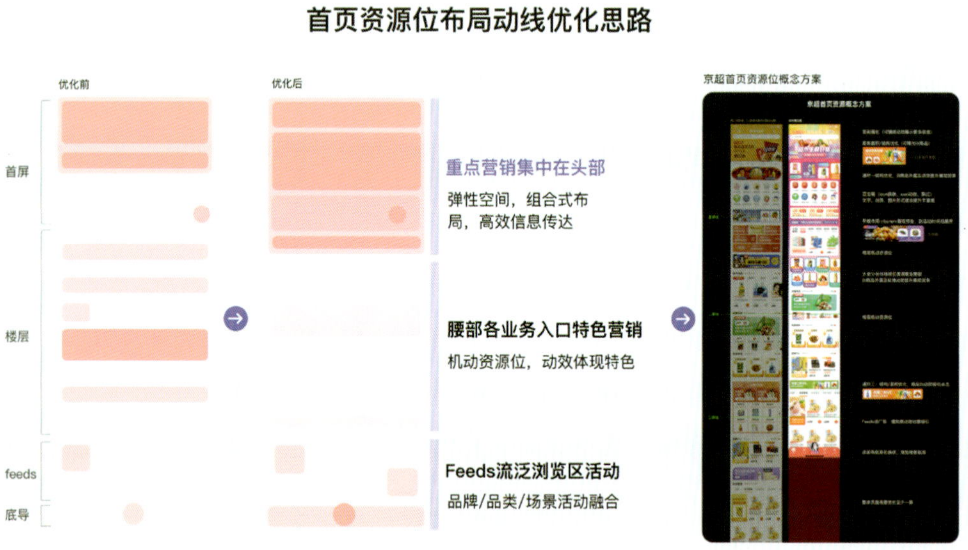

图 7　京东超市频道首页资源位布局动线优化思路

（图片来源：何鹍《设计探索：京东超市营销助力计划》）

另一方面是楼层资源位的组合利用，优化思路主要有：首屏作为重点营销的区域之一，可设定弹性空间，多个营销模块自由组合，根据运营策略尝试不同组合方案，增加资源位曝光机会。大促活动多为营销型活动，营销型活动注重点击量，可增加 BI 商品露出击中用户需求，引导用户点击。针对超市快消品特性，可直接露出加车按钮，提高用户决策。

图 8　楼层资源位组合优化思路

（图片来源：何鹃《设计探索：京东超市营销助力计划》）

针对资源位定位模糊的问题，除了需要运营组在后台系统设置 BI 逻辑以及系统自身智能制图人群定投能力升级之外，设计侧也可以通过利益点的突出设计和资源位形式的丰富来解决问题。以“品牌 /IP/ 新品”活动资源位优化为例，推广型活动注重曝光量，尽量以大入口形式展现并放到首屏，但兼顾曝光诉求与浏览效率，可利用动效“大图展示－收起”突出特性，节省空间成本，视频 / 动效等丰富的创意形态提升用户参与感。

以“早晚市”资源位优化为例，目前京东超市日销型活动“早晚市”是只在 5—11 点和 17—24 点出现的栏目，目的在于争取用户早晚碎片化时间，培养用户对超市频道的黏性。场景类活动为培养用户认知尽量保证资源位总是在用户视线里，抓住用户注意力。晚市可用小 banner 做提前预告，提醒相关内容，加强用户感知，到活动时间点展开，以动态视频凸显夜市场景，并露出 BI 钩子商品吸引用户。

图 9 “品牌 / IP/ 新品”活动资源位优化思路

（图片来源：何鹍《设计探索：京东超市营销助力计划》）

图 10 “早晚市”资源位优化思路

（图片来源：何鹍《设计探索：京东超市营销助力计划》）

四、成效

基本上到了这里，用研与设计探索也告一段落了。在实际项目推进中，用研、设计跟业务方进行双向沟通，洞察京东超市实际业务诉求和用户体验需求输出相应解决方案，其中 70% 方案得到业务方认可。从最终效果来看，方案的产出效率和成果都是令人惊喜和超出预期的。

（供稿人：关斯斯、何鹃）

参考文献：

何鹃《设计探索：京东超市营销助力计划》

大兴机场基于用户体验的机场 App 设计

首都机场集团公司北京大兴国际机场

案例亮点

线上旅客服务平台不仅是“无声亦传情”的服务载体，更是突破现场物理边界、实现业务数据化、提升机场运营效率、创新业务模式的重要抓手。大兴机场以“线下产品同步线上，做最好用的机场 App”为目标与宗旨，以旅客需求为导向，打造一站式智慧出行体验，让线上服务平台切实成为提升服务质量的重要助力。

一、背景

IATA 未来机场（Airport of the Future）及 NEXTT 项目研究表明，未来机场会把更多原来在机场内的服务项目、功能性活动转移到机场之外进行，从而给机场节省出更大的物理空间，让机场进行更加有效的利用。为顺应这种趋势，越来越多机场选择将服务项目转移到线上，以更加集约、高效的方式触达旅客。如何提高机场单一应用场景 App 的吸引力，成为值得研究的课题。本文以北京大兴国际机场 App 设计为例，介绍了机场 App 如何通过满足旅客需求和关注用户体验的界面设计和功能设计，吸引并引导用户通过线上渠道完成更多与机场的服务交互和信息交互，提升旅客对机场服务的满意度。

二、策划

在产品设计思维指导下，明确定位及目标，深入分析旅客需求和竞品趋势，形成 App 设计策略，逐步开发完善以大兴机场 App 为核心的线上一站式旅客服务平台。

（一）机场 App 用户需求分析

1. 用户构成

调查显示，日渐成为航空出行主力的千禧一代也是机场 App 的主要用户。

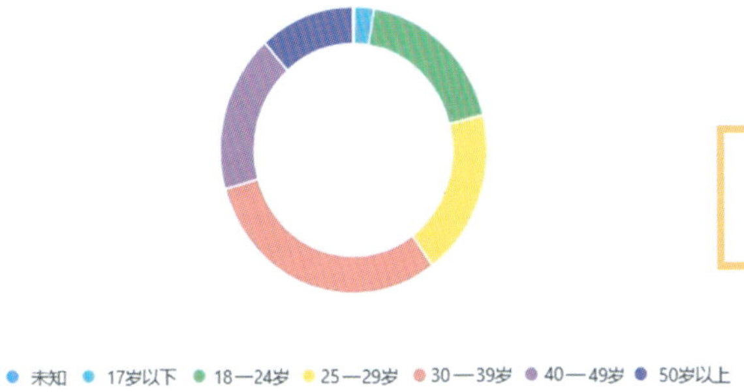

年龄	用户数	占比
未知	7	0.2058%
17岁以下	79	2.3222%
18—24岁	632	18.5773%
25—29岁	641	18.8419%
30—39岁	1044	30.6878%
40—49岁	609	17.9012%
50岁以上	390	11.4638%

图 1　某千万级机场 App 各年龄段用户占比

2. 用户需求偏好

航空出行旅客需求偏好

根据 IATA 发布的《2019 年全球旅客调查》报告结果显示，旅客正在使用各种技术来提升自己的出行体验。旅客关注的五项重点中有两项与智能移动设备相关：通过智能手机更好地掌控自己的行程和能够实时追踪行李。

在具体功能方面，旅客关注信息主动推送、地图路线导航、自助身份查验等功能。SITA《2019 旅客 IT 洞察》报告指出，74% 的旅客希望得到航班和登机口通知；64% 的旅客希望追踪行李状态等。

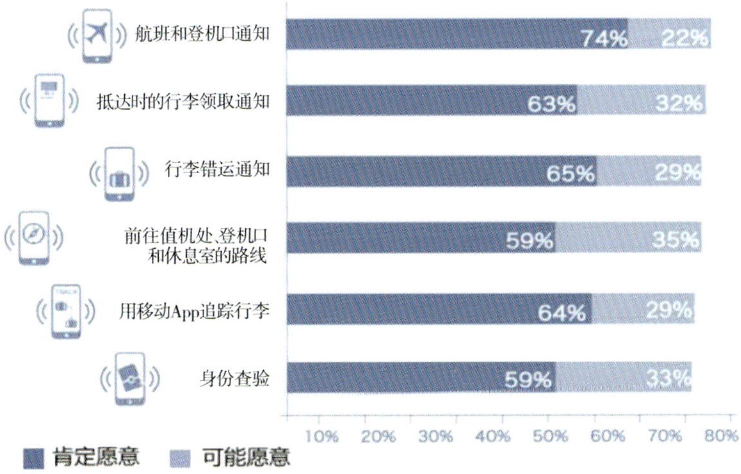

图 2　旅客希望通过智能手机实现的功能

千禧一代需求偏好

根据 Amadeus《我的旅程洞察报告：亚太地区千禧一代旅行者的需求偏好》，27% 喜欢能够接触全新体验的机会；36% 喜欢通过即时通信服务接收更新和推荐信息等。可以说，以“千禧一代”为主的航空旅客更重视个性化、定制化、参与感和体验性。

（二）标杆机场 App 比较分析

为更好地掌握机场 App 页面及功能设计的发展趋势，以 Skytrax 发布的 2018 年全球十佳机场为研究对象，总结分析得出标杆机场 App 的共性。

1. 绝佳的视觉体验效果

标杆机场大都以具有机场特色的美图作为整个 App 的背景或作为功能模块的背景。仁川机场的开屏动画、首页内容是以仁川机场的高清大视野图为背景；樟宜机场以星耀樟宜作为页面主视觉，整体布局简洁大气。

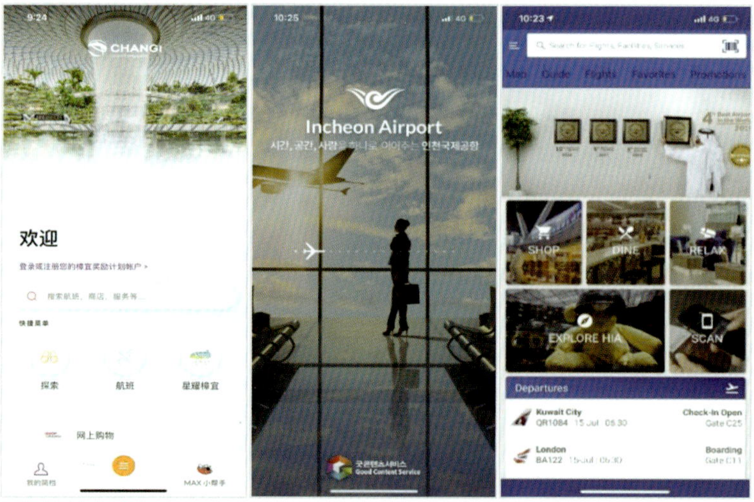

图 3　标杆机场 App 首页

2. 实用的服务功能布局

在首页布局上，将重要内容以导航形式重点突出，使信息变得井然有序。仁川机场、樟宜机场在首页提炼了旅客常用功能，以宫格形式呈现，方便快捷。

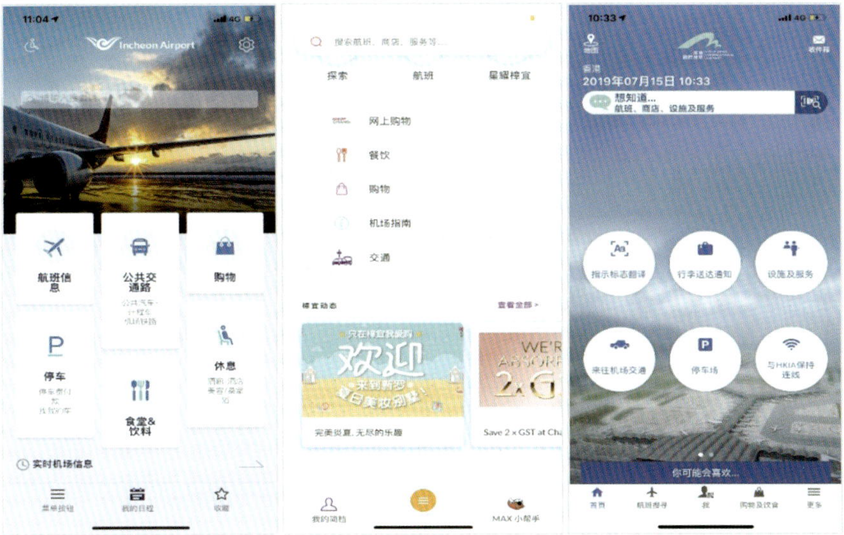

图 4　标杆机场 App 功能布局

3. 灵活的定制服务推荐

标杆机场 App 逐步开始重视用户的个性化体验，提供差异化定制服务功能，如樟宜机场 App 在首页直接设置了“您的樟宜攻略”，旅客可以自己定制个性攻略，或选择由 App 基于停留时间等维度为其定制行程推荐。

图 5　热门机场 App 定制化功能

可以看出，一款实用性强又极具吸引力的机场 App，势必兼具美感及功能，在提供其机场基本服务外，关注差异化服务。

（三）机场 App 设计建议

1. 构建符合用户喜好的机场 App 界面设计

用户界面作为与用户沟通的媒介，将直接影响用户使用过程中的体验感觉，在设计时不但要考虑程序与用户之间可靠的交互性，还要考虑便捷性及是否能够带给用户愉悦的审美享受。

（1）塑造第一印象，优化用户感受

用户对 App 形成的第一印象包括如下要素：下载 App 时看到的 App 图标（好的图标让人过目不忘）、开屏动画（充分显示 App 特色和品牌形象）、界面风格（界面友好，功能展示突出）、交互顺畅（页面加载快、流程简洁、操作便捷）等。

（2）文字清晰简洁，布局层次分明

一款可用性强的 App，必然能够让用户快速看到想要的信息，且不会因为信息过多、难以理解而失去耐心。文字排版层级清晰，信息表达明确直观。在功能布局方面，层次分明，通过有层次和重点的界面布局，引导用户使用和操作。

2. 构建满足用户需求的机场 App 功能设计

机场 App 用户使用场景较为单一，具有黏性的垂直类 App 一般来说要求功能更为深入、专业、权威。

（1）基础功能覆盖

在航空出行的基础功能方面必须要做到全覆盖，信息更准确，才能在众多民航类 App 中脱颖而出，留住活跃用户。

（2）特色功能引流

与其他类别的航空出行 App 不同，机场具有自身独有的信息资源禀赋，即机场场景下的稀缺、即时信息，应充分利用好这些信息，增强用户黏性。

（3）服务一站到底

结合千禧一代的使用习惯，机场 App 的服务功能应该按照一站式的思路进行设计，减少用户自身的思考和操作，从而增强用户对 App 的依赖性。

（4）强化交流互动

基于千禧一代对于故事性和融入性的追求，加之“体验式机场”这一发展趋势，机场 App 是机场与旅客建立情感连接的最佳途径。

三、实施

（一）突出机场特色

大兴机场 App 在界面设计中，着重突出机场特色，App 的 Logo 选择了大兴机场主体建筑构型，开屏动画中以大兴机场高清美图为背景，直接传递出“乘兴而来，尽兴而归”的人文理念，让用户直接感受到这是大兴机场 App，形成专属记忆。

图 6　大兴机场 App Logo

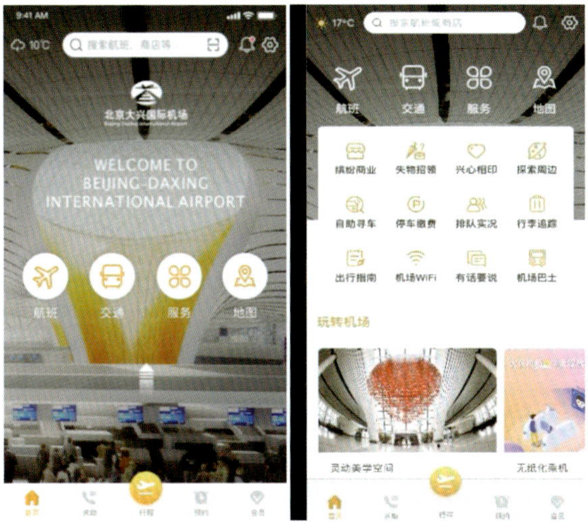

图 7　大兴机场 App 开屏动画

图 8　大兴机场 App 首页

为了便于用户快速查找信息、突出特色服务，页面布局采用分类罗列的形式，利用宫格导航的视觉吸引，将“排队实况”“行李追踪”等特色服务提出，同时又将商业活动、艺术景观等机场方想要渗透至用户群的信息以推荐区形式呈现，方便旅客的同时实现了有效传播。

（二）丰富体验功能

基础功能方面，除提供静态信息展示外，实现在线值机、在线退改签、线上交通购票、停车缴费、智能寻车、爱心服务线上预约、AR 导航等功能。

图 9　大兴机场 App 部分功能陈列

在航班查询及关注功能外，设计了全程一站式、全流程定制化的功能“我的行程”，集成全部旅客信息，包括航班信息、交通信息、航站楼内定位导航及距离提示、各流程点排队时间、周边推荐、登机提示等，让旅客在出行场景下的任何时刻所需功能都能触手可达。

图 10　大兴机场 App“我的行程”功能页面展示

在业务层面提前部署，为排队情况、行李状态追踪等特色功能的呈现提供了有利条件。考虑到旅客实际使用场景，还根据旅客不同的购物需求，提供不同主题的商业优惠推荐集合。

图 11　大兴机场 App“排队实况、行李追踪、兴选推荐”部分功能展示

此外，大兴机场具有丰富的商业资源及公共文化艺术资源。大兴机场 App “灵动美学空间”部分，更是充分考虑到非乘机旅客的观景需求，可筛选景观类型、区域、楼层等，即使非乘机旅客也能快速寻找到适合的人文景观。

图 12　大兴机场 App“探索周边”部分页面展示

（三）建立情感连接

大兴机场 App 设置了“有话要说”模块，增加旅客表达意见的渠道，在拉近与旅

客距离的同时实现对旅客情绪的管理。后续还计划增加类似足迹记录功能，利用大数据记录旅客在机场的出行里程碑，增强与旅客的情感交互。

图 13　大兴机场 App“有话要说”功能显示

四、成效

自 2020 年 4 月正式推出至 12 月，累计 23 万余人次下载大兴机场 App 或访问小程序。App 不仅是一个“无声亦传情”的服务载体，更是提升机场运营效率、创新机场业务模式的重要抓手。依托 App 建设，将现场业务有计划地转移至线上，有利于提前配置资源，减少现场运营压力，降低人员现场对客服务风险。更重要的是，依托 APP 向线上转移业务，能够实现业务快速数据化，推动效率提升和模式创新。

（供稿人：刘恺琰）

宽带入户体验的测评与分析

中国电信股份有限公司武汉分公司

案例亮点

武汉电信以习近平新时代中国特色社会主义思想和党的十九大精神为指导，为满足人民群众对信息生活的美好需求，聚焦光宽、天翼高清业务中影响客户感知的关键环节，采用对标体验、穿行测试、实时监控的方式，以客户视角进行全流程、端到端的宽带业务服务体验实测，主动查找问题，力求从用户的角度发现在产品设计、业务管理、服务流程、生产 / 支撑系统、服务能力等方面存在的问题，并以问题为导向，借助 QC 管理中 PDCA 循环方法，实现履约率 99.64%，其中“当日装”及时率 100%，装维服务满意度高达 99.89%，宽带业务投申诉量同比下降 30%，宽带上网满意度逐月提升。

一、背景

在国家政策引领、消费升级、技术驱动等诸多因素的推动下，以宽带为依托的智慧家庭产业在我国迅速发展，智能家居成为改善家庭生活，提升人民幸福感的一个重要选择。2019 年，中国电信发布《智慧家庭白皮书》，明确了围绕智慧家庭业务营造家庭服务场景，聚焦智慧服务理念共创美好生活的目标，这对基础宽带业务提出了更高服务要求。通过金牌服务创建，武汉电信公司宽带装维的满意度达到 99.9%，但那 0.1% 的不满意用户引发了公司的思考。指标好是否代表我们真的站在客户立场上？我们提供的服务是否真是用户所需要的？全业务运营中行业如何持续保持领先？武汉电信通过聚焦宽带用户售前、售中、售后三个关键节点，在咨询、故障、申诉、NPS 调查等综合情况分析的基础上制订了提升方案，采取 PDCA 循环方式对宽带业务产品开展全生命周期的服务优化工作。

二、策划

从用户行为分析、感知测评、员工反馈三方面入手进行全面的客户需求收集。

（一）为更好地了解用户需求，查找短板，武汉电信除对日常用户咨询、申诉进行分析外，开通了“118333”客户原声倾听热线。各级领导、各专业部门、专业人员可以旁听10000号客户服务热线在线话务，了解客户对业务、产品、服务的真实诉求，快速发现内部流程和管理问题，形成修正提升机制，不断改进服务短板，持续提升服务感知水平。

（二）感知测评：“装、用、修、诉”全流程，利用穿行测试的方式开展体验工作。

1. 宽带安装：关注业务办理时是否便捷、资源是否准确、是否能按时履约、支付是否便利等。

体验主题	体验场景	体验方法	关注点	适用范围					
				10000号	营业厅	欢go	网厅	新媒体客服	装维人员
宽带安装	无资源申请	拨打10000号转工人，询问在无资源的情况下要使用宽带，记录服务人员的答复	人员应变能力、有无替代方案、转人工接入等待时长及接通率	√	√	√	√	N/A	N/A
	新装申请	在有资源的情况下，拨打10000号申请安装一条新的宽带	新装申请入口易找、业务办理流程便捷性、人员应变能力	√	√	√	√	N/A	N/A
	预约安装	新装申请成功后，安装预约	装维人员的预约响应时长、预约履约	N/A	N/A	N/A	N/A	N/A	√
		预约完成后，上门安装体验	装机个性化能力、上门一次安装成功	N/A	N/A	N/A	N/A	N/A	√
	资源覆盖	任意选择20个地址，拨打10000号转人工，询问该地址下是否可以安装办理宽带	宽带资源覆盖率	说明：触点生产流以外的体验场景，以用户视角体验，反馈感知					

2. 宽带使用：关注网速是否达标、网络质量稳定性、IPTV观看感知，业务查充缴是否便捷、渠道展现是否一致、账单清晰易懂、提醒及时准确等。

体验主题	体验场景	体验方法	关注点	适用范围					
				10000号	营业厅	欢go	网厅	新媒体客服	装维人员
宽带使用	浏览网页	在浏览器中，输入10个国内，5个国外网站地址，体验页面打开的速度（网站见附录）	页面打开响应速度	N/A	N/A	N/A	N/A	N/A	√
		在网页浏览及切换过程中，观察是否有广告骚扰	广告页弹出情况	N/A	N/A	N/A	N/A	N/A	√
	宽带测速	用360测速软件进行宽带测速	端口速率、上/下行速率	N/A	N/A	N/A	N/A	N/A	√
	观看IPTV	观看ITV，记录体验感知	观看IPTV的直播、点播的流畅度；热闹电影、电视覆盖率；搜索、支付等常用功能	说明：触点生产流以外的体验场景，以用户视角体验，反馈感知					
		在ITV电视端，体验订购注意一项内容包	订购入口易找；订购流程的便捷性及成功率；可支付手段；订购记录查询准确						
	宽带过户	办理一次宽带过户	业务办理准确性，一次办理成功率	N/A	√	N/A	N/A	N/A	N/A
	充值缴费	完成一次充值缴费	充值结果的准确、一致；充值提醒响应及时、准确	N/A	√	√	√	√	N/A
	账单查询	拨打10000号，完成一次账单查询	账单查询结果的准确、账单内容的清晰易懂	√	√	√	√	√	N/A
	获取发票	在完成充值后，获取电子发票	电子发票获取的渠道丰富、内容准确	N/A	√	√	√	N/A	N/A

3. 宽带维修：关注用户报修便捷性、响应是否及时、能否快速修复、自助排障修障等。

体验主题	体验场景	体验方法	关注点	适用范围					
				10000号	营业厅	欢go	网厅	新媒体客服	装维人员
宽带维修	自德修障	拨打10000号，完成一次自助排障	自助修障的入口是否易找；操作流程的便捷性；修障成功率	√	N/A	√	√	√	N/A
	故障报修	拨打10000号，完成一次宽带故障报修	故障报修入口是否易找；操作流程的便捷性；报修成功后的服务响应	√	√	√	√	√	N/A
	上门维修	宽带报障完成后，上门维修体验	一线装维人员的预约响应时长、预约履约、一次上门修障成功率	N/A	N/A	N/A	N/A	N/A	√

4. 宽带申诉：是否能做到有诉必应、答复可心、解决到位、过程透明等。

体验主题	体验场景	体验方法	关注点	适用范围					
				10000号	营业厅	欢go	网厅	新媒体客服	装维人员
宽带申诉	业务咨询	拨打10000号，任意选择一项宽带或宽带相关业务，完成一次咨询	咨询的便捷性、咨询答复的及时性、咨询结果的准确性	√	√	√	√	√	N/A
	宽带投诉	拨打10000号，任意选择一项宽带或宽带相关业务，完成一次投诉	投诉一次解决率，投诉处理及时	√	√	√	√	√	N/A

（三）员工反馈。公司始终认为一线员工的难点必定是客户的痛点，让触点人员更方便地处理用户问题，“让一线直接呼唤炮火”，公司利用“回音壁”App集合所有专业支撑团队，方便触点人员随时、随地通过App直接反馈用户的疑难问题，专业部门进行解答，针对共性问题形成精华帖提供解决方案。

三、实施

“以用户之眼观服务，以感知之尺提能力，以工匠之心琢细节”，全流程、全业务开展体验工作。

（一）“118333”倾听工作开展

1. 明确倾听人员：武汉电信班子成员、各部门负责人、服务分管领导及投诉处理支撑人员必听，其他相关人员可参与收听。

2. 明确倾听方式和频次安排

（1）集中倾听：武汉电信班子成员、各部门负责人、服务分管领导定期集中倾听，倾听之后必须组织头脑风暴式讨论，分析问题，锁定服务短板，提出改进意见，并形成会议纪要。

（2）个人倾听：鼓励员工通过拨打授权电话，随时拨打“118333”热线倾听。专业主管、服务支撑人员为必听人员。

3. 明确倾听要求：要“真听”“真想”“真改”。在倾听过程中，坚持客户导向和问题导向，重点关注影响客户感知问题，提出与自己专业相关的问题和意见，或涉及其他部门和专业的建议，提交公司推动解决。

（二）通过实体渠道进行报装，通过电子渠道进行报障，装维上门装机、修障等服务提供中体验渠道的便携性、装维的规范性、技能的熟练度及营销切入等方面进行全面的感知调查

1. 流程穿测：模拟真实用户，任意选择宽带安装、使用、维修、咨询、投诉等关键环节中的重要业务场景，进行全流程穿测体验，并记录反馈整个过程中真实的体验感知及问题。

2. 对标实测：模拟友商用户，对友商同类的重要业务场景进行对标实测，并记录反馈友商服务过程中客户感知较好或者值得借鉴的地方。

3. 案例剖析：结合投诉、流程穿测等，梳理公司宽带服务中的典型案例，展开深入剖析及归纳，形成有针对性的、具有落地性的优化建议。

（三）员工反馈工作开展

1. 明确“回音壁”App 回复机制，2 小时内必须应答，24 小时内必须给出解决方案。

2. 在 App 中设立微创新板块，针对问题改进的优化点进行提练，形成微创新小项目推广。

3. 在 App 中设立精华帖区，针对共性问题给出统一的解决方案或解释口径，方便触点人员使用。

四、成效

本着“谁穿测、谁跟踪”的原则，由穿测组进行后续工作的跟踪，直至需改进的方面全部落实。根据体验结果，形成问题清单和改进计划表（包含时间表、工作内容和责任单位等内容），形成问题清单派单到责任单位限时解决。责任单位反馈问题解决后，派单单位要进行体验验证，检查闭环管控问题是否得到有效解决。

（一）感知提升方向

1. 压缩安装等待时间。从待装管理、推进“当日装、当日修、慢必赔”的服务承诺、规范选址、工单管控等方面进行提升。

2. 压缩维修过程时长。从装维技能提升、重障故障、批量故障压降、交付动作优化等方面进行提升。

3. 宽带速率提升。从组网技能、测速规范、光衰整治、终端替换、用户设备改造等方面进行提升。

4. 宽带自助服务能力提升。从自助测速、自助检测、自助排障方面提供服务工具。

5. 装维工程师能力提升。从主动服务意识、沟通技巧、装营维一体服务能力方面改进。

（二）改进举措

1. 通过整合资源、“当当慢”宣传扩大、优化系统功能集约支撑前台受理，同时通过抽检、考核、通报、问责等方式加强工单管控，多措并举压缩安装等待时间。

2. 通过管人、定制、支撑方式助力装维技能提升；通过主动维护从设备侧、监控侧进行加强管理；通过市政施工加强巡视频次，建立市政损毁快速恢复机制，快速恢复重建通道；通过细化动作、拍照留底等手段压缩维修时长。

3. 通过加快推广天翼智能组网、提供测速用户手册、加快终端替换进度、推动用户设备改造等方式提升宽带速率使用感知。

4. 从客服侧开发一键检测功能监控用户宽带使用情况，从用户侧提供更为便捷的自助测速、故障自修的 10000 社区，方便用户自助、互助。

5. 开展金牌服务创建以及“我为客户解决难题”专项劳动竞赛，以赛代练提高装维工程师服务意识和技能。优化装维体系打造以店包片、三片合一的立体服务模式，一站式解决用户咨询、购买、使用、维修的需求。

通过本次体验共梳理了 13 类问题，并针对问题进行了优化改进，在年终的 NPS 测评中武汉电信公司得分最高。

（供稿人：王菁）

智慧平台情满智慧城市

青岛西海岸公用事业集团有限公司

案例亮点

以“服务客户”为中心，以提升办理效率、提高用户体验、优化营商环境、助力提质增效为目的，建设集生产、管理、服务于一体的智慧公用事业平台。通过智慧平台建设，消除了信息孤岛，实现了数据的共联共享；实现供热室内温度、供水水质、垃圾清运、绿化照明的实时调控；实现决策分析的智能化；实现“人、财、物、事”的融合管理。

一、背景

青岛西海岸公用事业集团积极响应国家有关“智慧城市”建设要求，持续在高效决策、安全生产、智慧管理、便捷服务等方面深入探索和实施新举措。在对服务顾客、经营数据、报表统计的过程中，基层运营人员、统计人员及管理人员都提出了集团数据孤岛影响工作效率和服务提升的问题，由于不同的数据存在不同的信息化系统中，调取数据过程烦琐，效率较低，经营数据的显示和顾客需求的反馈也不够直观。2018年集团开始实施集团智慧公用事业平台建设。

二、策划

集团从组织设置入手，成立了信息发展中心，完善了岗位职责，明确了目标任务，编制了《集团信息化规划》。围绕“一个标准、一个中心、一个平台、三大板块”思路，从提高顾客满意度出发，以供热、供水、市政等主营业务运行和发展为核心，以提高顾客供热室温达标率、提高水质观感度、提高垃圾清运及时率、提高公厕管理水平、提高路灯亮灯率为中心进行了一系列的策划，以提高顾客体验，提升满意度。

策划内容	措施办法	实现功能
提高室温达标率	建设无线室温监测系统，安装 900 台室温采集面板，增加 WSN 无线网络中继器等设备，实现对用户室温的实时监控和调整	实时监测用户室温，通过与热网监控系统联动，调节管网热量，提高温度达标率
提高供水水质	在管网末梢区域增设水质在线监测远传设备，实时监控管网末梢区域的浊度、余氯等指标	通过实时监控管网末梢区域的水质指标，合理调整水厂加药量等处理工艺，以保证管网末梢区域水质达标，有效提高管网水质合格率
提高垃圾清运及时率	运用环卫作业大数据智慧化，通过收集作业过程中的作业工时、平均速度、作业里程、作业区内的停留时间及相关作业行为等指标数据核算车辆、人员绩效	通过收集车辆数据，由智慧市政大脑自动生成垃圾清运优化收运路线、作业车辆绩效、保洁人员绩效，提高了车辆利用率和垃圾收运率
提高公厕管理水平	按照“精细管理、文明服务”的工作要求，通过智慧平台实现精细化管理，并将公厕周边 5 米范围纳入保洁区域，每天巡视保洁不少于 8 次，保证公厕周围环境整洁	加大公厕保洁、督查力度，严格规范公厕保洁标准
提高路灯亮灯率	增加漏电安全管控功能，实现对低洼点路灯供电线路的远程漏电安全检测功能，通过采集实时漏电电流，判断线路工作状态	动态检测路灯供电线路的漏电电流，设定阈值，自动保护；提前预警，排除故障，保障亮灯率
不确定性因素	制定因经营模式变化、职责调整等因素影响的预案	解决不确定性因素发生后应变能力差问题
使用调整	根据使用情况进行技术调整	解决需求与实际建成效果不符的情况
维护管理	第三方维护的同时，培育自己的信息化人才	解决适用过程中系统建设接口对接、日常维护等工作

三、实施

由于智慧平台要实现的功能强大，为逐步巩固和优化建设成效，稳扎稳打地将目标任务完成，集团按照三阶段分步实施的办法，规划 3—5 年信息化建设蓝图。第一阶段规范业务技术标准，成立数据中心，整合业务系统，建立综合运营管理平台系统，周期为 1 年，2018 年启动至 2019 年底结束。第二阶段逐步完善基础信息化软件、网络硬件基础设施、数据采集基础设施，丰富平台功能，建设周期为 2 年，自 2020 年开始至 2021 年底。第三阶段为基于数据中心进行数据分析、模型建设、领导决策等大数据、智能化应用，计划建设周期为 1 年，自 2021 年启动至 2022 年底结束。

一期设计目标。实现资源整合，构建智慧公用事业平台，形成统一门户，提升整体绩效、增加收益；提高企业运营管控能力；增强决策分析能力；建设标准化运营管理体系。

二期设计目标。在一阶段项目完成的基础上，从集团实际情况出发，对平台软件系统整体进行完善和改进，如新建和改进地理信息系统、水务公司调度 SCADA 系统等，扩展和丰富平台功能。加强和完善硬件基础设施，对平台系统提供良好的支撑和保护。

三期设计目标。在二期项目实施的进程中，依据智慧平台系统整体的完善和改进，扩展和丰富平台功能。数据中心通过进一步的优化分析海量数据，为领导层提供更加丰富的报表展示和决策信息。在 GIS 地图的基础上推进模型建设，使之展示更加直观和准确。

四、成效

（一）建设“智慧平台 + 智慧供热系统”，实现用户室温舒适度提升

智慧供热系统包含中央总控台、热源监控系统等 12 套子系统，涵盖了生产、调度、运营管理等多个方面，实现 4 个热源厂、268 座换热站供热数据的实时监测。选择重点户（边角及楼顶），安装 900 台室温采集面板，利用无线室温采集系统，将用户室温实时上传到热网监控系统；第一时间调控供热参数，确保用户室温达标供热，不断提高用户满意度。

（二）建设“智慧平台 + 智慧供水系统”，实现用户用水水质和水压的双合格

建设供水 SCADA 系统，以生产数据集成和调度业务规范为核心，集成了水质监测、二次供水、厂站自控等生产业务系统，并基于智慧平台的数据中心，汇总了压力、流量、水质、水位、机泵状态等 500 余项数据指标，实现了从原水、制水到管网输配水的供水全过程实时数据分析管理，通过各类事件的快速反应、及时处置，全面提高公用服务保障水平，2019 年城区全年供水水质合格率、压力合格率 100%。

（三）建设“智慧平台 + 智慧市政系统”，实现路灯亮灯率和垃圾清运率的双提升

路灯亮灯率方面在现有远程控制的基础上，对控制系统功能进行提升优化，增加漏电安全检测功能，提前预警漏电故障，及时排除故障，保障亮灯率；垃圾清运方面

由智慧市政大脑自动生成垃圾清运最优化收运路线，最大化提高车辆利用率和垃圾收运率，降低管理成本及车辆使用成本。

（四）建设“智慧平台＋手机 App 派单系统”，实现顾客诉求处置高效性

建设了热线派单系统，开发了手机 App，通过智慧平台的关联，实现了热线对供热、供水、市政管理投诉事项的统一派单。处置人员利用手机接收工单，快速处置并回复，为客户诉求“一个工作日落实处置、一个工作日反馈审核、一个工作日回访”的三个一处置模式提供了技术支持，提高了服务效率，2019 年全年共受理顾客诉求 181770 件，处置及时率 100%，处置满意率 99.92%。

（五）建设“智慧平台＋微信客服系统”，实现顾客业务办理便捷化

开通微信公众号办理供热、供水、垃圾处理等业务端口，实现报装业务、水费业务、热费业务、水质查询、账单查询等 22 项业务掌上办理。积极响应营商环境提升的相关要求，在微信公众号、公司网站开通了报装业务网办端口，通过“邮寄”“窗口代办”“微信指导”等形式提高网办率。水费、热费业务实现“热号、水号查询—热费水费缴纳—发票获取”的“零跑腿”和“一条龙服务”。

（六）建设“智慧平台＋绿化、亮化管理系统”，实现市容市貌时尚化

为实现城市绿化和亮化的智慧化管理，建设了夜景亮化、城市照明、园林管理系统，并通过智慧平台进行数据实时监控。滨海大道等区域夜景优化工程为青岛国际啤酒节、东亚海洋合作平台黄岛论坛、全球大数据应用与研究峰会等重大活动提供了保障。新区市民广场音乐喷泉占地 1600 平方米，是青岛市最大的灯光音乐水秀广场，利用丰富的技术手段，开放的姿态，多方位展现市民广场文化艺术特色。

（供稿人：庄钟敏）

来一场运动，只为你专属定制

舒华体育股份有限公司

案例亮点

加强全民健身场地设施建设，发展群众体育，是各级人民政府的重要公共服务职能，是贯彻全民健身国家战略、实施健康中国行动的必然要求。开发一套全民健身智慧管理系统，集成公共健身设施布局、科学健身知识、场地预约及场地管理等内容，实现健身设施查询预订、器材智能化管理等功能。依托该管理系统，提高全民健身公共服务智能化、信息化、数字化水平。构建数据平台，实现科学健身，达到智能管理。

一、背景

自2009年开始实施全民健身工程，场地建设项目开始成倍增加，体育健身器材厂家越来越多，竞争日益加剧，并且全民健身工程对应的各类客户需求具有典型的个性差异化，相应的实施方案与资源需求也各不相同，所以满足客户个性差异化需求是可持续发展的关键成功因素。随着近年来大数据、移动互联网及物联网等概念兴起，全民健身工程急需结合科学技术的进步，将“智能化”概念也融入进来。通过走访体育局等客户，实地调研采访使用者，结合行业及其他行业发展趋势，明确了用户及客户的痛点，以智能化为出发点，建立一套全民健身智慧管理系统已成必然。

二、项目策划

经过分析研究，现有的用户健身及客户管理主要痛点如下：

1. 客户无法对已完成建设的运动场地里的健身器材一目了然，未来如何有效布局不清晰。

2. 客户对场地人员管理不便，以往每个场地、不同区域都需要依托专人进行管理，管理人员过于分散。

3. 客户对本区的健身人群无法做到全方面了解，无法根据用户需求进行产品合理配置。

4. 用户不清楚离自己身边最近的健身场地在哪里，都有哪些健身场所可以使用，如何获取健身场所的开放时间，以便合理规划运动时间。

5. 用户无法在健身过程中随时了解自己的身体体质，无法正确选用适合的科学健身方法。

6. 用户无法获取自己在健身器材上的运动数据，无法量化评估自己的运动强度。

由于以上用户健身及客户管理过程中存在的各种痛点需求，舒华公司结合互联网及物联网技术，全面升级智能化运动器材，建立智能化管理系统，构建一个从前端用户软件到后端管理数据平台再到智能器材使用的管理平台“铁三角”，实现“来一场运动，只为你专属定制”的管理目标。

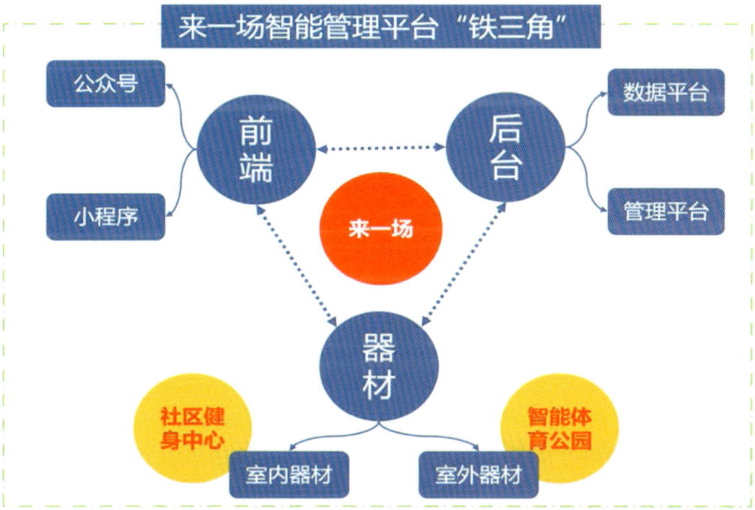

三、实施

利用“软硬件智能化”，以客户便捷实用为核心，以数据化为依托，实现科学的智能管理为目标，为用户提供便捷的智能化手机软件端及智能器材，为客户提供 Web 及手机软件管理端，构建起一个智能管理平台的“铁三角”。

（一）打造科学便捷的客户端

以智能体育公园及社区健身房（健身中心）为解决方案，用户可通过“来一场”

公众号获取附近的户外健身场地或者健身房，进行预约、导航等。利用智能器材数据互联互通，通过公众号或者小程序进行用户识别，开启智能器材进行运动，运动结束后在公众号或者小程序上获取运动数据，并在小程序上查询自己过去的运动记录。同时通过小程序获取运动指导视频，通过户外智能体测，获取体测数据报告，了解自身体测水平及运动建议，进行合理有效健身。

（二）打造全方位的智能数据分析系统

通过前端用户数据反馈、“来一场”管理平台中的场地信息录入、智能器材自带的 IOT 模块、“一键报修”功能等，将所有数据传输到管理平台，进行数据整合，达到全方位的数据可视化，随时随地查询产品分布图、用户属性、器材使用频率及报修进度等，并通过流量监控系统，对各维度数据进行趋势分析对比，清楚了解用户使用习惯及喜好、器材使用情况等，为市场营销、产品研发、售后服务提供数据化支持。一键报修，亦可实现报修相关跟进，为管理方提供相应数据支持。

（三）打造科学智能管理平台

通过数据分析系统，结合智能门禁管理系统，实现运动场地的开发管理、灯光管

舒华来一场智能管理平台
欢迎 WELCOME!
记住密码
登 录

09:04
个人中心
PM-shane
运动次数
-- 次
运动时长
-- 小时
添加课程
课程列表
场馆管理
场地管理
比赛列表
报修记录
巡检记录
教练申请
人脸录入
个人信息
教练信息
订单查询
我的报修

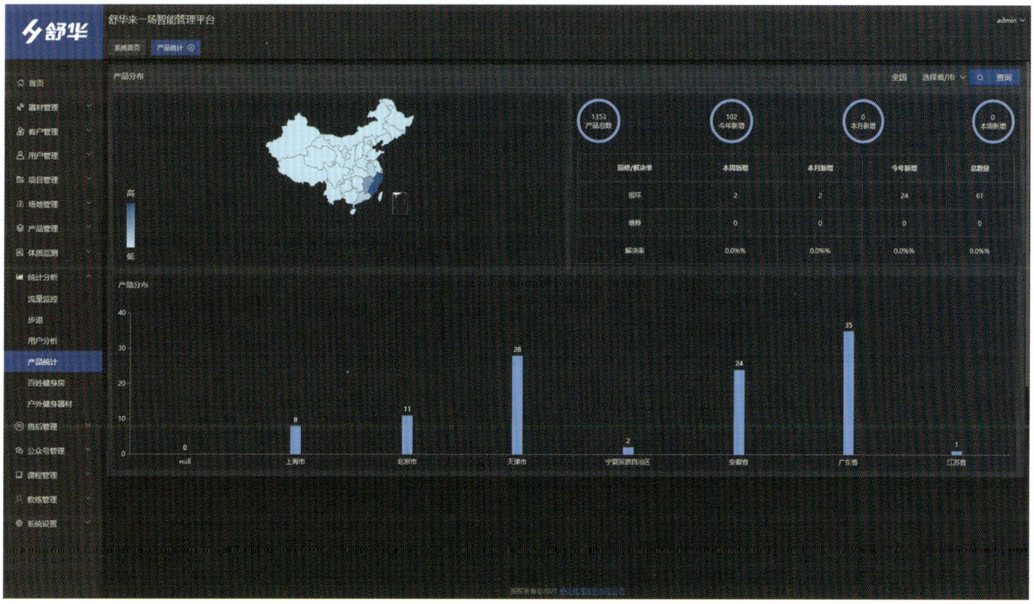
舒华
舒华来一场智能管理平台
admin
产品分布

理以及人数控制，实现无人值守的管理需求。通过授权功能进行多级管理，为客户及管理方提供便捷、高效、科学的智能管理平台。

（四）利用“金牌服务”售后项目，强化并持续提升客户满意度

为增强客户的产品使用体验，2014 年初，舒华成立“金牌服务项目组”，项目从软硬件双向出发，为客户提供专业、极致的售后服务模式。

软件方面，定制开发“舒华售后服务系统”，由智能化后台管理系统、移动巡检 App、微信小程序组成。客户通过后台查看项目、场地、产品、巡查、报修等实时数据，同时通过可视化电子地图监管每日的实时动态。维保人员通过移动 App 对器材数据进行采集建档、日常巡查，并拍摄器材的实时状态。

硬件方面，公司在全国各地建立“健身器材服务中心”，通过制定“5+1”个统一

的标准化管理机制（统一的服务团队、统一的门店UI、统一的服务着装、统一的服务车辆、统一的服务工具，经过统一培训上岗的服务人员），满足客户全方位的售后服务需求。对公共健身设施进行采集巡查，在公共健身器材上焊制“一键报修”二维码，实现客户快捷报修需求。

1. 产品周期性巡查，及时发现产品故障，减少用户使用的安全隐患

金牌服务项目组要求对每一个场地实行周期性巡查，从产地信息录入、产品巡查、器材报修、器材维修全流程信息化运行。对巡查过程中遇到的产品故障及其他影响客户使用的问题，及时进行处理上传到舒华售后服务系统，让用户到达场地都能使用到“健康”的产品，增加用户的使用体验，提升用户满意度。

2. 用户报修便捷，服务更高效

舒华公司的每一件产品上都标有“报修二维码”，客户在使用过程中遇到的产品故障及使用问题，客户可通过手机微信扫描器材上的二维码，进行产品的快捷报修服务。客服收到用户报修信息后会通过系统及时向金牌服务项目组反馈，项目组快速对产品进行维修。同时客户可通过微信小程序获悉相关售后信息。

四、成效

（一）解决群众去哪儿科学运动难题

自2017年起，在某省开始建设智能笼式球场，至2020年建设了500余个智能球场，拥有用户5000余人，月活跃用户3000余人，运动8000余次。配套“来一场”管理系统，用户可以通过微信查找场地、预约、导航等，解决用户“去哪里运动”的难题。

1. 解决“去哪儿运动”难题

自2017年以来，用户可以通过“来一场”管理平台对喜欢的运动项目进行搜索，如在福建，用户可以通过公众号搜索附近的户外运动场地、室内公益健身房，并可查看该场地运动器材相关配置选择自己喜欢的运动场地，并通过公众号的地址信息一键导航到达运动场地。而在浙江省，用户不仅可以通过平台查找场地运动，亦可通过平台查找相关公益健身课程或者前往观赏比赛。

2. 引入科学运动指导

通过“来一场”管理平台，用户首先可以通过室内外体测仪进行体测，获取相关

体测数据并上传到小程序平台，小程序根据用户年龄、性别结合体测数据提供相应的运动指导建议。同时在小程序内附有器材健身指导建议，用户可以通过扫描相关运动器材的二维码查看运动课程及正确的使用方法及注意事项。再者，用户可以通过公众号平台获取更多公益课程，前往目的地接受社会指导员的专业的运动指导。

（二）帮助业主科学决策、科学管理

以往运动场地建设项目，均是自下而上层层申报，申报流程烦琐、周期长。现在通过“来一场”管理系统，结合健身数据及运动人口分析，进行科学的决策。通过“来一场”管理系统的精准管理，场地低价收费，解决场地管理费用紧缺的难题。

1. 依据大数据，合理布局全民健身设施

通过大数据平台，相关的管理单位可以及时了解管辖区域内场地健身的分布以及热门健身区域及群众喜好的健身器材，结合管辖区域的常住人口和国家全民健身政策，有理有据地进行场地、健身器材的合理布局建设。

2. 合理利用管理平台，科学有效开展全民健身活动

管理方可以通过“来一场”管理平台，结合自身区域社会指导员资源，在该平台上发布相关运动指导课程，组织群众开展全民健身活动；并且可以通过健身房、笼式运动场地进行低成本收取费用运营，持续保证全民健身活动开展。

（供稿人：胡胜杰）

家电产品全流程用户体验测评体系

海信家电集团股份有限公司

案例亮点

本体系采用基于量表与访谈的主观情感测量方法，以对产品用户体验要素直接评价为构成基础的用户体验测评模型搭建。主要包括用户体验评价模型、产品用户体验要素及评价指标、测评规程、标准化研究材料四大模块，用于竞品测评、概念测评、设计方案测评、样机测评。

本体系以现行开发流程为基础，综合互联网行业的先进经验及同行公司用户体验工作的先进研究思路形成，并与现行产品开发流程融合，具有鲜明的海信特色，为家电产品 UCD（以用户为中心的设计）流程的发展完善奠定了坚实的基础。

一、背景

近年来，家电行业发展迅速，产品品类日益丰富，消费者已不满足于家电的基本功能需求，而是对它的使用体验越来越重视。单以可靠性为标志的产品质量已不再是最能吸引消费者的卖点，产品整体的用户体验才是消费者最为关注的。从需求出发，不断提升产品用户体验，以用户为中心开发产品，进而以差异化的产品去吸引消费者是家电厂商的当务之急。

产品的用户体验需要量化评价，如此才能直观衡量产品的设计水平，横向比较不同平台产品的差异，纵向比较产品迭代设计的好坏，有效识别产品的用户体验问题，以更快更有效的方法解决问题，实质提升产品的用户体验与竞争力。量化评价产品的用户体验，需要建立良好的用户体验测评体系，系统化执行、管理产品用户体验活动，全方位满足用户需求。因此，建立产品用户体验测评体系是践行以用户为中心的设计理念、把控产品用户体验质量、提升产品竞争力的重要保障，亦是企业适应市场的重要战略举措。

家电产品属于耐用型产品，兼具传统的人机交互界面和实物产品的人类工效学特征。因此家电产品的用户体验测评体系研究应借鉴移动设备及网页的研究方式及部分成果，综合家电产品的固有属性形成适合其设计开发的用户体验测评体系支撑用户体验研究。

二、策划

建设具有可实践性的家电产品用户体验测评体系需要以ISO标准（如ISO 9241-210、ISO 9241-11、ISO 16982-2002等）、国家标准（GB/T 36608.1-2018）为基础，广泛借鉴学界、业界具有代表意义的理论成果（如可用性5E模型、蜂巢模型、HEART模型等），并结合家电产品自身属性及研发特色，分解产品的用户体验要素以形成测评指标，抽取共性形成用户体验模型。

构建产品用户体验模型需要明确：评价对象产品的类型、评价目的以及评价方法是否具备可对比性。以家电产品为例，不同品类的家电产品（冰箱、冷柜、洗衣机、空调等）各自外观、功能及使用不同，用户关注的具体产品体验点不同，所制定的用户体验模型需要找到平衡点，并在高阶测评维度上具有通用性。

用户体验测试方法的选择，应该能良好支撑用户体验模型的归纳统一，能够全面将模型的各个维度覆盖到位，并能将测试结果如实记录与传递，以方便统计分析。就本体系而言，需要根据产品特征选取真实用户参与，了解使用环境下用户的行为与态度，找到产品用户体验问题及改善方法。以此测试方法选择可用性测试法（用户测试法、问卷调查法）和访谈法。

测评过程中，选用行业具有客观性、复用性、可量化等普适性优势的通用标准化问卷，在测试中或测试后对产品用户体验要素进行用户打分评价，评估用户感知。本测评体系选取典型的整体评估问卷SUS与任务评估问卷SEQ，并依据家电产品特征稍作调整。

三、实施

（一）测评模型

量化产品用户体验的核心在于构建用户体验评价模型及确定相应的评价维度，并明确每个指标的权重和测量方法。综合来看家电产品的用户体验模型应具有可执行性、拓展性和系统性 3 个特征，在实际测试中易于执行且测试结果易于统计和分析，利于发现产品体验问题，可对产品的不同版本及不同品类作系统化全方位的评估。结合前面所述的基本理论及思路，以可用性与人类工效学为基础，提炼用户体验评价维度与产品用户体验要素，形成家电产品多维度的用户体验测评模型，如图 1 所示。此模型包括两部分，用户体验模型（MAPIS）、产品用户体验要素模型（CCDU）。

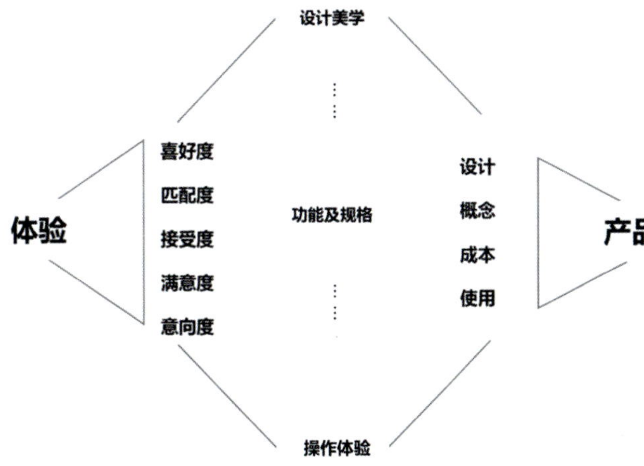

图 1　海信家电产品用户体验测评模型

用户体验模型由 5 个维度构成，分别为喜好度（Preference）、购买意向度（Intention）、匹配度（Matchness）、接受度（Acceptance）、满意度（Satisfaction），以此构成了 MAPIS 用户体验模型，如图 2 所示。此模型涵盖用户对产品本身所有体验触点的主观评价，通过 5 个维度整体量化用户体验。

用户体验模型必须与产品的体验要素建立对应关系，以便精确评价与定位问题。为此，针对每一品类的家电产品，我们建立了产品用户体验要素模型与对应的测评指标，将产品的体验要素拆解到最小单元，作为各产品用户体验测评的最基本单元，同时也是最底层、最全面的产品描述。

产品用户体验要素模型——CCDU 模型，涵盖概念 Concept、成本 Cost、设计 Design、使用 Use 四部分，如图 3 所示，分别对应于 MAPIS 模型中的匹配度（Matchness）、接受度（Acceptancc）、喜好度（Preference）、满意度（Satisfaction）。此产品用户体验要素模型针对家电产品本身进行分解，聚焦产品概念形成、设计制造、用户使用过

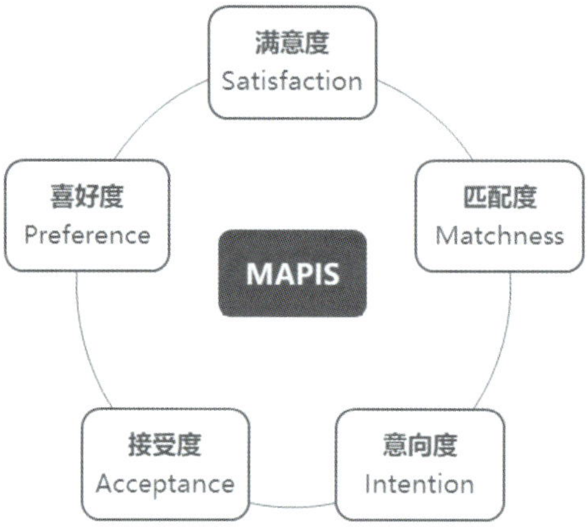

图 2　海信家电产品用户体验模型

程中的用户体验触点，涵盖产品功能及规格、设计美学、操作体验等方面。在不同品类的家电产品上具备通用性。

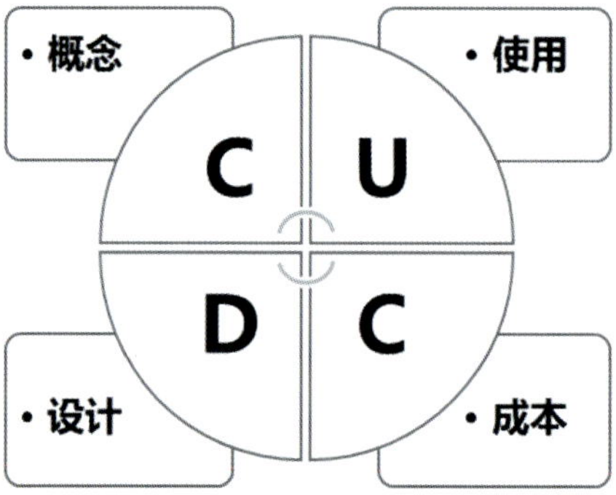

图 3　海信家电产品要素模型

（二）全流程应用

用户体验测评可在家电产品开发流程各阶段应用，在关键节点进行测评，帮助外观、开发、软硬件等业务协同部门，从用户角度了解产品具体指标，精确定位产品问题，形成用户体验改善建议。概括来讲，在规划阶段，主要进行概念及价格的测评；在设计阶段，主要进行设计及使用的测评；在开发阶段，进行概念、成本、设计及使用测评；在上市阶段，进行使用及维护保养费用测评。测评维度与产品开发阶段的对应关系如图 4 所示。

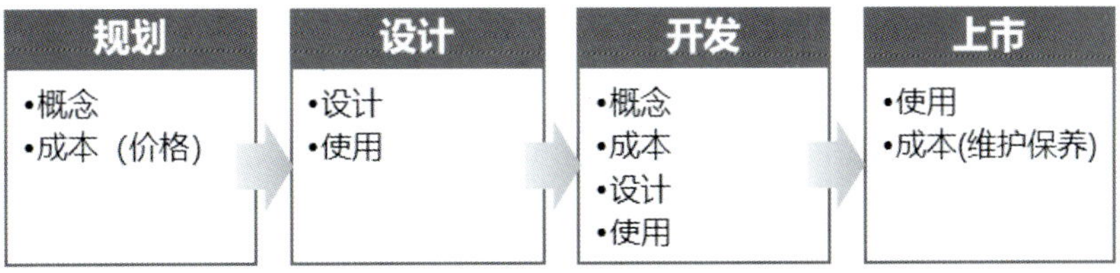

图 4　测评维度与产品开发阶段的对应关系

在测评时，引导真实用户按照相关测评操作规程及方法，对各产品各体验要素的表现进行评价打分，在此基础上通过加权计算得到产品用户体验各维度得分及综合得分。以此保证了情感化的产品用户体验可由对产品体验要素的主客观评价来量化，同时由产品的用户体验量化来精确定位产品的用户体验问题并指导设计开发。

（三）测评规程及标准化研究材料

保证测评体系规范化运行需要将测评流程、方法及涉及的测评方案、大纲、记录表、报告框架等材料明确并固化，形成用户体验测评操作规程和标准化研究材料。以此作为用户体验测评体系标准化建设的基础。主要相关材料清单如表 1 所示。

表 1　测评规程及标准化研究材料清单

序号	名称	分类
1	《用户招募操作规程》	规程
2	《用户体验测评操作规程》	
3	《用户体验测评指标》	指标
4	《用户招募筛选问卷》	问卷
5	《测评问卷》	
6	《SUS 问卷》	
7	《SEQ 问卷》	
8	《产品用户体验测评大纲模板》	模板
9	《用户体验测评问题统计表》	
10	《产品用户体验测评报告》	
11	《用户体验测评方案》	
12	《人机交互界面可用性测试报告》	

测评规程及标准化研究材料具有以下优势：

1. 提高效率，缩短项目周期。

2. 减少遗漏，降低出错概率，保证测评结果准确性。

3. 利于测试数值的记录与积累，便于数据分析和对比研究。

4. 降低测评执行难度，利于广泛开展。

四、成效

本体系以 UCD 流程为支撑，引入真实用户，以用户视角量化产品用户体验，完善了 UCD 流程、补充了质量维度，减少试错与返工，提升了产品开发效率与竞争力。

海信家电集团以提升产品用户体验为导向，积极实践用户体验测评体系，并取得了可喜成果。以在开发过程中应用测评体系并改良的某款洗衣机产品为例，上市后 NPS 调研发现，较上代机型，人机交互界面操作便利性明显提升，较 2019 年年累数据：平均分提升 0.4 分；不推荐率下降 3.4 个百分点，改善幅度为 70.8%。值得一提的是，改良后的产品人机交互界面不仅在用户满意度方面有所提升，更由于优化设计，控制面板的整体硬件成本有所降低，降幅达 16.9%。事实证明，在产品开发过程中应用测评体系不仅可以帮助优化设计，提升用户满意度，亦可降低成本，提升了产品竞争力。本是矛盾的两面，在测评体系的赋能下，找到了平衡。

未来海信家电集团将依托专业的用户体验实验室深度落地用户体验测评体系，拓展应用产品品类，并在产品规划、开发、制造、营销全链条上发力，持续提高海信家电产品用户体验质量与用户满意度，助力海信成为全球最值得信赖的品牌。

（供稿人：房振安、郑方春、姜雅丽）

以互联网 + 智慧停车技术引领静态交通市场

山西建筑工程集团有限公司　山西静态交通建设运营有限公司

案例亮点

随着汽车保有量增加，“停车难”成为城市发展亟待解决的问题。在智慧城市的建设中，运用互联网技术和大数据、云计算打造的智慧停车成为应对之策。集团以学府智能停车楼为试点，充分运用智慧停车技术，打破城市空间边界，突破传统停车思维。从交通动线设计、存取车速度、智能引导效率、运营服务规范等多方面着手，注入更多信息化、智能化元素，围绕用户便捷出行，通过利用信息技术实现智能化、数字化全连接，让建筑更富时代感和科技感，为用户提供自主、无感、无障的便捷出行体验，为智慧城市建设蓄力赋能，实现以互联网 + 智慧停车技术引领静态交通市场。

一、背景

随着经济快速发展和城市化进程推进，城市交通拥挤与堵塞现象日趋严重，车辆停放问题成为普遍存在的棘手难题和最大的“城市病”之一。2019 年 7 月，公安部、住房和城乡建设部发布《关于加强和改进城市停车管理工作的指导意见》明确指出：积极推进城市停车管理与移动互联网的融合发展，应用物联网、人工智能、车路协同等新技术，实现停车信息查询、车位预订、泊位诱导、无感支付、反向寻车等功能，提高停车设施周转率，减少寻位绕行时间，促进动静态交通和谐运转。

（一）对比现有停车设施，明确实施方向

1. 现阶段市面上主要存在的立体车库类型有垂直升降式、平面移动式、升降横移式，机械式立体车库技术应用开始增多，产品趋于多元化，但部分建造的立体车库利用率和使用满意度不高，立体车库行业连续存车平均时间在 90—150 秒，很难满足用户的使用需求。

2. 已经建成的停车系统，其功能仅限于简单的引导或收费，并未充分发挥智慧停车系统的优势，在此领域研究不够贯通，信息发布不及时，存在收费管理混乱、停车诱导精确性不高、停取车时间过长及支付功能有待完善等问题，用户进入停车场后交互感较差。

（二）聚焦用户停车体验，定位服务痛点

经过分析研究，用户停车体验差主要体现在以下几个方面：

1. 停车场内交通动线缺乏系统规划，导致停车拥堵，排队时间长；

2. 停车系统智能化程度低，导致泊位寻找、反向寻车、出场支付时间长，体验感差；

3. 立体智能车库普遍存在进车室门宽度较窄，用户进车困难，舒适度差；

4. 服务体系不够完善、车场管理响应不及时，人性化服务少，增值服务衔接内容缺失，用户停车消费体验较差。

二、策划

（一）提升硬件设施

优化场内交通流线；采用智慧提升设备：水平提升方面采用国内首创链式输送加搬运机器人搬运，不仅节省搬运时间，同时保持原来搬运机器人的部分优点；垂直提升通过优化电机选型及升降机平衡系统，提高垂直提升速度；同时在车库入口处增加转接设备的设计以及出入口与升降机分离设计，降低系统设备运行时间，提升存取车整体效率。

（二）依托智能化管理系统

以智慧停车为核心，对接省级静态交通大数据平台，深度运用5G、人工智能、物联网、云计算、图像识别等技术，建立智能化管理系统，实现智能引导、车位预约、无感支付等功能，有效提升项目的信息化管理水平和智能化服务支撑。

（三）为用户提供增值服务

在功能上创造中央商业街，通过设计咖啡屋、卖场、洗车行、智能充电桩等配套设施，整体形成“可停、可商、可办、可居”的新型城市综合体，为用户提供高质量的运营服务内容，不断提升用户停车体验感和满意度。

三、实施

（一）打造专业的交通流线，解决用户停车行进路线拥堵问题

通过采集周边道路车流信息，进行三维动态模拟，依据交通影响评价优化停车流线设计。将进出车动线优化为地上一层进，地下一层出的设计方案，同时增大进出车室外围和车库内动线长度，减轻进出车压力，提前解决用户停车行进路线拥堵问题。

（二）打造先进的“可视化大数据管理系统”，提高用户出行效率

搭建出入口管理系统、云端值守中心、自助缴费系统以及 SaaS 云平台四大模块，组成智能停车管理平台，统一对停车场进出车辆进行管理；停车场出入口采用无人值守、有人服务的国内领先的一体化运营管理服务模式。现场通过无人值守机器人来代替传统岗亭收费人员，实现出入口的收费管理以及异常情况处理，为用户提供便捷的无感体验；同时接入山西静态交通数据平台，实现大数据对接、车位预约、空车位查询、线上缴费、反向寻车等，提高用户出行效率。

（三）打造快速的存取车服务，缩短用户等待时间

采用独创的智能小车 + 链式输送的新型停车设备技术，利用链式输送技术实现车辆在转接室、升降机、横移台车之间的车辆交接，链式输送单次交接仅需单向运行，避免智能小车往返时因空载行驶而浪费时间，单次交接节拍可降低在 10 秒左右，最大限度地缩短了存车时间；另一方面采用升降机和进出室分离式布置有效解决了设备运行时后续车辆可继续入库存车的问题，极大地缩短了连续存取车的用户等待时间。

（四）打造高效的“智能引导”服务，实现用户轻松存取车

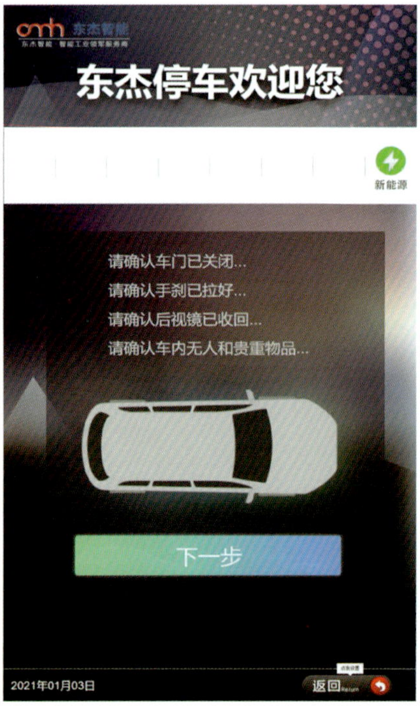

一方面，采用“车牌识别＋人脸识别”技术，将原有的主动寻找停车位，变为“算法推荐”的最优停车位，车辆进入停车场，将通过三级诱导标牌、语音播报等载体引导车主前往目标车位区域，整个过程用时不超过 2 分钟，实现车主轻松存取车。

另一方面依托云端值守中心，结合全景监控、可视语音对讲系统，实现停车场无人化管理，极大地提升了为用户快速提供响应服务的效率。

（五）打造快捷的存取车及缴费支付通道，实现车辆进出场不停车

停车场出入口支持全视频出入口识别、车牌遴选算法、多元支付系统（微信支付、支付宝支付、无感支付、自助缴费机、ETC），实现车辆进出场不停车。

（六）打造安全、舒适的客户体验，提升用户存取车的空间舒适度

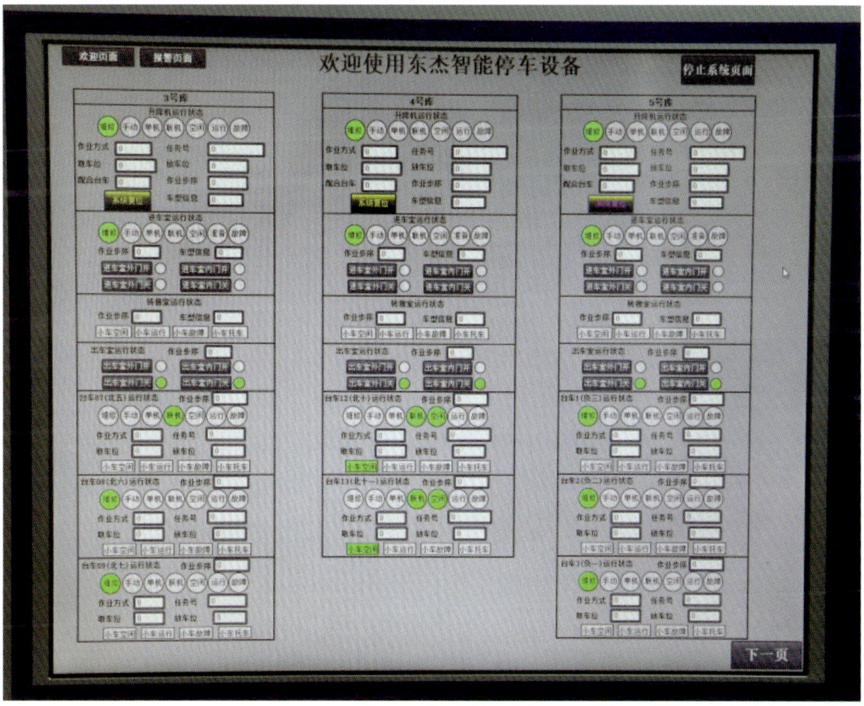

配置完备的监测系统，实现对库内外运行情况的全方位实时监控；通过采用智能检测系统，实现车体超高、超宽、超长检测及人员感知、活体检测，配合软件和电气控制的双检测，有效保障停车安全。同时将进车室门的宽度由 2.6 米扩大到 3 米，提高进车室的空间，提升车主存取车的空间舒适度。

（七）打通智能停车产业链，深耕场景增值服务，满足用户多种需求

通过解决用户停车刚需，深耕停车场景，延伸平台服务的深度与广度，构筑新的停车产业生态圈，以智能停车为切入点，拓展出行、商业、社区、景区、医院、交通枢纽等城市服务，推广“人·车·生活”消费一体化。增值业务包括付费、消费“一卡通”服务、加油、违章代缴、洗车、汽车销售、汽车保险、汽车保养、养车用车服务、代驾业务、数据授权或合作数据开发、App 广告、金融产品及服务、场库广告、沉淀资金管理等停车后市场整体服务业态为一体，形成城市动态、静态交通信息融合的大格局，提升增值服务能力，满足车主多种需求。

四、成效

（一）服务过程无感畅行，为用户节省时间及出行成本

通过实施互联网 + 智慧停车模式，优化动线，升级设备，车辆从入场到入位的时间由平均 5 分钟缩短为 2 分钟，出场速度由过去 30 秒降低到 2 秒，停车楼平均存取车时间不到 1 分钟，较全国平均水平降低了 30 秒，显著降低了用户的出行时间成本。

（二）便捷出行及高品质服务，用户满意度得到提升

通过建立高品质的服务体系和运营管理流程，实现响应时间快、应急能力强、对外展示优的人性化服务，将停车运营管理由最初的停车收费模式转化为为客户提供优质的停车服务体验，用户满意度得到显著提升。

（三）行业认可度高，发挥示范引领作用

通过示范项目的打造，有力带动了全省静态交通产业发展，提升了智慧停车建设运营服务可复制性及推广速度，短期内让全省乃至全国的广大用户感受到智慧停车新体验、静态交通新服务。

（供稿人：白少华、张星魁、闫靖宇）

以“满意、忠诚、协作、共赢”打造“四位一体”客户关系管理模式

晶科能源有限公司

案例亮点

从建立文化共识，大力进行品牌宣传的品牌营销、以环保高效为理念的理念营销、技术支持和经验共享的技术营销、打造服务品牌的服务营销4个维度构建“四位一体”客户关系管理模式，旨在构建满意、忠诚、协作、共赢的客户关系。晶科凭借新式客户管理方式取得“行业”+“区域”+“渠道”的分类成果，2020年出货量较2019年增长56%，且拥有多元化客户群及市场，客户数超过3000位，用户忠诚度高达96.72分，成为光伏组件行业冠军。

一、背景

在业务多元化、营销复杂化、网络立体化等综合因素的影响下，市场需求和共赢价值对供应链提出更高的要求，客户关系的复杂程度也因此加深。传统“处理投诉”的客户服务已无法适应当前形势，客户关系建立和维系已经向全渠道、全周期转变。晶科能源有限公司作为全球太阳能组件行业的领头羊，始终坚持以客户为中心，以需求为导向，建立“四位一体”客户关系管理模式，丰富客户管理理论新内涵。“新”客户管理模式，一方面完善晶科高效务实的服务体系，不断提升顾客对公司的满意度和忠诚度；另一方面着力打造与价值客户群长期合作的互赢战略伙伴关系，为公司全球布局的运营销售体系打下坚实的基础，以实现商业合作的多边共赢以及长期可持续的企业发展。

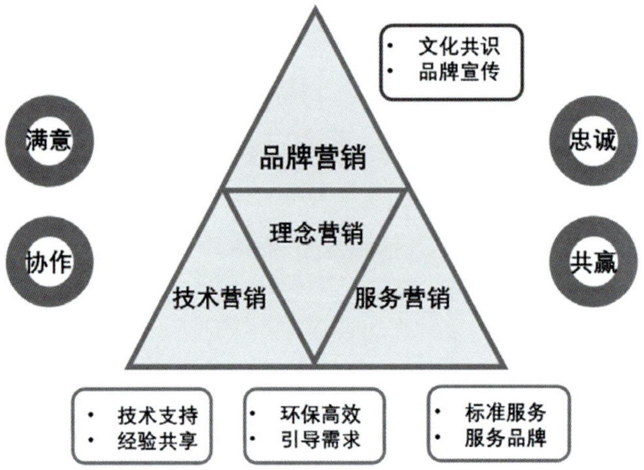

图 1 “四位一体”顾客关系管理模型图

二、策划

客户是企业一项重要资产，在与客户每一个“接触点”上都更加接近客户、了解客户，有利于构建长期稳定的客户关系。因此，我们从客户细分、营销4P原则和客户关系管理、智能化技术数据系统（PLM）等方面进一步了解客户，洞悉客户偏好，满足客户所需。

（一）客户细分，洞悉需求

客户细分是企业实现客户关系转型和可持续发展的重要策略。根据客户关系管理的帕累托原则，20%的价值客户群为公司创造了将近80%的商业价值。因此，晶科对目前庞大的客户体系进行了系统梳理，针对客户不同的业务诉求以及贡献的商业价值，细分战略客户、重要客户和一般客户，并依据需求建立了差异化的客户管理策略，从多角度入手，提供全生命周期的客户管理和体验服务，全面提高客户满意度和忠诚度。

（二）统筹规划，精准营销

营销4P原则涉及产品、价格、促销、渠道的营销。在客户细分的基础上，晶科对不同类型的客户进行拆分，为大型项目客户和分销客户打造针对性的客户关系管理体系。从关系搭建、协同合作、销售运营、智能分析、信息传播等环节出发，实现客户关系管理闭环，捕捉客户诉求点，满足客户需求点，从而进一步提升客户体验和战略合作关系。目前，晶科能源客户类型主要包括电站项目客户和分销市场客户。其中，电站项目包括大型地面电站、水面漂浮电站等，涉及客户类型包括业主、设计院、工程总承包商、安装集成商等。分销市场客户主要集中在北美、北亚、欧洲、澳洲等发达国家，客户类型可进一步拆分为屋顶、工商业、户用分销客户等。

（三）依托技术，智能服务

公司设计开发智能化技术数据系统（PLM），依托系统化构思，根据前端市场需求，通过产品信息版本标准定义传递客户订单通知书、设计任务书和合同差异信息，识别订单代码形成物料、成本、库存、认证等数据互联，通过客户需求的产品类型精准推荐与客户定制化产品自由组合，实现订单设计到产品制造、运发平台化管理，对产品订单信息全面管理和跟踪，确保订单按需生产，提升客户满意度。

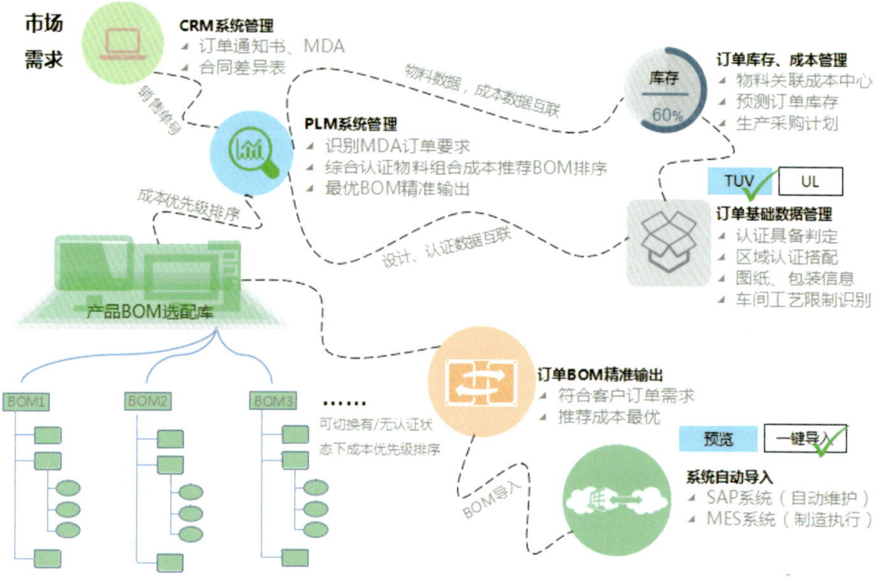

图 2　PLM 智能化技术数据系统框架图

三、实施

结合营销原则和客户细分，晶科分别针对项目和分销两大市场的战略客户、重要客户和一般客户建立差异化的营销策略，从“品牌营销、理念营销、技术营销、服务营销”4 个角度建立顾客关系，构建互利共赢的客户合作关系。

（一）“双线”传播，达成品牌共识

晶科品牌营销围绕两个关键词展开：“质量”和“信任”。公司的品牌标语是“Building your trust in solar”，意在向客户传达晶科是一家注重产品质量、注重客户互信的太阳能光伏企业。为了与客户达成文化共识，晶科采取“线下＋线上”相结合的双渠道多方位的品牌传播。两者在传播意图和表现形式上各不相同。

表 1　品牌营销案例示例表

	传播形式	传播意图	品牌营销的具体案例
线下渠道	展会、高层互访等	加深品牌认可度 提升客户忠诚度	2020 SNEC 展会“晶科之夜”战略客户游轮答谢会
线上渠道	网络、多媒体等	推广品牌知名度 宣传公司企业形象	抖音系列短视频、Facebook、领英主页

（二）技术共“享”，增强客户满意度

晶科技术营销通过向客户提供高端先进产品科技及技术路径的经验分享会和研讨会，引领行业创新技术，加深客户契合度，提升影响力，同时给客户创造附加价值。

针对战略客户，公司定期组织战略顾客进行新技术、新产品的开发研讨会，同时邀请客户的销售、生产、技术、质量等部门相关人员参加，全面覆盖顾客的技术、生产、市场等环节。例如，自 2020 年国内疫情缓和之后，公司产品管理核心团队成员多次实地拜访客户，涉及业主、工程总承包商、设计院等。

表 2　部分客户拜访清单

客户类型	客户名称 *
业主	广核安徽公司，广核江西公司，华能贵州公司，国电投中电国际
设计院或总承包商	电建华东院，电建贵阳院，电建江西院，能建安徽院，能建葛洲坝国际，阳光新能源，上海机电设计院

* 客户名称仅包括 2020 年上半年部分战略客户技术性拜访的名单。

针对重要客户，晶科技术人员进行定向产品标准和应用工艺等技术培训；对经销商进行新产品推广等方面培训，加强客户对产品结构、技术等认知。针对一般客户，考虑到多规格、小批量、差异大的特点，晶科为客户免费开放实验室测试，并在客户应用的技术难点上进行现场技术指导和帮扶。

（三）绿色理念，获得客户信赖感

理念营销方面，晶科密切关注战略顾客的环保诉求，从产供销一体化的角度出发，贯彻执行 5R 管理原则，确保在整个营销、生产、交付过程中聚焦环保、绿色、高效，充分体现晶科作为行业龙头的环保意识和企业社会责任。

2020 年 8 月 6 日， 晶科能源发布 RE100 路线图，推出到 2025 年实现 100% 使用可再生能源的晶科方案。作为全球首家加入 RE100 绿色倡议的太阳能企业，晶科规划了一系列创新行动，以降低运营排放，其中包括：工厂选址优先考虑可再生能源资源丰富地区、加速高功率高效率光伏产品的研发和商业化、减少材料消耗、加快新材料和可回收材料的研究等。自消息发布后，晶科通过多渠道向客户传播绿色理念，获得客户群的良好反馈。

（四）服务升级，形成长期有效合作关系

依托“专业化、区域化”的服务策略，晶科成立一对一跨部门重点客户服务组，实行战略客户经理制度。为战略顾客指定专业技术人员，定期深入了解其需求和期望；为用户制订整体采购方案，从顾客资金、运输管理、市场价格协调三方面着手，制定出贴近市场需求的价格体系和营销政策。与此同时，晶科营销体系内部建立区域经理制度、客户经理制度、顾客回访制度。各区客户销售团队每年 4 月和 10 月召开两次海外公司工作会议，并举行头脑风暴，及时获取国际市场信息变化，为晶科国际化市场竞争策略提供实质性支持。

针对长期合作的战略客户，晶科提出了互惠互利、实现共赢、共同发展的观念，在市场形势对企业有利的时候，对长期合作伙伴在产品和服务方面给予优惠政策；在产能过剩、市场需求下降和产品价格下滑的时候，晶科与战略客户共同承担降价风险。

四、成效

客户细分和客户关系管理的新方式，晶科在多方面取得了显著成果。第一， 服务质量上，用户忠诚度由 2017 年的 91.5 分提升至目前的 96.72 分，用户抱怨率由 2017 年 6.65% 下降至当前 4.65%，标杆抱怨率下降至 1.74%，2019 年用户满意度达到 93.95 分，且投诉响应率也在持续上升，从 2017 年 99.19% 提升至 99.54%，这些皆表明晶科在服务方面努力做到让客户满意，忧客户之忧，及时处理客户问题。第二，在市场方

面，数据显示 2019 年行业成长速度为 +30%，晶科成长速度已达 +25%，市场占率达到 12.6%，成为光伏组件行业冠军，并被评为最具可融资性品牌。第三，财务方面，2019 年营业收入达 279.05 亿元，较 2018 年增长 8%，资产总额达 261.70 亿元，利润总额 3.16 亿元，资产负债率 78.04%，财务状况稳固且呈上涨势头。第四，在品牌方面，晶科能源荣获由 EuPD Research 授予的欧洲、德国、奥地利、比利时、荷兰以及澳大利亚“顶尖光伏品牌”徽章，同时，晶科活跃在世界论坛及展会上，晶科品牌得到了世界认可，具备世界品牌影响力。

（供稿人：樊魁松、孙琳、严胜毅）

基于客户价值提升的产品设计和服务体验

中钢集团邢台机械轧辊有限公司

案例亮点

中钢集团邢台机械轧辊有限公司（简称中钢邢机）始建于1958年，是目前世界上产销规模最大、科研实力最强、市场占有率最高的轧辊行业领军企业。建厂60多年来，全面落实国家品牌发展战略，秉承“引领全球轧辊发展方向，研制最新最优冶金轧辊和冶金设备，为全世界现代化轧机提供最新、最优产品和满意服务”的企业使命，确立了“安全可靠、稳定一致”的品牌内涵，建立了以用户价值提升为导向的品牌建设评价体系。独创了用户价值挖掘和分析评价模型；在全球轧辊行业首创了“全线总包、配套供给、租赁使用、功能计价”全生命周期的新型商业合作模式。构建了全球轧辊行业唯一的用户云服务体验中心，使钢厂用户享受到了高质量、全过程、全方位的特色化服务。

一、背景

（一）企业转型的需要

中钢邢机始终围绕“建设具有全球竞争力的世界一流企业”目标，坚持新发展理念，推动高质量发展，推进制造业与服务业的“两业”深度融合，实现“由生产制造商向运维服务商，由提供产品供应向提供全轧线功能服务，由满足用户需求向提供差异化、特色化、增值化服务”三个转变。

（二）用户服务诉求的需要

传统的市场服务模式是由驻扎在客户现场的技术服务人员独立提供技术服务支持或根据任务需求临时派遣相关专业的技术人员到客户现场勘查、指导、跟踪。受服务模式影响，主要存在以下特征：

参与人员少、沟通渠道少、时间跨度长，往往是头痛医头、脚痛医脚，解决问题的全面性、系统性、前瞻性不足，也无法借鉴本公司或其他公司成熟的技术经验，不利于双方共同针对现场问题进行改进创新和新技术研发；部分情况下导致客户的市场服务体验较差。

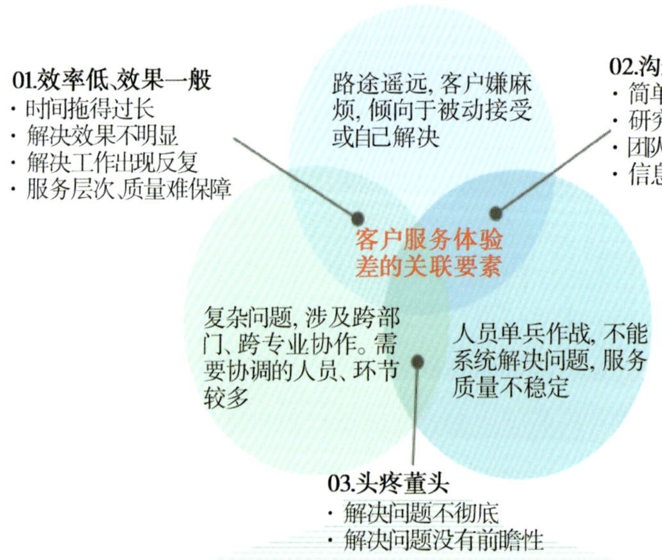

二、策划

中钢邢机基于用户价值提升的初心，在产品设计和服务方面开展了用户体验工作。在全球轧辊行业首创了“全线总包、配套供给、租赁使用、功能计价”轧辊产品全生命周期的新型商业合作模式，由单一产品供应转变为“产品＋服务”模式，为用户提供“全线总包、配套供给、租赁使用、功能计价”为核心的轧辊全生命周期运维服务，与用户在供应保障、技术研发、服务延伸、资源共享、优势互补等方面进行了深度融合，强化科技、智能、信息化手段应用，从根本上解决了用户选轧辊、买轧辊、存轧辊、用轧辊、管轧辊的难题。同时，开展耐磨件总包，辊道辊、夹送辊、侧导板、剪刃等轧线系列耐磨产品的供应和服务；磨辊间总包，人员管理、物料消耗、设备维保等运维服务。

为规避和解决传统的市场服务中存在的一些问题，提高客户市场服务能力、质量和效率，获得良好的用户体验度和更为广阔的市场占有，中钢邢机借鉴了远程医疗、远程教育、视频会议、移动执法仪器等成熟的信息化技术，结合工业领域内面临的各类应用场景及环境特点，开发了中钢邢机客户云服务中心系统，在行业内首次实现了远程实时智能化云服务应用。

三、实施

全线总包：全线产品总包和全线产品生命周期全过程的技术供应。中钢邢机结合用户轧线特点及轧材定位需求，综合设计全线轧辊配套使用方案。同时对全线在用轧辊上机、下机逐支进行跟踪、监测、提出科学的修磨意见，动态地制订每日、每班、每次、每架的配对方案，延长轧辊在机时间，提高班产、日产效率，确保每支轧辊、每个机架效率最大化。

配套供给：用户每一机架在轧线中工作任务、工作条件、工作环境各不相同，所需轧辊性能要求差别很大。作为全线配套供给方案的解决者，中钢邢机根据各机架的特点，针对性地进行产品设计、研发，实时、有效地进行匹配、应用。

租赁使用：轧辊计价方式使用户由购买轧辊转变为购买其轧钢的功能，即为功能付费而不是为买轧辊付费，减少用户轧线资金占用。

功能计价：轧辊采购付费方式由按支购买、一次性付费转变为吨钢计提，根据双方约定的承包指标进行付费，分期付款，资金价值与轧辊价值有效统一，减少不良支付。

功能计价模式运行，在把优质的产品提供给用户的同时，还把自身的技术、设计、研发、服务、管理等核心价值无偿地提供给用户。功能计价以承包吨钢成本指标为核心、以技术服务支持为抓手、吨钢计提为结算依据，在最大化发挥双方专业优势的同时，赋予用户“无忧供应、品质保证、管理提升、产品升级”等轧辊全生命周期的综合保证，保障用户轧线轧辊最好的效益指标。

为进一步优化产品全生命周期管理，中钢邢机构建了全球轧辊行业唯一的用户云服务体验中心。可实现远程勘察诊断、远程视频会议、驻外服务人员的管理、远程技术交流、功能计价轧线轧辊全生命周期管理及其他扩展功能。如在轧辊全生命周期管理方面，可以在线完成轧辊在客户现场的库存点检、使用消耗统计分析，并与公司内的 ERP、MES 等系统集成，将每支轧辊每次上机前检测情况、在机使用记录、下机检测磨削情况及实时状态等数据信息及时传输到公司数据库中，实现了产品全生命周期管理，为公司生产、技术、质量部门进行质量分析、制造工艺改进，提供了全面准确及时的数据支撑。

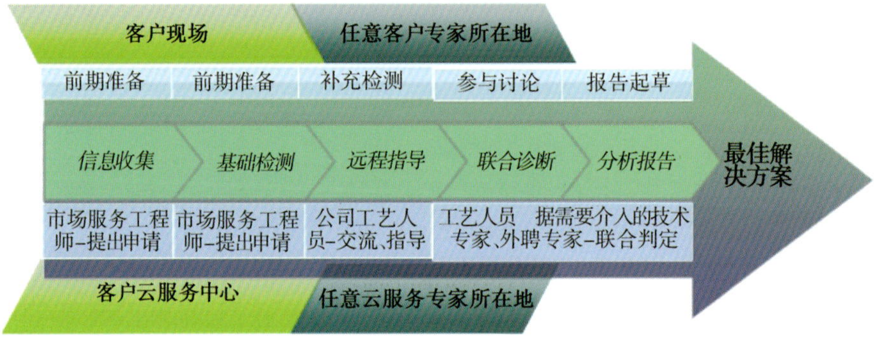

图 1　客户云服务中心流程

图 2　客户云服务中心

图 3　远程勘察诊断

图 4　远程磨削技术指导

四、成效

通过实施“基于客户价值提升的产品设计和服务体验”项目，中钢邢机与用户精诚合作、携手共进，全面提高轧辊的绩效指数和运维水平，全方位提升用户四大效益。

（一）生产效益

实现了用户轧钢生产现场到轧辊制造现场的“点对点”下单式排产，供货履约率100%，打造“无忧供应”典范。

提供全线轧辊配套解决方案，结合用户轧线、机架、轧材需求研发制造个性化产品，实施有效匹配和应用，平均提高用户机时产量 10% 以上。

依托中钢邢机 3C 国家科研平台，每年开展轧辊应用管理课题研究百余项，解决现场生产难点问题。持续推进高端产品和新型产品全面应用，投放率达到 100%。

（二）质量效益

中钢邢机构建了“维检服务、诊断分析、成套方案、改进提升、协同创新”五位一体的服务体系，为用户提供全天候、全过程、全方位服务。

轧辊检测无死角，杜绝问题产品上线使用，规避在机事故，保证板材质量稳定。为用户创造过连续 800 多天无事故的纪录。

全面满足各类轧线新品种钢开发及调结构个性化需求，提升板材质量指标，提高高等级板材合格率。

新产品的研发和应用更加精准高效，EC 立辊、高碳高速钢、TC100 锻造高速钢工作辊、半高速钢中间辊等高速钢系列产品应用，彻底解决带材边部黑线、毛刺问题，冷轧软点和硅钢、汽车板轧制难等行业难题。

（三）成本效益

降低用户库存资金占用。中钢邢机每年降低用户轧辊库存资金占用 3 亿元以上。

降低用户吨钢成本。用户只需为轧辊工作层功能付费，直接降低吨钢成本费用 10%—15%。

提高用户资金管理效益。轧辊由按支购买、一次性付款转变为吨钢结算、按月付费，实现了资金价值与轧钢价值有效匹配。

（四）管理效益

新型商业合作模式优化了订货、催货、库存、磨辊间管理等过程环节，降低用户管理费用 10% 以上。

在保证用户轧线高效、高质量运行的同时，降低电耗、砂轮消耗、切削液等辅料消耗，辅料成本每年可节约 10% 以上。

（供稿人：王洪祥、李冰）

附录一　第一篇研究篇调查执行情况

一、受访者省区市分布情况

本次调研共计 76524 个样本量，覆盖全国 31 个省区市（港澳台除外），每个地区的样本量与其平均消费水平成正比，受访者的分布情况具有正确性、精确性和代表性。

附表 1-1　区域样本分布

区域	省市	实际执行样本量	比例
华北	北京市	4948	6.5%
	天津市	2860	3.7%
	河北省	1918	2.5%
	山西省	1865	2.4%
	内蒙古自治区	1862	2.4%
东北	辽宁省	2578	3.4%
	吉林省	1878	2.5%
	黑龙江省	1675	2.2%
华东	上海市	4935	6.4%
	江苏省	3501	4.6%
	浙江省	3890	5.1%
	安徽省	1959	2.6%
	福建省	2454	3.2%
	江西省	2218	2.9%
	山东省	2478	3.2%
华中	河南省	2491	3.3%
	湖北省	2670	3.5%
	湖南省	2644	3.5%

续表

区域	省市	实际执行样本量	比例
华南	广东省	5941	7.8%
	广西壮族自治区	2301	3.0%
	海南省	1891	2.5%
西南	重庆市	2189	2.9%
	四川省	2403	3.1%
	贵州省	1669	2.2%
	云南省	1942	2.5%
	西藏自治区	1123	1.5%
西北	陕西省	2070	2.7%
	甘肃省	1550	2.0%
	青海省	1597	2.1%
	宁夏回族自治区	1613	2.1%
	新疆维吾尔自治区	1411	1.8%
	总计	76524	100.0%

二、受访者各领域分布情况

从各行业大类受访者分布来看，数字经济领域回答的受访者数量最多，占到总数的32.3%，其次是耐消领域，为28.5%。

附表 1-2　行业样本分布

行业大类	实际执行样本量	比例
耐消	21803	28.5%
快消	19531	25.5%
数字经济	24718	32.3%
服务业	10472	13.7%
总计	76524	100.0%

三、受访者社会属性分布情况

（一）性别分布

从性别来看，参与本次调研的女性受访者较多，占比高于男性受访者 11.4%。

附表 1-3　性别样本分布

性别	样本量	比例
男	33937	44.3%
女	42587	55.7%
总计	76524	100.0%

（二）年龄分布

从年龄段来看，21—30 岁的 90 后受访者最多，占比为 46.8%；其次为 80 后，占比为 37.3%；中老年群体中，60 后及以上受访者最少，比例为 3.1%。

附表 1-4　年龄样本分布

年龄	样本量	比例
60 后及以上	2341	3.1%
70 后	6035	7.9%
80 后	28542	37.3%
90 后	35845	46.8%
00 后	3761	4.9%
总计	76524	100.0%

（三）婚恋状况分布

总体上看，受访者中有超五成为已婚有子女；其次为未婚单身的人群，占比为 19.1%。

附表 1-5 婚恋状态样本分布

婚恋状况	样本量	比例
未婚单身	14644	19.1%
未婚非单身	6330	8.3%
已婚，尚无子女	8143	10.7%
已婚，最小子女未上学	14310	18.7%
已婚，最小子女已上学	32994	43.2%
其他	103	0.1%
总计	76524	100.0%

（四）居住状态分布

从居住状态来看，受访者中与子女同住的比例最高，为 39.4%；其次为与父母同住的人群，占比 24.8%。

附表 1-6 居住状态样本分布

居住状态	样本量	比例
与父母同住	25073	24.8%
与子女同住	39927	39.4%
自己独立居住（包括夫妻二人独立居住）	19911	19.7%
其他	16318	16.1%
总计	101229	100.0%

（五）家庭月收入分布

从家庭月收入来看，受访者主要集中在 10k—15k，占比为 27.5%，30000 万元以上的高收入群体人数最少，占比为 4.8%。

附表 1-7　家庭月收入样本分布

家庭月收入	样本量	比例
5k 及以下	6484	8.5%
5k—10k	17030	22.2%
10k—15k	21067	27.5%
15k—20k	15205	19.9%
20k—25k	8438	11.0%
25k—30k	4560	6.0%
30k—50k	2482	3.2%
50k 及以上	1258	1.6%
总计	76524	100.0%

附录二　第二篇新经济篇——数字中国调查执行情况

一、消费者样本量与分布

本次调查共计回收3930个成功访问的样本，复核后剔除135个不合格样本，最终有效样本数为3795个，废卷率为3.44%。对于原始数据，项目组成员对甄别问卷部分进行数据清洗，将无效答案问卷、答案逻辑有误的问卷剔除，并对文本题目的答案一一进行人工核对与分类，最终完成全部的数据清洗。

附表 2-1　清洗前后样本量

城市	清洗前样本量	清洗后样本量	废卷率
北京	337	326	3.26%
成都	339	312	7.96%
广州	316	307	2.85%
贵阳	220	217	1.36%
哈尔滨	284	274	3.52%
杭州	280	280	0.00%
南宁	301	258	14.29%
上海	332	332	0.00%
深圳	299	299	0.00%
苏州	289	283	2.08%
武汉	302	286	5.30%
西安	289	279	3.46%
重庆	342	342	0.00%
总计	3930	3795	3.44%

（一）年龄分布

受访者年龄大多在21—40岁，总占比达65.55%；其中21—25岁所占比例最高，为 20.84%，这部分群体思维较活跃，使用互联网频率较高，更易接受数字经济这种消费模式，且对数字经济模式有较高的需求。

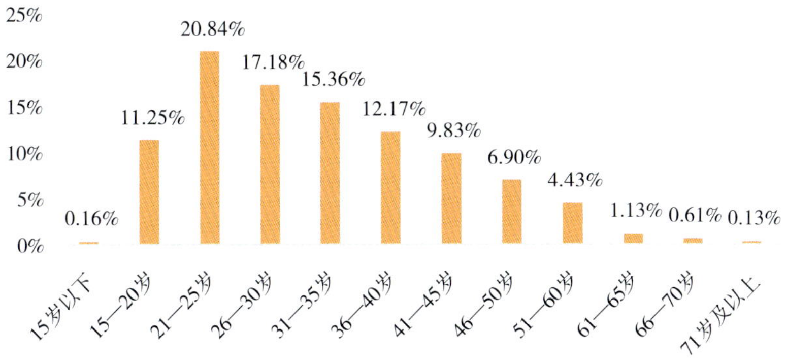

附图 2-1　受访者年龄分布

（二）性别分布

受访者中女性比例高于男性比例，但总体比例较为均衡，所收集的数据能够较好地涵盖性别特征。

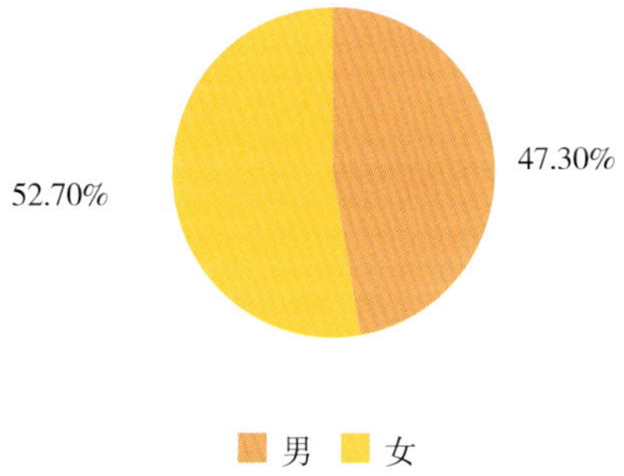

附图 2-2　受访者性别分布

（三）婚姻状况分布

受访者中已婚比例显著高于未婚比例，对比未进行清理的原始数据比例也并无明显差异。

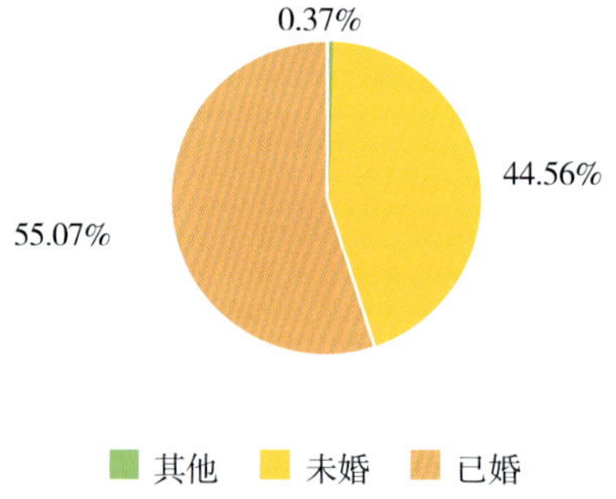

附图 2-3　受访者婚姻状况分布

（四）受教育程度分布

从受访者受教育程度上看，学历在大专及以上的受访者占比为 77.6%，其中本科占主体，为 50.43%，这部分群体文化程度较高，视野更宽广，对互联网等产品使用频率、使用需求较高。

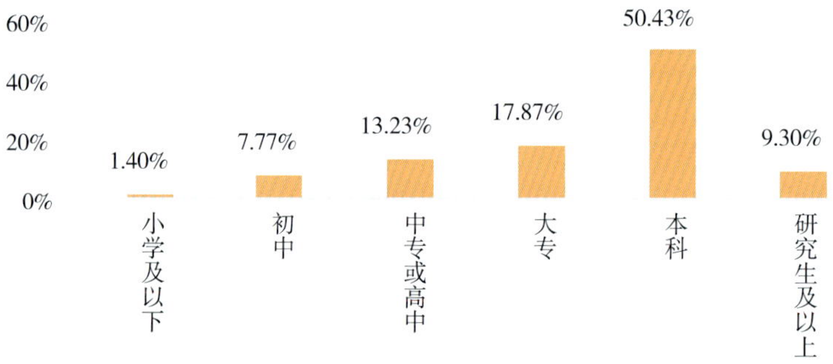

附图 2-4　受访者受教育程度分布

（五）月平均收入分布

有 22.69% 的受访者无月收入，这是由学生身份的受访者比例较大所致。在有收入的群体中，受访者月平均收入大多在 3k—20k，其中 5k—8k 所占比例最多，为 17.31%，这部分群体生活水平较高，有一定经济实力进行数字经济服务的消费。

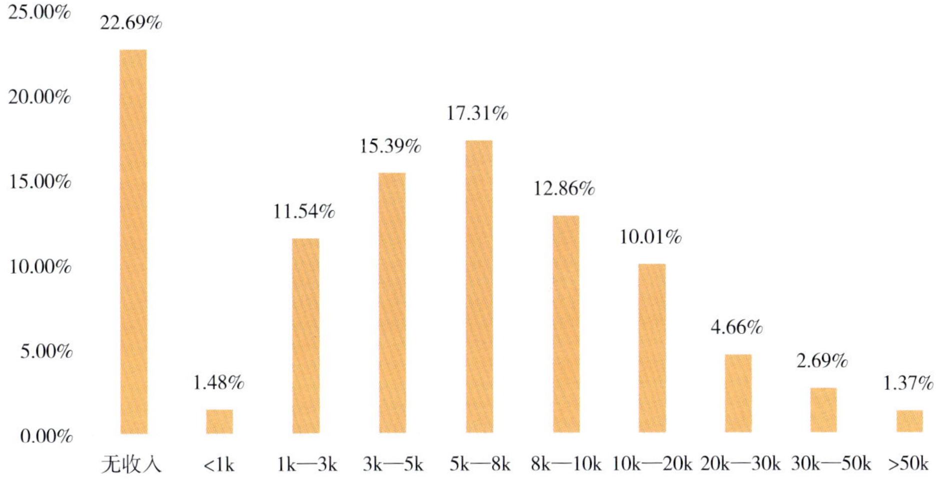

附图 2-5　受访者月平均收入分布

（六）月平均消费支出分布

受访者月平均消费支出大多在 1k—8k，其中 1k—3k 所占比例最多，为 30.75%。

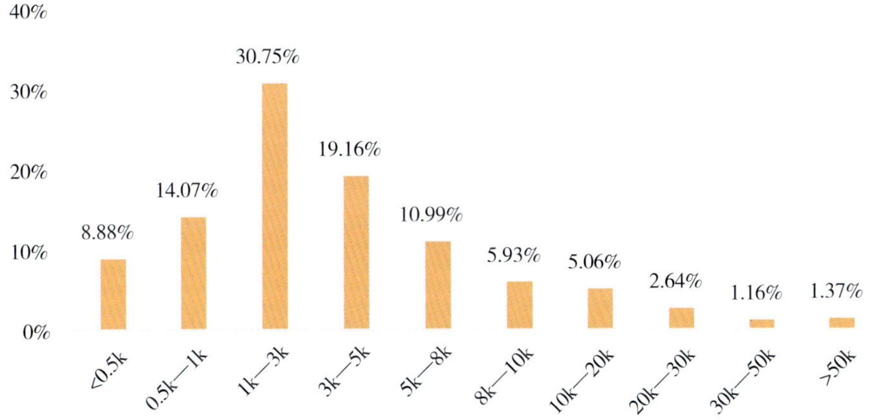

附图 2-6　受访者月平均消费支出分布

（七）数字经济月平均消费支出分布

受访者最近 3 个月在数字经济服务上的月平均消费支出大多在 0.1k—5k，总比例为 82.59%。其中 0.5k—1k 所占比例最多，为 28.99%。结合受访者月平均消费支出，可以看出，数字经济服务消费在受访者的全部消费中占有较大比例。

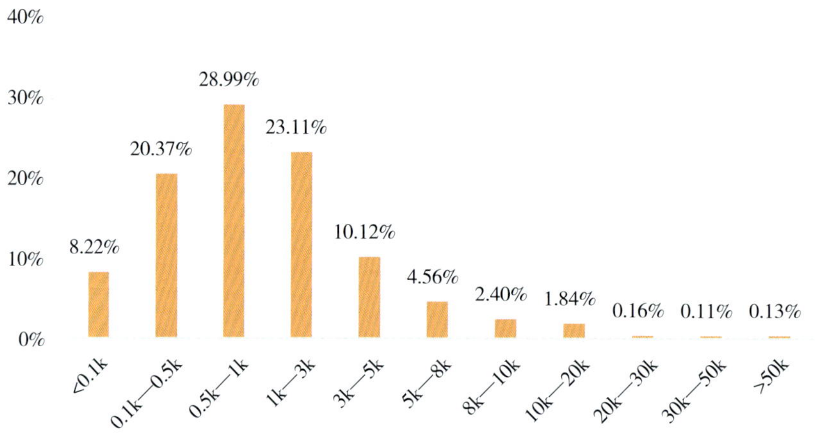

附图 2-7　受访者数字经济服务月平均消费支出分布

二、企业样本量与分布

本次调查共计回收 166 个成功访问的样本，复核后剔除 38 个不合格样本，最终有效样本数为 128 个，废卷率为 22.9%。对于原始数据，项目组成员对甄别问卷部分进行数据清洗，将无效答案问卷、答案逻辑有误的问卷剔除，并对文本题目的答案一一进行人工核对与分类，最终完成全部的数据清洗。

因金融业有效样本不足，因此在行业分类分析中结果不作单独呈现。

附表 2-2　清洗前后样本量

所属行业	清洗前样本量	清洗后样本量	废卷率
制造业	63	60	4.76%
建筑业	34	33	2.94%
服务业	14	12	14.29%
交通运输业	7	6	14.29%
信息技术服务业	8	7	12.50%
金融业	1	1	0.00%
其他	9	9	0.00%

（一）职位分布

受访者职位是部门负责人的所占比例最高，为 41.41%，这部分群体是企业项目落地的实际推动者，更能了解企业数字经济建设中所遇到的问题及企业正在建设的方向。

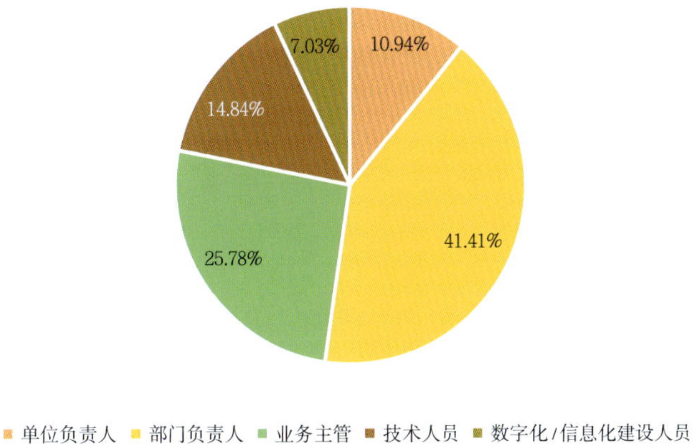

附图 2-8　受访者职位分布

（二）行业分布

受访者行业分布中制造业的占比为 46.88%，所占比例最高。随着数字技术接连兴起，数字化转型成为新一轮科技革命和产业变革的主旋律。我国高度重视数字机遇，发布了《国家信息化发展战略纲要》，制订了“深化制造业与互联网融合发展”“互联网 +”行动计划，因此通过对制造业的调研，能更清楚地了解企业数字化建设程度。

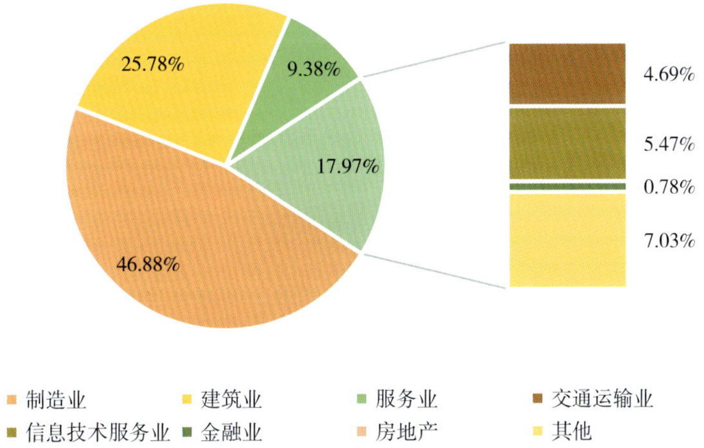

附图 2-9　企业行业分布

（三）单位性质分布

受访者单位性质分布中国企的占比为 55.47%，占半数以上；其次为国内私企，占比 35.16%。外企、非营利组织和事业单位的有效样本不足，因此在单位性质分类分析中结果不作单独呈现。

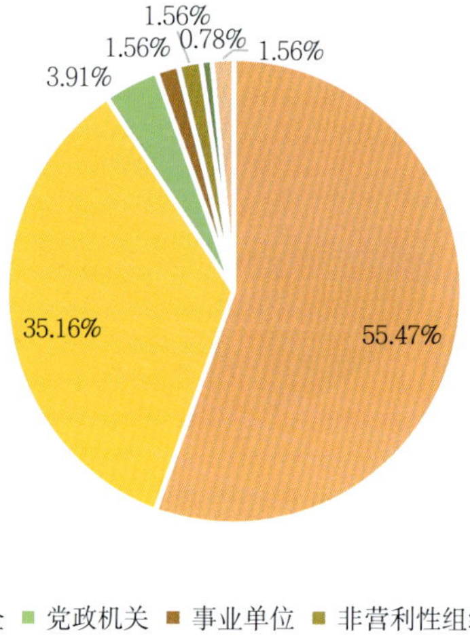

附图 2-10　单位性质分布

（四）企业规模分布

受访者企业规模分布中大型企业的占比为37.50%，所占比例最高，其次为中型企业。企业数字经济建设与企业本身规模有较大的关系，企业规模越大，数字经济建设程度越难推进，因此通过对不同类型企业调研，特别是大型企业调研，能更加了解企业在数字经济建设中所遇到的问题以及建设程度。由于微型企业的有效样本不足，因此在企业规模分类分析中结果不作单独呈现。

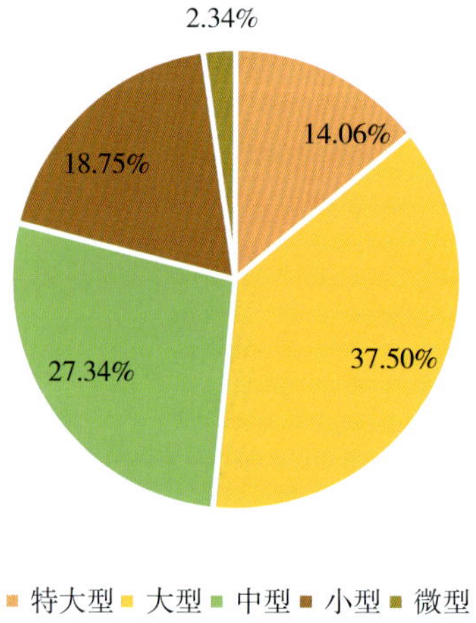

附图 2-11　企业规模分布

参考文献

[1] 翟学伟：《诚信、信任与信用：概念的澄清与历史的演进》，《江海学刊》2011 年第 5 期。

[2] 程虹：《建立以信用为核心的质量安全监管体系——问题、理论与政策 》，《中国市场监管研究》2018 年第 8 期。

[3] 郁俭俭：《消费信任的形成机制研究》，南京大学学位论文，2011 年。

[4] 李达、罗玮：《信任定义的重新界定》，《晋阳学刊》2013 年第 1 期。

[5] 菲利普 · 科特勒：《营销革命 4.0：从传统到数字》，机械工业出版社，2018 年 1 月。

[6] 毛磊：《基于大数据的客户服务质量提升探索》，《中国管理信息化》2021 年第 2 期。

[7] 梁进：《工程建设行业信息化发展趋势与企业数字化转型》，《中国勘察设计》2020 年第 12 期。

[8] 江小涓:《数字经济提高了服务业效率》,《山东经济战略研究》2020 年第 11 期。

[9] 黎敏：《加快信息化建设 推进企业数字化转型》，《中国管理信息化》2020 年第 18 期。

[10] 周宏仁：《全球信息化发展的新阶段》，《计算机仿真》2020 年第 8 期。

[11] 陈畴镛、许敬涵：《制造企业数字化转型能力评价体系及应用》，《科技管理研究》2020 年第 11 期。

[12] 于丹：《KR 公司数字化能力研究》，华南理工大学学位论文，2020 年。

[13] 徐熠：《中央企业数字化转型发展问题研究》，吉林大学学位论文，2020 年 10 月。

[14] 陈临奇：《数字经济时代对“服务业之谜”的再解释》，中国社会科学院研究生院学位论文，2020 年。

[15] 陈维宣、吴绪亮：《以数字经济为抓手 需求侧和供给侧双管齐下助力经济回稳》，《人民邮电》2020 年第 2 期。

[16] 郭晗、廉玉妍:《数字经济与中国未来经济新动能培育》,《西北大学学报(哲学社会科学版)》2020 年第 1 期。

[17] 马香品:《数字经济时代的居民消费变革:趋势、特征、机理与模式》,《财经科学》2020 年第 1 期。

[18] 李向阳:《数字经济产业集中度对消费者福利的影响研究》,《社会科学》2019 年第 12 期。

[19] 李晓华:《数字经济新特征与数字经济新动能的形成机制》,《改革》2019 年第 11 期。

[20] 杨子明、孙涛、黄金枝:《从消费者剩余增加视角衡量数字经济:以中国第三方网络支付为例》,《国际金融》2019 年第 7 期。

[21] 宋晶:《SQ 公司数字化能力的评价及提升对策研究》,西安理工大学学位论文,2019 年。

[22] 王瑞:《制造企业数字化的成熟度评价及其对企业产品转型能力的影响研究》,上海交通大学,2019 年。

[23] 黄紫妍:《大数据视角下信息管理与信息系统专业建设解析》,《中国高新科技》2019 年第 1 期。

[24] 张艾莉、张佳思:《以"互联网 +"为驱动的制造业创新能力评价》,《统计与信息论坛》2018 年第 7 期。

[25] 焦月霞:《中国数字经济发展及其影响因素研究》,杭州电子科技大学学位论文,2018 年。

[26] 李鹏飞:《制造企业信息化水平的评价研究》,中国海洋大学学位论文,2013 年。

[27] 潘丽丽:《企业信息化建设与数字化管理》,《中国有色金属》,2010(S1):352–354.

[28] 高峰、李强:《提升企业核心竞争力的数字化信息管理》,《中国工程科学》2007 年第 6 期。

[29] Kim Jaewon,Abe Masato,Valente Fiona. Impacts of the Digital Economy on Manufacturing in Emerging Asia. Asian Journal of Innovation and Policy,2019,8(1).

[30] Jean S é bastien VAYRE. Smart machines and digital economy. Case study of an

artificial agent in the field of market relational work.Les Cahiers du Num é rique,2018,14（1）.

[31] Intelligent logistics solutions driving digital economy.Highway Engineering Australia,2015,47（3）.

[32] Fricker David. Digital assets for a digital economy. Public Administration Today,2014（40）.

[33]Garbarino E , Johnson M S . The Different Roles of Satisfaction, Trust, and Commitment in Customer Relationships[J]. Journal of Marketing, 1999, 63（2）.

[34]LucaLanzalaco. Diego Gambetta (a cura di), Trust. Making and Breaking Cooperative Relations, Oxford, Basil Blackwell, 1988, pp. 246, s.p.[J]. Rivista Italiana di Scienza Politica, 1989, 19（1）.

[35]Simpson, Thomas W . What Is Trust?[J]. Pacific Philosophical Quarterly, 2012, 93(4).

[36] Douss A , Abassi R , Fatmi S . A trust-based security environment in MANET: definition and performance evaluation[J]. Annals of Telecommunications, 2017.